U0113347

NEW THEORY
OF FLOW ECONOMY
-Vision on China "One Belt and One Road" strategy

————

Sun Xiyou

流量经济新论

——基于中国"一带一路"战略的理论视野

孙希有　著

流动才有经济存在　流动才有发展平衡
"一带一路"是人类共同发展的元叙事

With Flow with eonomic existence　With Flow with developmental balance
"OBOR" is the meta-narration of the common development of mankind.

中国社会科学出版社

图书在版编目(CIP)数据

流量经济新论:基于中国"一带一路"战略的理论视野 / 孙希有著.
—北京:中国社会科学出版社,2015.3
ISBN 978 – 7 – 5161 – 5775 – 6

Ⅰ.①流⋯ Ⅱ.①孙⋯ Ⅲ.①中国经济 – 经济发展战略 – 研究
Ⅳ.①F120.4

中国版本图书馆 CIP 数据核字(2015)第 055363 号

出 版 人	赵剑英
责任编辑	宫京蕾
责任校对	李 莉
责任印制	何 艳

出 版	中国社会科学出版社
社 址	北京鼓楼西大街甲 158 号 (邮编100720)
网 址	http://www.csspw.cn
	中文域名:中国社科网 010 – 64070619
发 行 部	010 – 84083685
门 市 部	010 – 84029450
经 销	新华书店及其他书店

印刷装订	北京市兴怀印刷厂
版 次	2015 年 3 月第 1 版
印 次	2015 年 3 月第 1 次印刷

开 本	710×1000 1/16
印 张	19.25
插 页	2
字 数	257 千字
定 价	58.00 元

目　录

上篇　流量经济是经济流动性的新概述

下篇　"一带一路"是流动性经济理论的全实践

序　一

归纳起来，传统经济学研究的核心思想要素无非就是两个：一个是研究资源的稀缺性，另一个是研究资源的有效配置。

但是，现代经济学所研究的已不仅仅是资源的稀缺和资源配置问题了，还包括经济类型和社会效率的发现、促成等诸多问题。摆在我桌面上的书稿《流量经济新论——基于"一带一路"战略的理论视野》就是基于这样一种思路而成的。

流量经济概念发轫于 20 世纪末 21 世纪初，作为流量经济理论定义提出者的本书作者，对流量经济潜心进行了多年研究，也取得了一些研究成果。流量经济的概念无疑是在对经济活动现象进行的新视角、新观察中得出的结论。就这个问题，我与作者也进行过一些交流和讨论，讨论中我发现，这是一个既具有理论价值又具有实践意义的创新研究。在国家提出"丝绸之路经济带"和"21 世纪海上丝绸之路"战略规划构想后，本书作者能以敏锐的思想观察力和思考力，将流量经济的理论和实践视角再度进行了更新、转变，继而把国家"一带一路"战略构想理论化，这是非常难能可贵的。

就我的有限观察和了解，无论从理论上还是从实践上，流量经济都是个值得研究的题目，作者的研究具有很现实的意义。按作者基于国家"一带一路"战略构想的最新观点定义：流量经济是指在经济领域中各种依靠经济要素或生产物的流动而带来经济效益与发展的经济存在型态的总称。流量经济分两种存在型态：一种是站在某一区域（包括国家或地区）发展的视野，以区域自身相应的平台或条件吸引外埠的物资、资金、人力、技术、商人、信息等经济发展要素向区域内集聚，通过各种资源要素在区域内的重组，提升式的有限期滞留，借助式的经过等，来促进和带动区域内发展，再通过区域内的资源要素向外埠的输出、流动等，既使本区域得到发展，又带动和服务外区域的经济发展所产生的经济现象。另一种是站在区域（包括国家或地区）与区域之间发展的全方位视野，通过推动和促进经济要素或生产物的相互流动，因经济要素或生产物重组、互补等产生经济效益，从而使各区域间有机协同发展所产生的经济现象。

看了作者对流量经济的新定义，并在对本书稿的浏览和与作者的讨论中我发现，作者在国家提出的"一带一路"战略构想基础上形成的流量经济新论，并再度形成和创造了"差序增长极律"、"增长决堤律"等新概念、新理论，其实是把全球扩散性、分工性、互补性、输出性、循环性、动力性等诸多经济理论进行了综合性的归纳和质的提取。同时我还注意到，这些经济理论的实践表现形式基本都是"点轴、线面"的发展观，而国家提出的"一带一路"战略的设计和构想正是这些理论的实践优化。

流量经济既然是个新生的理论和实践概念，那么无疑也还会存在着讨论的空间，对此我也谈谈自己对这个问题的看法。显然，流量经济学是针对一个区域的物流、商品流、商人流、资金流、人流、人力资源流、技术流、信息流等经济活动方式和资源要素的运行规律和效率来进行研究的一门探索性学科。流量经济学主要是把流动性的物品、经济要素等作为研究对象，分析和研究一个区域如何吸引更多的物品、经济要素等向区域聚集与向区外扩展，并建立区域与区域之间经济要素的互补、整合，实现区域与区域间的长短结合的一门技术性学科。而流量经济学研究的关键在哪里呢？我认为关键点在于研究两个点：一是研究如何让资源"流动"，更多更快地流动；二是研究如何让资源要素"集聚"，更多更快地"集聚"，最后达到不仅为本区域，也为区域与区域之间带来全方位效益的目的。

这样，"流动"和"集聚"便成为流量经济存在的前提和条件，因此也成为流量经济学研究的关键，建议作者今后对此再行深入研究。此外，作者在下面这两个方面还需要进一步研究：一个是流量经济型态与其他经济型态的关系，流量经济学与其他相关学科的关系；再一个是本书是以"八个流"作为对象物进行研究和探讨，那么这"八个流"是否涵盖了所有流量的概念？诸如此类，我建议作者再持续进行研究，以期使流量经济学能成为一门更科学、更严谨的学科。除此之外，作者还需要在另一方面进行一下再研究，就是既然流量经济新论是在国家提出的"一带一路"战略构想下启发出的新思维，那么，就不要仅仅在理论上形成探索性的思想体系，还要在实际应用上进行一些探索，即对国家的"一带一路"战略的点、线、面涉及的各经济体进行有针对性地研究，对此提出问题、建议，以使流量经济理论概念更有现实指导意义。

当然，即使有这些想法和建议，但本书的创新性、开创性价值是不容置疑的。因为创新性的价值，不完全在于创新的天衣无缝，而在于创新所体现出的对一个事物肯定性或否定性内涵，在于某个创新所具有的认识事物的发轫作用。就像被称为"哲学之父"的古希腊哲学家泰勒斯当年说"万物始于水"的创新思想一样，这个观点在今天看来并不完全科学，甚至是错误的，但它却成了哲学的第一个命题，由此才引发了人类对世界看法的研究和讨论。

作者是我统计界同事，在履行福建省统计局局长职责的同时，善于思考，勤于笔耕，甚为感佩。希望有更多的统计同仁，动起脑，拿起笔，在讲述数字真实故事的同时，编织文字的美丽画面。

是为序。

马建堂

2015 年 1 月 5 日

序　二

孙希有博士的新作《流量经济新论——基于中国"一带一路"战略的理论视野》问世，初阅之后，颇有感触。

流量一词，近年随信息技术发展使用率越来越频繁，概括的领域也越来越广泛。经济是讲流量的，通过金融、能源、物资、交通体现的人、财、物、能的流动与消耗，可以分析出经济发展的数量及质量。孙希有博士在2003年出版的《流量经济》一书中，已经率先提出了流量经济的理论概念。如今，作者在对"一带一路"发展战略研究之后，再次对其原提出的流量经济内涵进行了现代性的改变，他认为，"流量经济是指经济领域中各种依靠要素或生产物的流动而带来经济效益与发展的经济存在型态的总称"。此书是作者在原有研究基础上，结合近年经济理论研究与经济发展实践，进一步系统深化流量经济理论之作。作者在书中拓展的流量经济理论，提出了以下观点很值得研究和实践落实：

作者提出的"增长决堤律理论"，认为任何一家企业，任何一个城市，任何一个地区，任何一个国家，都不可能永远限制在一个单位，一个范围内发展，发展到了一定程度，它就必须向外输送、输出能量。本书中把经济的发展与存在归因于经济要素的流动的观点，不失为是一种新的经济概念理论的归纳。

把"一带一路"进行了理论化阐述，对"一带一路"的研究很多，但具有把"一带一路"的效果形成看成是经济要素有流动状态才能实现，这样的研究很少。此研究通过理论研究印证了中国通过"一带一路"发展战略转移产能的构想具有科学性。

经济发展等级阶段论，把区域发展理论改变为全球体共同发展理论，提出"差序增长极律理论"无疑是对全球化发展中的人类主义的一种新的支持。

总之，这是一本具有创新意识和思想理论的著述，显示了作者宽阔的知识视野和勇于创新的探索精神，值得阅读和研究，具有较高的学术价值和应用价值。当然创新是有风险的，新理论需要不断完善和实践检验。流量问题不仅涉及理论解析，而且涉及大量的技术分析与量化研究，特别是案例研究。希望作者继续加强此方面的研究，使其流量经济流量更加完善并更有现实指导意义。

作者是我指导的博士，他学习勤奋，善于思考。他公务繁忙，业余时间甚少社交；喜于书案，勤于工作实践的创新。集腋成裘，铁杵磨针，每三五年，必有新作问世，值得青年学子及领导干部参考效法。愿作者笔耕不辍，新作泉涌！

郝　正

2015 年 2 月 28 日于长春

自　序

　　新的世纪、新的时代，出现了形形色色、各具形态的新现象，其中在经济发展领域，一个突出的特征就是迎来了经济要素与增长发展方式流动的时代，区域内流动、区域与区域之间流动，全球性流动已成为经济运行的必须、必然和常态，没有流动将没有发展，没有流动甚至不存在经济现象，全球化即是由流动引起的。现代流动是全方位的、全领域的，流动带来的不仅是经济现象，也是生活和社会现象，人们无论是生产还是生活都离不开流动。

　　本人提出并对流量经济进行实践与理论研究阐述开始于20世纪末21世纪初，当时我刚刚从北京来到中国的沿海城市厦门工作。到了厦门工作后，我发现这是一个非常特殊的城市，它的特别之处，一是具有沿海港口城市特征，二是与台湾的特殊人文和地理位置关系。经过仔细研究和考证这座城市的特点，我又感觉这座城市未来要更好的发展，不能仅仅依靠其本身的生产实体，即临港工业，而更多的是要依靠外埠流动性的经济要素（比如港口物流）来发展。但要吸引外埠更多的流动性经济发展要素聚集厦门、流经厦门，厦门这座城市必须建立好有利于吸引外埠要素流入和流出的平台条件及机制。后经过研究又再发现，厦门这座城市如果因为平台条件好而使得大量的流动性经济要素流入、流出，不仅会发展厦门本身，也有利于外埠地区的经济发展，这样厦门就起到了服务外埠的作用，由此本人又产生了"功能型厦门"、"功能型福建"、"功能型地区"的概念，也就是一个地区通过自身的发展，既发展了自己，又为外埠地区的发展提供服务。而在学习和借鉴了全球一些专家学者相关理论及概念的基础上，本人由实践中观察又形成了一个新的流量经济理论概念。但当时本人的流量经济思想和概念定义，还仅仅站在一个区域的角度，处于为求区域发展而推动促进要素流动的思想设计当中。因此，在 2001 年末本人开始形成中国厦门与流量经济关系的概念后，又形成了流量经济与功能型城市的概念，以此拟设计出类似厦门这样特质的城市能成为服务周边、服务更广泛地方的窗口、通道、平台，继而再发展自己。在今天的经济发展中，流量经济的概念虽然还没有成为常规和通常概念，但事实上已经变成了实践应用。全球具有流量经济特征的城市和地区很多，在中国最具典型的就是沿海城市，以及沿海城市形成的经济圈、经济区域等。但经过十几年现代经济发展的大叙事，当初的流量经济现实表现形式又发生了现代性的改变，这主要以中国提出的贯穿欧亚大陆以至东非的，促进更广泛地区经济共同发展的"丝绸之路经济带"和"二十一世纪海上丝绸之路"（简称"一带一路"）发展战略构想为代表。由此使自己 2001 年提出并自主定义的流量经济的实践内涵和理论概念也必然发生现代性的思维改变。笔者综合性、整合性研究了全球经济流动性、区域性、协作性发展的相关理论，感觉到这些理论的内涵皆对中国提出的"一带一路"战略构想给予支持，而"一带一路"战略构想也将是对这些相关理论的实践印证。因此，"一带一路"无疑是一种现代性的经济发展战略思维，它是国与国，区域与区域之间互联互通、相互协作的现代性经济发展的元叙事，由此也诞生了新的流量经济现实表现型态及理论发展的现代性元叙事。"一带一路"战略体现的经济发展形态就是流量经济的形成，因此说，流量经济的发展就将是"一带一路"的战略成效。

为此，笔者在 2000 年左右研究提出新的流量经济理论定义与实践概念的基础上，经过十几年的对于流量经济发展现象的观察，特别是通过对中国提出的"一带一路"战略构想的研究，除了对原有流量经济理论概念进行了理论和定义的更新、改变其内涵外，又新形成和创造出了其他几个相应的新理论，其中以"差序增长律理论"和"增长决堤律理论"等的提出为代表。

当然，流量经济作为一种新的经济现象还处于发展变化阶段。流量经济理论作为对一种新的经济现象的理论化概述仍然还处于讨论研究阶段。目前也有一些学者对流量经济作了有益的研究讨论。按照"从实践上升到理论，再由理论指导实践"的原理，这些研究和讨论，对于促进流量经济更好地发展，对于流量经济理论走向成熟是非常有价值的。愿我们的讨论持续。

2014 年 12 月 22 日于 G56 火车上

导　言

"一带一路"是经济流动性发展、人类共同发展的元叙事

　　任何事物的发生、发展、成长、进步都是靠流动才能实现的，因流动才能达到事物的相通、相连、相融，甚至事物的健康、生机与活力都是因为事物的流动才保持的，所谓"生命在于运动"、"流水不腐，户枢不蠹"，即是此道理的验证。

　　流动既有事物本身内部的自行流动，也表现为事物与事物之间的相互流动。事物与事物之间的相互流动一般表现为事物与事物之间的交流、交融、互动等，人不流动就不会有人类的繁衍生息；人不流动，就不会有人的品质、素质的不断提高。物不流动，就不会使物的价值和使用价值得到真正的体现；物不流动，就难有更新、更好的事物出现。

　　若把一个事物看成是若干要素的组合体，那么形成新事物、发展新事物、构成新事物的前提和方法就一定会涉及对要素的关注、整理和归集等问题。而对事物要素的整理、归集的方法就是促使要素流动，以形成要素之间的有机组合。在这一点上，无论是人还是物，皆为如此。因为，任何要素都是由于流动才能显示其意义，更好地发挥其作用。静止不动、停止不前只能使事物自生自灭，枯萎至死。要素流动是要素存在意义和作用发挥的必须状态。如果要素没有流动，始终处于封闭、停滞状态，将使要素难以显示其存在的意义，难以有效率最大化、最优化之说。进入经济领域，首先从社会再生产流程来讲，生产、流通、交换、消费、分配

本身就是具有流动性的现象，也是因为有流动才形成流程的。从工业企业的生产经营过程来讲，一个企业生产的形成，必须经过供、产、销三个环节，而无论是供的过程、产的过程，还是销的过程，也都表现为流动的现象。而且与供、产、销相伴随的还有资金等其他要素的流动。而无论在社会再生产总流程过程中呈现出的生产、流通、交换、消费、分配，还是工业企业生产经营过程中呈现出的供、产、销，它们都有两个常态的存在追求，即流动是其生产经营形成的必然，流动的规模（量）是经济现象、生产现象扩大的表现形式。综合起来说，"流"和"量"既是经济发展、生产发展形成的必须，也是经济发展、生产发展扩大的必须，更是经济发展、生产发展永续的必须。"流"既需要成本费用，又可以产生效益，这也就是经济学的投入产出原理，而按经济学的这个原理，只要有投入产出，投入能带来产出，并形成效益，那么就会形成经济，以至形成流量经济。根据"一带一路"战略构想，笔者对流量经济内涵概念做了重新定义。流量经济是指在经济领域中各种依靠经济要素或生产物的流动而带来经济效益与发展的经济存在型态的总称。流量经济分两种存在型态：一种是站在某一区域（包括国家或地区）发展的视野，以区域自身相应的平台或条件吸引外埠的物资、资金、人力、技术、商人、信息等经济发展要素向区域内集聚，通过各种资源要素在区域内的重组，提升式的有限期滞留，借助式的经过等，来促进和带动区域内发展，再通过区域内的资源要素向外埠的输出、流动等，既使本区域得到发展，又带动和服务外区域的经济发展所产生的经济现象。另一种是站在区域（包括国家或地区）与区域之间发展的全方位视野，通过推动和促进经济要素或生产物的相互流动，因经济要素或生产物重组、互补等产生经济效益，从而使各区域间有机协同发展所产生的经济现象。

关于区域经济增长理论，在全球已有较成熟的理论体系。但区域经济增长理论体系本身就是对流量经济的支持，它们是相互印证、融为一体的，是部分与整体的关系，具有比较典型的类型学特征。而对于流量经济增长，不能仅仅局限于某区域范围内流量经济增长，应当作无界限的放宽，才能实现共同发展。当然，区域发展整体与全局的发展，都是由于某些区域的领先发展，并由领先发展区域的开放与要素、能量的输出、扩散而引起的。因此，区域的发展，是实现共同发展的前提和基础发展。"一带一路"具有流动性经济性质，也有区域性经济性质，但无论是流动性发展特质，还是区域性发展特质，都与西方动态性经济及其相关理论相似，也是动态性经济的延伸。流量经济也就是动态性经济的扩展延伸概念。

再按规模经济、规模不经济的原理来讲，流量经济的发展既要强调"流"，又要强调"量"。有"流"无"量"很可能就是规模不经济，因此，发展流量经济既要促进"流"的形成，也要促进"点"的增多。再从流量经济的效应来讲，促进流量经济发展不仅其本身的发展可以带来效益，更重要的是流量经济本身发展带来效益的同时会带来整个社会的经济全面发展。而且，流量经济发展越好，流动越快，流量越多，整个社会的经济发展也就会越好，经济总量就会越高。流动是经济活力的表现和不可或缺。再从流量经济的形成原理上看，流量经济是先有流量"点"，然后形成流量"圈"，伸展出流量"线"，再将沿线发展成流量"带"，最后形成更大以至无限范围的流量"面"。流量经济形成的这一现象有其诸多理论根基，比如增长极理论、生产结构理论、区域空间结构理论、生产分工理论以至地域分工理论、雁行理论、梯度推移理论、点轴理论、圈层结构理论、循环累积因果理论、核心—边缘理论、增长决堤律理论等。其中，增长决堤律理论是笔者在综合研究了各种流动性经济理论的基础上，自主提出的一个理论概念。增长决堤律是指用拦河大坝的蓄水、开闸放水原理来对一个地方经济增长发生扩散的原因进行解释。所谓经济增长决堤律，是指一个地方在发展经济的过程当中，通过建设有利于经济增长的环境条件，来促进增长要素的生成、吸纳，以达到蓄积增长能量的目的。而当其经济要素过度集中，生产能力过度增大，集中、增大到超出其对经济能量的承载力后，便会引起劳动力资源不足、劳动成本上升，生产能力过剩、物质资料闲置，自然资源浪费、短缺、耗尽，生态环境遭到破坏等现象，当这些现象严重到一定程度时，便会形成增长的危机，我们称这一规律性的现象为增长决堤律。而要想避免这一增长决堤现象的发生，其中一个通行的办法就是释放要素和转移产能，亦即增长极扩散效应。尽管流量经济概念形成的时间不长，知晓率也不很高，但流量经济现象、型态却无疑是经济发展的常数、常量、常态。事实上，现实当中人们的很多做法和措施都是在努力推动、促进经济或经济发展要素的流动，亦即流量经济发展。上升到国家，以至国际层面，即是发展的政策策略、战略战术支持。2013 年和 2014 年中国提出的"一带一路"发展战略构想，就是典型的推动、促进经济、经济要素通过流动而产生全方位效益的思维和方法。

前文已述，经济是靠要素组成的，要素的流动，即是经济的流动；经济的流动，就是经济发展的常态；要素的流量，即是经济的流量。中国的"一带一路"发展战略思维不仅具有发展经济的战略性、实践性，它还兼具了几乎全球所有的经济要素经过流动而产生效益的经济理论。这些提倡流动性发展的理论归集在一起，其内涵中有一个共同的基点就是流量经济理论表述的内容，这些理论的实践内涵，就是发展流量经济的现实状态。"一带一路"战略构想的实施，无疑将在更广泛的范围内，以国际性共同发展的新视野，使流量经济的发展效率和规模更高、更大。

"一带一路"是中国提出的具有现代性元叙事的经济发展思维，它也是经济全球化发展的大叙事。中国的"一带一路"是指陆上"丝绸之路经济带"和"21 世纪海上丝绸之路"的简称，英文缩写为 OBAOR（One Belt And One Road）。"一带一路"先表现为轴线思维，贯穿欧亚大陆。东边连接亚太经济圈，中途路经中亚、东南亚等地区，西边进入老牌发达的欧洲经济圈。"一带一路"涵盖东北亚、东南亚、中亚、西亚、南亚、北非、欧洲等欧亚非三个大陆的沿线国家、地区。我们知道，"一带一路"是因历史上从中国发起的陆上丝绸之路和海上丝绸之路而得名。"一带一路"将沿线国家或地区连接起来，形成优势互补、资源共享的互联互通式的共同发展模式。仔细研究"一带一路"沿线国家或地区的特质，各有不同的发展要素。有的发展较先进，有的发展较落后；有的自然资源丰富，有的人文文化资源领先；有的产能资源过剩，有的生产能力不足；有的经济要素存量较大，有的经济要素较为短缺；有的具有能量、能极溢出条件和愿望，有的具有能量、能极接收需求；有的具有要素吸入和整合条件，有的需要整合要素条件的地区提供服务，等等。"一带一路"颠覆了传统以吸入型为主的点状、块状的保守型模式的自我发展为互联互通式的协同发展的开放型模式。"一带一路"的发展模式路径是首先以原有的点、圈状发展为先导，然后进入轴线带状态，最后达到点、圈、线、带、面协同发展、互联互通、资源要素互补互利互惠的状态。"一带一路"的提出和建设不仅是基于中国的国家发展战略，也是基于世界发展的大趋势，亦是经济全球化发展的新衍生品。"一带一路"既可以和 APEC 等国际经合组织对接，又可以起到把这些组织进行整合的效果，整合的方法就是沿线国家或地区间经济发展要素的流动。

实施"一带一路"首先要做的就是满足经济要素流动的条件，要素流动的条件不仅包括海陆空交通基础设施相连相通，还包括政策制度沟通、文化交流等，这样才能达到贸易畅通、资金融通、人员流动等目的。其中硬条件就是公路、铁路、港口、航空等交通基础设施建设以及互联网、通信设施的开发建设。软条件就是金融、投资、贸易等规章制度的设计。所有流量经济要素均是靠这两方面软硬基础条件才能相互输送、组合流动的。从产业到国家或地区，"一带一路"将带来经济要素的全流动。为了使"一带一路"达到促进经济发展要素的流动效果，中国推出了诸多的政策——这以"丝路基金"和"亚洲基础设施投资银行"（亚投行）的成立，自由贸易区的设立规划为标志。"丝路基金"、"亚投行"、"自贸区"的政策措施将使"一带一路"沿线国家和地区之间的经济发展要素流动性加速，频率增高，流动规模扩大，并形成常态性要素流动机制。而且这些促进要素流动的政策措施的实施又具有乘数效应。政策措施本身的实施过程就是一种要素流动方式，而政策措施实施后，更为其他要素的流动搭建、提供平台和条件。"丝路基金"与"亚投行"资金从"一带一路"的出发点中国开始流动，它以沿线国家和地区的基础设施为主要投融资对象。资金从出发点中国流出，流入到"一带一路"沿线国家和地区，这本身就是资金要素通过流动在发挥作用的表现。待"一带一路"沿线国家和地区的陆海空交通基础设施等建设完成后，就会产生更多的乘数效应。很显然，因为当"一带一路"沿线国家和地区建立了方便的交通设施后，就更便于沿线国家和地区间的人和物的流动。例如世界上最长的铁路"义新欧"建成通车后，中国浙江著名的小商品集散地义乌市出口货物量明显增长，大量中国物美价廉的小商品出口到西班牙及铁路沿线国家。西班牙及铁路沿线国家流回到中国的货物和人员也增加了许多。而中国以上海自由贸易区为代表的若干自由贸易区的建立，将与"丝路基金"、"亚投行"相伴成长，互为发展要素，相得益彰。自由贸易区作为流量经济要素流动的流入流出载体、平台，借助"一带一路"沿线国家和地区的陆海空基础设施的建设和完善，无疑会更加繁荣。而自由贸易区的建设和繁荣，又将使"丝路基金"、"亚投行"的资金流动效益更高，流动更频繁，资金流量更大。由此，将使"一带一路"沿线国家和地区呈现出更高效率的物流、人流、商品流、商人流、信息流、技术流、人力资源流以及资金流等流量经济要素的流动，也将促进更多的流量经济要素的新形成和新流动。

"一带一路"把单一的区域发展性思维扩展为全球、全方位的互联互通性思维,这样,每个区域的经济政策制定,发展平台设计,就不仅仅是表现在对本区域经济要素流动的影响上,更重要的是如果区域政策的开放性足够,平台、条件有利于经济要素流入流出,那么由于各种经济要素在不同区域分布内容、程度等不尽相同,于是某一种经济发展政策、某一种平台条件设计、某一区域的经济发展政策、某一区域的平台条件设计,就会改变经济要素静止不动、少动、难动的状况,使之流动起来。通过流动,各个区域相互输出多余的经济要素,相互输入自己短缺的经济要素,从而使各区域发展都获得新的活力。因此,有利于经济要素流动的政策制定,有利于经济要素流动的平台设计,其作用和目的无疑就是为了规范和引导经济要素的区际间流动,并促进流动的常规常态化、机制化。中国"一带一路"发展战略构想显然就是站在促进、有利于区际(国与国、区域与区域)间经济要素流动立场的一种宏大设计。

总之,"一带一路"把区域发展的流动性思维的内部性,扩大到了区域发展的外部性,把自由分散性的经济要素流动,变成了常态、统一、机制性的流动。

上述是从经济主义讲"一带一路"的大叙事。而从人类主义角度讲,"一带一路"具有更深远的意义。提到"一带一路"的意义,人们大都只跟经济发展效益相联系,普遍的观点都是仅从某个经济实体、某个区域、某个国家等的经济效益上思考"一带一路"的目的和作用。但这无疑只是单纯的经济主义思维。而对于中国提出的"一带一路"发展战略构想,仅从经济效益角度讲是狭隘的。除了经济效益外,必须还要从人类主义思维角度去研究"一带一路"战略构想的意义和作用。我们知道,"一带一路"的基本内容就是实现沿线地区国与国、区域与区域、经济体与经济体之间的互联互通,在社会学上,称这种互联互通的行为状态叫"交往"。按照人类学的视野,对"一带一路"的战略构想的含义进行研究,笔者认为,国际间的互联互通交往,可以实现人类命运、人类利益、人类秩序的融合、统一、同一。在强调个体、集团、国家以至地区主义对经济社会发展方案制度、体制机制的设计时，应避免个体主义、集团主义、国家主义和地区主义狭隘利益思想行为。人类的分裂、分离历史是从人类进入社会体制开始的。由于各集群利益的关系，更由于政治、经济、意识形态的差别，因此，人类社会持续进行了长达几千年的分裂、分离状态。对此，到了近现代社会，人类当中的有识之士开始研究人类相互间的交往与联系，进而期望彻底实现人类解放的目标，这尤其以马克思主义者的思想理论体系为代表。马克思、恩格斯在其思想奠基之作《德意志意识形态》一书中，提出了世界历史时代产生着世界普遍交往的思想，为人类的解放指明了方向。马克思对人类交往的研究，还体现在其晚年所著的《人类学笔记》当中。而从对马克思主义思想的研究和人类历史的观察中，我们感悟到，人类间的互联互通交往是人类历史发展的必然规律和现象。中国提出的"一带一路"战略构想设计无疑就是具有人类通过互联互通的交往而实现共同发展，达到人类和谐发展的目标。马克思、恩格斯在《德意志意识形态》一书中，还曾大量使用了"世界历史性的"、"民族的"、"地方性的"、"地域性的"概念，从这些概念用词及内涵中，我们不难看出人类主义发展具有普遍意义和规律的特征。在《德意志意识形态》中，马克思、恩格斯把人类的历史划分为两个层级：一个层级是民族的、地方性的交往历史；另一个层级是世界性的、普遍性的交往历史。在前一个层级上，人类历史的初早期，存在的是地域性的交往历史社会。这种地域性社会，呈现的是各自孤立的，主要依赖自然而生存的社会。但相邻的群体必定会存在着经济、文化等的差异性。而由于差异性的存在，又必定会形成相互间的分工合作，分工合作共发展、共进步到了一定程度，必将由地域性人类群体向全球性人类群体方向转变；对后一层级的概念，按照马克思、恩格斯所指出的，"世界史不是过去一直存在的，作为世界史的历史是结果"①。人类之间 "各个相互影响的活动范围在发展进程中愈来愈扩大，各民族的原始闭关状态则由于日益完善的生产方式、交往以及因此自发发展起来的各民族之间的分工而消灭得愈来愈彻底，历史就在愈来愈大的程度上成为全世界的历史"②，而这个转变是物质事实决定的，也就是经济发展现实决定的，这成为一种客观历史规律。现代全球化经济现象的呈现，充分印证了马克思、恩格斯当年对人类社会的研判之正确。一部人类发展史最显著的体现，无可争辩的就是以经济发展的历史为主。而人类经济发展的历史，又无可争辩的体现在生产要素与物质资料生产分工及交换上。当人类社会处于经济发展初期的时候，社会的生产和交换基本都会在较狭隘的地域空间范围内进行。而随着人类社会的发展型态、格局的变化，不同地域间的人类交流、交往会不断突破地域界限，交流交往的范围、空间就会越来越大、越来越广，以致形成全人类化规律。人类社会交流交往的型态变化、规律形成，其目的归根结底就是为了促进人类的共同发展和进步。中国提出的"一带一路"发展战略构想具有非常典型的人类共同发展的思想。但众所周知，人类的共同发展不是同时开始的，它必须要有一个从简单到复杂、由低级到高级、由微观到宏观的逐步演进和演化的过程，为此，本书对人类的共同发展从经济代表性角度提出了一个崭新的理论概念——差序增长极率理论。所谓差序增长极律，是指人类社会在发展经济过程当中，其增长极点呈现着由小变大、由大变多、由多变长、由长变宽、由宽变阔、由阔到覆盖全地球的现象次序。这种现象次序的产生是由于地区与地区之间的差异性形成的。于是，"点"就成为增长发展的初始极，"圈"就成了扩大了的初始极。然后再到城市群，再到国家经济体，再到国家与国家之间的经济联盟体，直到全球一体化联盟。差序增长极律理论的

---

① 《马克思恩格斯选集》第2卷，人民出版社1995年版，第122页。
② 《马克思恩格斯选集》第3卷，人民出版社1960年版，第51页。

最终目标是符合人类主义观点内涵的。中国提出的"一带一路"发展战略构想是开启笔者思想理论形成的金钥匙。如果按照"一带一路"的发展战略构想思路走下去，再扩大化，就会实现人类主义利益相融、价值共同的目标。笔者提出的差序增长极律理论的具体表现行程有如下五个阶段：第一，以城市为主体的经济增长极阶段；第二，以中心城市为主体形成的区域及城市圈增长阶段；第三，以国家为主体的经济增长阶段；第四，相邻国家形成的跨境性区域经济增长阶段；第五，全球经济一体化是人类发展的大趋势。

总之，按差序增长极律理论，人类文化的最终目标就是全球经济一体化。中国提出的"一带一路"发展战略构想正符合人类主义发展的最终目标。"一带一路"无疑将成为促进世界经济一体化的战略设计样板，无疑将成为全人类实现生产、生活共同进步，实现全人类价值、利益、秩序、命运统一和同一的推动工具。

"一带一路"反映出的是人类现代实践活动中的交往追求。现代人类共同发展当中，最突出的表现就是以商品和生产要素的流动为内容，并以此将全球的人类利益、人类文化、人类资源联系在一起，形成相互依存、互为资源、利益共享的格局。目前人类交往的不断现代化呈现出多极化的发展趋势，多极化的发展使人类社会发展型态表现为在统一中有分异，在分异中有统一，这也预示着人类社会通过相互交往交流，必定将由多极化共同发展社会走向真正的全人类统一的社会共同体。

上 篇

流量经济是经济流动性的新概述

流量经济是个新生概念，它的发展形态的表现是以要素的流动为根本的，本书设定的流量经济要素主要有八个，包括：物流、人流、商品流、现代信息流、商人流、人力资源流、资金流、技术流。其中，物流、人流、商品流、现代信息流为弱流动性流量经济要素；商人流、人力资源流、资金流、技术流为强流动性流量经济要素。要素只有流动，才能带来流量经济的呈现；流量经济的呈现，才会带来地区与地区之间经济的互动、协调、有机发展。

第一章

流量经济新概述

第一节　流量经济概念、特点与发展形成历程

流量经济是在现代经济发展变化中形成的一个全新的经济发展理论与实践的元叙事，也是一个全新的经济理论与实践概念，它既不同于通常所说的流通领域的经济活动，也有别于经济学中"流量"、"流动"的概念，它是一种组合性的经济发展实践类型和理论。流量经济倡导的是经济要素的流动，由流动而伴随的要素量的扩大，由流和量的流动来促进经济发展。准确地讲，流量经济是一种新发现与新发明的经济类型和经济学概念，但由于它又将随着现代经济发展形态的变化而不断改变其内容，因此，与其他经济类型和经济学理论不同，它会随着现代经济的发展变化而丰富其内涵，这也是流量经济的重要特点。正因如此，在中国提出"一带一路"发展战略构想后，笔者对自己 2000 年初定义的流量经济理论及概念进行了现代化的修正，于是形成了全新的流量经济概念。

一　新的流量经济概念

流量经济是指在经济领域中各种依靠经济要素或生产物的流动而带来经济效益与发展的经济存在型态的总称。流量经济分两种存在型态：一种是站在某一区域（包括国家或地区）发展的视野，以区域自身相应的平台或条件吸引外埠的物资、资金、人力、技

术、商人、信息等经济发展要素向区域内集聚，通过各种资源要素在区域内的重组，提升式的有限期滞留，借助式的经过等，来促进和带动区域内发展，再通过区域内的资源要素向外埠的输出、流动等，既使本区域得到发展，又带动和服务外区域的经济发展所产生的经济现象。另一种是站在区域（包括国家或地区）与区域之间发展的全方位视野，通过推动和促进经济要素或生产物的相互流动，因经济要素或生产物重组、互补等产生经济效益，从而使各区域间有机协同发展所产生的经济现象。

流量经济通过两个基本因子来得到形成和发展：一是流动性。要素流动才能有经济效益的产生，流动性越强，流动频率越高，流量经济的形成发展几率越大、越多。二是流动量。要素的流动越多，流动的规模越大，流量经济的形成和发展的效率越高、效益越好。对于区域内的先期发展来讲，流量经济主要是以流入要素为主导，在区域自身先发展之后，在继续扩大自己要素流动平台和创造更多的条件吸引外埠要素集聚、流经的同时，以自身形成的能量向外辐射、流出，也即形成区域与区域之间相互式的互联互通的要素流动和重组，以求共同发展。中国的"一带一路"发展战略就是建立在经济的流动性发展现象和理论基础之上，"一带一路"发展战略追求的就是经济区域与经济区域之间的要素重组、互联互通的共同发展。

（1）流量经济是一种区域发展理论（或模式）的变异与放大。流量经济是以核心区域的发展来带动周围区域的发展，反过来周围区域的发展又对核心区域的发展有促进作用。从而形成一种良性循环，带动整个区域的可持续发展。因此，流量经济理论属于广义延伸的区域发展理论的一种。

（2）流量经济不是完全靠区域内的生产制造产品能力来发展自己的，它更多的是靠自身条件为区域外服务的同时再使得自身获得发展。

（3）流量经济要素的种类。本人关于流量经济要素的种类的划分可能并不能完全涵盖流动性经济的发展现象，因为可流动的经济要素太多太杂，无以穷尽，设法全概括，这里从略。笔者提出的流量经济要素分为八种，即物流、人流、现代信息流、技术流、人力资源流、资金流、商品流、商人流。因为流量经济要素只有流动起来才会发起效用，故根据其流动性的特点，我们不妨把流量经济要素划分为两种大类：一种叫强流动要素，另一种叫弱流动要素。所谓强流动要素是指流量要素在经过的区域有较长的滞留时间，并有增值性。再流出区域外的经济要素在区域内滞留时间越长，要素的形态、能力等改变越多，对于某个区域内来讲，流量要素就越强。属强流动要素的包括资金流、人力资源流、商人流、技术流。所谓弱流动要素是指流量要素在其经过的区域内不滞留或滞留时间较短，形态改变较少，以最高的效率经过而至区域外的经济要素。弱流动要素之所以在某一区域流经时滞留时间短，这是由要素本身的性质决定的，我们称这样的要素为弱流动要素。流动的意义在于流量，流量的可能在于流动。

（4）核心区域的作用。核心区域通过自己的平台和条件，来吸引各种流量向其聚集，然后通过整合、放大后，再向区域外流动、辐射。

（5）周围区域的作用。周围区域既是流量要素的主要来源地，同时也是各种流量要素的主要接收地。比如物流、人流等就是主要来自于周边区域，资金流、商人流周边就是主要的接收地。

（6）聚集效应。核心区域只有具备各种平台、设施、政策等有利于流量要素流动的条件，才会吸引区域外的流量要素向其聚集。

（7）整合效应。各种流量要素在到达核心区域后，它才能让流量要素升级，流量要素在到达区域内后又形成彼此之间相互作用，达到在数量和质量上都有提高的整合效果，有些要素被核心区域充分吸收之后成为再流出的强要素。

（8）扩散效应。核心区域也会有相应的反馈，即向区域外辐射各种流量要素，当然这些流量和当初被吸引的流量，无论在数量和质量上都不同。比如说，对于人力资源流而言，办学、培训就是人力资源流的一个平台条件。来自四面八方、五湖四海的人因流量要素的核心区域内的大学和培训机构好，所以会聚集到区域内。这些人力资源在核心区域经过培训实践后会有很大的提升，变成人才或更高级的人力资源。当经过学习和培训的人力资源向区域外输出时，就产生了人力资源的流动。相对于流入时的人力资源而言，人员流入和流出时的素质发生了根本性的变化。打个比方说，某人在进入某区域进行学习或培训时的能量等级为10，而在经过培训后离开人力资源学习培训核心区域时，能量等级就达到了50。当然这样的人有的也可能留在区域内，有的再度流出，但不管是留下来还是再走出去，对于某一区域来讲，都会起到正向的能量增加效果。因为很显然，人力资源在流入某区域内进行学习和培训时，首先是带来这个区域的人气，而这些流入的人员在学习和培训期间都会有所消费，这样也就会给区域内带来消费的效果。因此，这样的现象就是各方受益。

从区域空间的结构上看，较发达地区（核心区域）凭借自身条件，占据着大量的高尖端人才、先进的生产及加工的技术和设备，并以其优越的自身条件，把较低附加值的原材料或初级产品加工生产成较高附加值的产品。因此，广大欠发达地区（边缘区域）流出的是原材料或初级产品，而流入的则是高层次的产品，陷入发展的良性循环。

不过，随着较发达地区（核心区域）产业结构的不断升级，一些淘汰落后的技术设备、污染严重的产业也有向欠发达地区（边缘区域）转移的趋向。为了改变这一情况，欠发达地区（边缘区域）就必须引进先进的生产加工技术和高端的人才，发挥区域的比较优势，使得区域内的流量要素的收益增加并直至超过区外要素的收益，从而有效规避落入资源诅咒怪圈和发展陷阱的风险。

二 流量经济的特点

流量经济现象的形成和出现首先是由于中心区域的形成。中心区域小到一个城市，甚至具体一个企业；大到一个国家，甚至是一个国与国组成的经济共同体联盟所形成的区域。由于流量经济可以带来中心区域的效益增长，因此中心区域的积极性都比较高，但是在中心区域集聚了更多、更强的要素能量之后，产能过剩的存在、要素过剩的存在等会使得中心区域在自身效益能量强大的前提下再对外转移产能、输出要素、释放能量。具体流量经济有以下几个特点：

（1）功能性。流量的中心区域为要素的流动提供的条件、平台具有多重功能。一是使区域内自身增加再效益和流出流量，扩大影响力；二是为区外地区的发展提供服务；三是为区外地区的发展提供发展要素；四是将使区外（主要是周边地区）地区发展纳入延伸、扩张的经济圈内，起到中心的作用。比如中国的以上海为中心的长三角地区发展模式。

（2）流动性。资源要素、生产成果产生的效益是在流动中形成的。

（3）增值性。通过要素流动可以实现要素增值和要素流动的核心区域内经济能量倍增。

（4）开放性。各流量要素向区域内集聚和向区域外辐射，均依区域内外经济发展需求而自由实现，要素流动的时间不受限制和干扰。流量要素由何时何地流入不受限制和干扰，同样，要素再由区内向区外何地，在何时间向区外流出也不受干扰和限制。

（5）系统性。把吸纳要素的核心区域和包括周边地区在内的区域外作为一个系统来考虑，追求宏观发展。比如中国的京津冀经济圈、亚太经济合作组织、东盟、欧盟等的发展模式就是如此。

（6）循环性。要素流入、流经的核心区域越发展，核心区域对要素的吸纳会越多；核心区域吸纳的要素越多，能量就越大；

能量越大，输出的要素就越多；输出的要素越多，核心区域的带动性、服务型就越强，于是形成全局性的宏观发展。中国的"一带一路"发展战略就具有这样一种流量经济的良性循环性，这种良性循环性具有互联互通、互助式的循环发展性质。

从流量经济的这些特点可以看得出，"流"和"量"是两个关键因子。流得越快，效益越好；量越大，发展规模越大。所以发展流量经济一定要千方百计地提高核心区域的平台和条件水平，以便提高"流"的效率，进而使"量"不断增多，促进区域内外总体经济的发展和进步。

三 流量经济是传统经济现象

毫无疑问，流量经济概念的形成是基于经济发展当中的现代性现象而产生出来的，但从一般经济形成与发展历史中我们却看出，流量经济其实并不是什么新鲜的经济现象，它只是在现代社会形成了庞大规模，作用凸显。纵观经济发展的历史，我们可以看到，事实上这一现象是古老的，比如自从人类有了运输活动，有了港口设施，有了贸易行为，有了办学行为等，就已经呈现出了流量经济特征，只不过过去因为这些流量经济现象还比较简单，没有形成规模，也没有产生更大的效益，没有发挥关键的作用，因此人们没有把这一现象归结形成统一的概念，而一旦形成概念化的经济类型后，对人们有针对性地促进这一经济类型的发展将具有加快和专业性策划的作用。

但从目前相关流量经济现象的研究内容来看，人们主要还是在进行单要素分析的研究，综合性要素、全要素的研究太少、不够，并且研究主要关注人力资源、技术、资本等要素，全概括的概念更没有形成。

从对人力资源流量要素流动的研究来看，研究劳动力空间迁移的较多。既有专注新古典劳动力迁移理论方面的研究，也有现代性的劳动力迁移理论研究，还有从行为学派理论方面进行的研究，基于人力资本理论的研究以及针对迁移动机的研究等，而对劳动力空间迁移模型的构建和应用的探讨也曾见之于相关研究中。上述的相关研究主要从人口学的角度探讨了劳动力空间迁移动机、原因及其影响因素，并构建了一些模型，但并未从流量经济的角度研究人力资源流动所产生的流量经济效应以及人才流动与其他流量经济要素之间的关系。

从对于资本流量要素流动的研究来看，研究资本的区际流动的文献也有一些。既有对资本流动的原因、流动方向以及影响因素的研究，也有关于构建资本区际流动模型的探讨。而上述研究基本上都是以新古典经济增长理论为基础，一般是从经济学角度探讨了资本流动的原因、规律、影响因素以及相关模型，也仍然没有形成流量经济的统一概念。

虽然技术流量要素的使用频率较高，但学术界对其理论研究与实证探讨相对较少。

然而与技术流相关的技术传播与扩散、技术引进、技术转移等概念的研究相对广泛。有关技术传播与扩散的研究最早可以追溯到 20 世纪初。1904 年，法国的社会心理学家、社会学家塔德（Gabriel Tarde）在其著作（The Laws of Imitation）中提出技术扩散呈 S 形，并且经济起飞是由于系统中的领袖人物采用新思想以提高生产。1943 年，美国学者赖安与格罗斯（Ryan & Gross）对美国艾奥瓦州高产量玉米技术的传播过程进行的统计分析结果表明，采用新技术品种的农民的数量呈 S 形曲线增加，证实了 S 形增长曲线的正确性。1973 年，社会学家休梅克和罗杰斯（Shoemaker & Rogers）从社会学角度提出只有至少包含知晓、劝服、决策和证实四个环节的过程才是一个创新扩散的过程。该模式主要在自上而下的传播过程中应用。上述学者的研究开创了技术传播研究的社会学传统，成为技术传统学派的奠基者。从此之后，教育学、传播学、公共卫生和医学、地理学、营销学纷纷将扩散的研究方法引入到自己的研究领域。自 20 世纪 60 年代以来，技术传播与扩散的研究实现了三个突破。首先，是技术传播的理论研究突破了国界，越来越国际化，特别是发展中国家对技术传播的研究热度甚至有赶超发达国家的趋势。其次，是经济学开始将技术扩散的研究变为重点，随后经济学将对技术传播的研究重点转向对创新扩散模型的研究。创新扩散模型主要分两类：一是速度模型，即以接受者总体扩散率为基础，进行宏观统计分析，反映技术创新扩散速度的时间过程。二是决策对策模型，即以潜在接受者接受行为为基础，进行决策对策分析。最后，随着地理学引进计量方法的兴起，数学及统计方法被广泛引入到地理学研究之中，使技术传播的空间结构模型成为当时研究的热点。中国经济学界的学者们从20世纪80年代开始也对技术发展、区域经济进行探讨，特别是20世纪90年代以来，对外商直接投资、技术传播与扩散等进行了众多理论上的研究。全球许多学者有针对性地对一些现实问题构建了技术扩散模型，也形成了一系列理论，如梯度理论、增长极理论、点轴理论等。上述研究大多以技术传播与扩散或者外商直接投资为基础，但并没有将之与区域空间结构相结合，也并未涉及流动、流量经济要素之间的关系，更没有把这些要素的流动性效应归纳和提炼出来，形成统一的概念，这是一种遗憾。

第二节　流量经济的体系结构

一　流量经济的核心

（一）要素集中地

一般来说，只有城市才能有要素集聚与发端的功能，才有先发展流量经济的条件，而一旦某一城市在要素流入流出中又发展成为功能更齐全的中心城市，那么就更有吸引、吸纳流量经济要素，整合、重组、提升、培育流量经济要素的能力，以此才能实现全要素的更大规模流动。在流量经济发展中，中心城市既是一块"磁铁"，又是一台"搅拌机"，还是一台"放大器"，中心城市通过自己的平台条件服务效率，吸引吸纳流量经济要素向本区聚集。各资源要素通过中心城市的整合作用又完成更高效率的重新组合，重新组合后的各资源要素通过中心城市的放大作用实现经济能量的发展，或由于输出要素的作用，在输入地实现新的发展。所以中心城市作为流量经济的核心地也是受益最大的地区。

但核心的范围可大可小，小到一个城镇，大可到一个国家与国家组成的经济联合体地区。只要有合适发展的环境，都可以培育流量经济。

（二）要素吸引地

流量经济具有核心区域，但是核心区域的形成以至对外辐射、服务等的功能发挥除了靠区位的条件外，还要有载体和工具。现代流量经济的载体和工具主要是港口、机场、火车站、高速公路等交通基础设施，还有当地公权力部门的行政效率，等等。

二　流量经济的主体

所有涉及流量运动的企业或组织都是流量经济的主体，但从作用的发挥来看，主要是指那些能够大规模带来并有效促进资源要素流动的机构和组织。从当前的经济实际运行状况及作用的发挥上来看，流量经济的主体主要分为三大类：一是商业性主体机构，二是政府性机构，三是市场中介机构。

（一）商业性主体机构

1. 大型企业集团总部、金融机构总部或业务执行总部、国际金融机构和跨国公司的地区总部、国际性投资集团等。就一个地区而言，企业集团总部的驻入，会产生资金、人力、技术、信息等的流入。由于企业的生产加工基地大多会选择在区外其他比较适宜的地方，这样就会自然产生要素向外扩散、辐射的流动；企业集团规模越大，相对应的要素流规模也就越大，就会对所在地区发展流量经济产生效果。如果是国外机构，把地区总部或投资机构设在某一中心城市，大量投资的资源要素会先行进入这一中心城市，然后再流向其他地区，其中有一部分资源要素还会在中心城市进行重组和整合，在产生更大的经济能量之后向外辐射，特别是那些在全球建有投资和销售网络的大组织和机构，是促进流量要素全球性流动的主要载体和能量。

2. 非大型企业。这些企业虽然没有大型国际集团、机构那么大的规模，带来的流量经济的集聚、扩散效应也没有那么大，但也有一定规模的流量经济效应。正所谓集腋成裘，积少成多。而且，这些非大型的企业对流量经济发展具有双重身份作用，它们既是流量要素的生成体，又是流量要素的接收体，这一类企业的双重身份作用对发展流量经济与大型企业具有同等的作用。而且，对于一些没有达到非常发达或没有某些特别的吸引力的地区而言，是很难吸引到大型企业集团总部这样的组织的，吸引小的可以通过要素的再流入，使小的变成大的。再通俗些讲，流量经济的主体并不绝对要求是集团类或大型企业，而是在于对企业的培养和促进。

（二）政府性主体机构

政府在流量经济发展中的角色是双重的。政府既是流量经济发展的服务提供者，又是流量经济发展结果的受益者。作为服务者，政府有责任、有义务、有能力为流量经济的发展细胞体——企业创造良好的发展环境和条件，提供发展的保障。

我们知道，按照经济学理论，调节经济发展有"两只手"，即市场这只看不见的手、政府这只看得见的手。流量经济的发展同样离不开这"两只手"的作用。政府性机构对流量经济发展的调节主要从以下三个方面进行：

1. 政策制度安排。现代经济的发展，政府的政策制度对促进经济的发展具有首要性的作用。政府的政策制度有宏观层面的，有微观层面的，还有中观层面的。无论是哪个层面的，政府的政策制度安排一定决定流量经济要素的流动快慢、流量大小，有流无流、流出流进。

2. 要素流动环境条件创造。流量经济要素的流动地点、流动线路是与其流动经过地、聚集地的平台条件相对称的。要素流经地、聚集地提供的平台条件好，要素吸纳力就强，要素流入流出就会多，效率就会高，于是，流量经济发展就会快。要素流动环境、平台、条件的设计者和建设者就是政府机构。

3. 法律法规保障提供。流量经济要素流动的主体操作者都是以经济效益为目的的，一般都是要素拥有者、掌握者。要素的流动是自由的，但流动必须有规则，不能任意流动，更不能出现不公平的流动。每一种要素流动的主体操作者都必须遵守法律法规，这样才能保证要素流动的可持续性。而保证要素流动的规则性、公平性、可持续性的主体只能是政府机构。只有政府机构，才有能力化解要素流动发生的摩擦。

关于流量经济的政府性机构如何发挥主体作用问题，本书接下来还将详细阐述。

（三）市场中介性主体机构

市场中介机构指的是介于政府与市场主体企业之间，市场各个主体企业之间，商品的经营者与生产者之间，以及单位与个人之间的，从事服务、协调、咨询、评价等组织活动的机构和个人。中介机构从事的劳动是创造价值的服务性劳动。中介机构的存在与发展，既可以有效地节约社会劳动，提高社会整体和各个相关企业的效益，也可以积极促进经济的正常运行，保证市场的公平竞争和良性竞争，活跃和繁荣市场。因此，中介机构虽然归属于第三产业，但它又是为消费者以及第一、二、三产业服务的服务产业。

1. 纯盈利性的机构。大部分的中介组织是盈利性质的企业单位、法人实体，他们的主要作用表现在两个方面：首先是这类组织机构自身也同前一类主体的效用一样，可以带动许多资源要素的流动；其次就是其直接为前一类流量经济主体提供市场中介服务，在完善的市场经济机制中，这些服务对前一类主体机构的投资运作是不可或缺的。市场中介机构大多具有接受当事人咨询提问、提供信息支持、帮助决策解决问题的能力。中介机构的信息来源途径很广泛，他们有收集、汇总、整理、分析各种信息的专门人才或聘任的高层次专业人才作为其顾问。这不是一般企业具有的能力。中介机构将收集、汇总的信息通过专业人士的整理、分析，甄别其有效信息并加以分析，然后根据该分析结果，直接或者间接地参与所服务企业的经营过程，使所服务的企业能够正确做出经营决策，以避免损失。充分发挥中介机构的这些组织职能，可以使市场处于良性竞争状态，促进交易活动开展，降低市场交易费用，改造市场主体的活动，维护市场主体权益。

中介机构必须具有诚信性。从实际情况来看，一些世界著名的中介组织机构，其在国际性金融机构和跨国公司中具有较高的信誉和较大的影响，并且其业务操作都是按国际规则和惯例来进行，因此，某个地区若想发展流量经济，应尽可能地积极吸引世界级著名中介组织机构入驻，从而促进流量要素的聚集、扩散和形成。

2. 要素生产或培育性的机构。经济发展的要素一种是自然产生的，一种是生产培育的。要素生产或培育性的机构主要包括金融机构、学府院校、科研部门等。金融机构可以使得资金进行集中，然后进行有效的配置。学府院校通过招录学生，培养学生，最后把这样的高级人力资源输送出去。科研部门通过把自己的研究成果转移到社会，形成生产力。

三 流量经济的发展平台

主要是指推动资源要素在市场实现流动所必需的设施和场所，它是流量经济运行和发展最重要的支撑。按照不同功能，发展平台可以分为三大类：

（一）基础设施平台。指道路交通设施、港口码头、航空港、信息通信设施以及教育培训机构、科研机构、金融机构等。这是流量经济主体完成资源要素在地区空间移动所必须具备的硬件设施，或前提条件。

（二）操作平台。指要素市场体系和机制设计，包括商品市场、资本市场、期货市场、资金市场、技术市场、人力资源市场等。这是要素所有权在不同所有者之间进行交易和要素流动所必需的。

要素市场体系是资源和经济要素集聚的传导者。没有要素市场，资源和生产要素就不能实现真正意义上的最佳区位选择。要素市场体系的发达程度直接决定着一个城市（或区域）的市场功能及其引力的作用。

要素市场体系应该做到统一完善，这有三个原因：其一，市场结构的不完整会直接地制约城市（区域）集聚力的传递作用。例如，缺乏劳动力市场，农村剩余劳动力的转移就不可能按照资源优化的原则来进行配置。其二，联系上的有机性。即整个市场必须形成一个一体化的、高度组织化的有机整体，各类市场相互之间具有高度的内在关联性。要素集聚是通过具有内在联系的市场网络来进行的。其三，多层次结构性。要素市场作为一种有形市场，它的吸引力和辐射力的作用范围是有限的。要想使要素市场的作用范围尽量扩大，必须通过建立多层次的市场体系予以传递。也正是这种要素市场的多层次结构，使得核心区域与区域外的经济活动紧密地联系在一起。

（三）服务平台。指为要素交易和流动提供配套的市场中介组织体系，如会计师事务所、律师事务所、资产评估事务所、企业咨询机构等。这是促进流量经济发展的润滑剂，对推动资源要素流动和提高市场体系的运作效率很重要。

四　流量经济的发展环境

主要是指推动和促进资源要素流动所需要的社会、政治、经济、文化等方面的条件，在经济全球化的大环境中，流量经济的发展环境还应包括一个国家的国内市场环境与国际市场环境的衔接。

（一）政府行政监管。包括行政管理部门的办事效率，经济调控的市场工具完善，政府政策规章的透明度强，使国际组织在资源要素的流动中能够适应所在城市的行政管理。

（二）政策法律体制。需要建立起完善的市场经济体制和相应的法律法规体系，尤其是在一些共同规则和通行惯例方面与国际市场相衔接，从而有利于消除资源要素在国际间流动的体制障碍。

（三）全社会服务的效率。流量经济要素流动的顺畅与否，是流量经济发展的关键，而流量要素流动能否顺畅取决于流量要素流动的环节与环节之间衔接是否紧密，也取决于流量要素构成的链条衔接是否结实。比如，港口物流是否通畅就取决于所在地的港口办事效率，港口办事效率就决定了对港口物流的吸引程度。

（四）市场秩序。应努力消除市场分割、地区封锁、行业垄断等地区保护行动，创造一个公平开放的市场环境。

五　集聚效应和扩散效应

集聚效应本质上是两种力量的作用，一方面，集聚经济作为核心区域吸引力推动着核心区域的形成和发展；另一方面，集聚不经济则作为排斥力限制着核心区域集聚和规模扩大。在现实中，这两种力量的作用是重合在一起，共同发生作用的。它具体表现为核心区域的吸引、内聚力和向外的辐射、扩散力两种作用方式。

区域并非单纯地吸引并集聚资源和要素，而是在此基础上将要素扩散出去。从一定意义上说，内聚力与扩散力共同构成了城市集聚力，并以此形成城市、区域的发展和服务，而扩散又是新一轮集聚的开始。单纯集聚资源而不加以扩散的区域发展不可持续。

经济中心往往都是具有相当经济能量的城市。经济中心的能量释放以能量的集聚为基础，并形成集聚—释放—再集聚—再释放的链式循环状态。

经济中心的能量集聚和能量释放，是一个连续的、不断往复、不断发展扩大的持续过程。在这个过程中，集聚和释放具有不可分割的内在联系。简单地说，经济中心的能量集聚表现为经济中心的能量增加，经济中心的能量释放表现为经济中心作用的加深，在经济中心的发展过程中形成了互为条件、互为基础的关系。这种关系表明，经济中心的能量集聚到一定程度，必然会有能量的释放，而能量的释放又扩大了对新的经济活动的吸聚力，从而创造了新的集聚条件；新的集聚又为新的释放创造条件。集聚—释放—再集聚—再释放，如此循环形成不断滚动的链式发展状态。

无论是经济中心的能量集聚还是能量释放，它们的趋向都遵循着优位效益原理，即资源和经济要素具有向最大效益区位推移、集聚的客观趋势。

具有相当经济能量的经济中心，一般都是具有吸引能力，由此形成集聚的优区位，它不断吸引着生产要素，而生产要素集聚的形成，又形成再吸引、再集聚的能力，进而再形成更广泛的经济活动，这样就形成了经济能量的集聚、扩散。反复集聚、反复扩散、集聚扩大、扩散放大的发展形态，以此也不断提高经济中心的优位功能，优位功能的提高又增强了能量的集聚力，优位功能与能量集聚的良性循环，使经济中心的力量不断增强。

六 流量经济的发展层次

（一）按照范围划分

从流量经济发展的范围分析，流量经济可以划分为四个层次：

一是周边地区发展层次。要素流动主要集中在中心城市的周边地区，集聚的要素来自于周边地区，辐射的影响力作用于周边地区，相对来说要素流动的规模也比较小。

二是区域所在国内区域发展层次。要素流动扩张到整个国家范围，要素流动的规模再度增长，特别是要素的种类和层次的提高使得区域向外辐射的经济能量将再度增强。

三是周边国家发展层次。要素流动迈向了国际化，流动范围扩大到周边国家和地区，与国外进行要素流动的规模逐步扩大直至超过在国内的流动规模，特别是要素流动的能级和层次有了明显提高，开始有实力进行较高水平的国际交流。

四是全球范围发展层次。要素流动进一步扩大到全球范围，参与全球性的要素组合，获得全球性的效益。FDI 就是这种流动最典型的方式。

（二）按照能级划分

流量经济的能级主要是指在要素的素质质量层次、流量经济体系的效率水平和辐射能力等方面存在的高低差别。一般而言，要素的技术含量、技术层次和其他素质水平越高，要素以及要素组合的运作效率越高、辐射能力越强，整个流量经济的能级水平就会越高。从这个角度分析，流量经济可以划分为三个高度：

一是初能级。城市要素集聚中心的地位已经确立，发展主体、发展平台、发展环境初步建立，要素动作效率基本高于周边地区并具备了一定的接受、吸引流量要素的能力，同时具备了一定的辐射带动能力。

二是中能级。流量经济发展的影响力已波及境外，无论是要素的吸引还是能量的辐射都走向了国际化。

三是高能级。中心地区流量经济体系建设已非常完善，优越的环境条件吸引着全世界大量的高层次资源要素在此集聚并进行着高效率的运作，资源要素的辐射力全球化。

（三）按照主导流划分

在流量经济体系中，主要的要素是物流、资金流、人流、人力资源流、技术流、商人流、信息流、商品流。在流量经济的不同发展阶段，分别存在着起主导作用的要素流即主导流。流量经济可以划分为三个主导阶段：

一是物流、商品流主导阶段。一般情况下，流量经济发展的初期总是以物流、商品流为主导，带动相应的资金流，但对其他要素流的带动作用相对较小。因此，这一阶段流量经济的运行相对简单、内涵也比较低。但也将使资金流进入并带动物流、人力资源流、信息流、商人流等其他要素流进入。在规范化、大规模推进流量经济发展的过程中，还必须经历一个主要促进物流、商品流发展的阶段，因为这是流量经济扩大规模、提高层次的基础。流量经济的物流、商品流主导阶段基本上与商品经济发展阶段相对应。

二是资金流主导阶段。资金的流动如果主动开启，那么将带动相关的物流、商品流、商人流和其他要素流的发展，而且这种带动作用更加强大。不仅流量经济的规模迅速扩大，而且层次也大大提高。流量经济的资金主导阶段基本上与货币经济发展阶段相对应。

三是人力资源流主导阶段。人力资源分高级人力资源流（也称白领阶层）和普通人力资源（也称蓝领阶层）两种。经济发展中起主导作用的是劳动力，其他要素资源伴随人力资源要素的流动而流动，特别是技术和知识在经济社会发展中起着关键作用。人力资源当中的高等级主导阶段基本上与知识经济发展阶段相对应。

第三节　弱流动性流量经济要素

上文已对弱流动性流量经济要素进行了阐述。流量要素的作用是显而易见的，正是通过流量要素的集聚、整合、流经、扩散，才能完成核心区域或主动区域、功能区域和区域与区域间的交互。流和量都是发展的活力。

关于各种流量已经有了一些研究成果，有的已经形成较完善的理论体系，比如物流，有的还有待完善，比如技术流，这部分内容很多，本节在简明扼要的基础上尽量对要点进行翔实分析。

总之，只有掌握了各种流量的运动规律，才能在区域发展中正确地引导它们，发挥它们的集聚辐射作用。

本节主要介绍流量经济中最常见的四种弱流动性流量要素，它们分别是物流、人流、现代信息流、商品流。

一　物流

笔者认为，所谓物流就是实物使用或存在空间地理位置的变换，物流本身作为一个研究领域，已经有了丰富的研究成果。无论在研究领域或是实践中，物流理论都在人们深入详细的研究中。今天的社会物流已成为经济发展的重要环节和形态，也因此带来了很多社会的效益和效率，同时，物流概念也得到理论研究者的关注。除了物流中心、城市物流等这些相对传统的物流实践产生的理论外，新的物流发展趋势理论也带来新的物流理论，如第三方物流理论、第四方物流理论等也在不断取得新的研究成果。物流产业作为生产性服务业的一种，原本作为服务与生产、流通、交换、消费的行为，却越来越成为发展的一个新的经济增长形态，其未来形态也将越来越值得研究。因此，有必要对物流理论从实践到应用进行不间断的探讨。

物流的提出最早始于美国。20 世纪 30 年代初，美国使用了"Physicaldistribution"一词，直译为实物配送，此后还有"Logistics"（后勤）等用语。关于物流的概念有很多种不同的定义，美国、日本等许多国家和地区都有各自不同的定义和提法。综合起来，可以表述如下：物流（Logistics）是指物品从供应地向接收地的实体流动过程。根据实际需要，将运输、储存、装卸、搬运、包装、流通加工、配送、信息处理等基本功能实施有机结合。

（一）物流的职能

物流的基本职能，包括运输、保管、装卸、包装、流通和加工等。它们相互联系，构成物流系统的功能组成要素。

运输是指用设备和工具，将物品从某地点向另一地点运送的物流活动。其中包括集货、分配、搬运、中转、装入、卸下、分散等系列操作。

保管是指对物品进行保存并对其数量、质量进行管理控制的活动。

装卸是指物品在指定地点以人力或机械装入或卸下运输设备。搬运（Handling/Carrying）的定义是：在同一场所内，对物品进行水平移动为主的物流作业。

包装是指为在流通过程中保护产品、方便储运、促进销售，按一定技术方法而采用的容器、材料及辅助物等的总体名称，也指为了达到上述目的而在采用容器、材料和辅助物的过程中施加一定技术方法等的操作活动。

流通加工是指物品在从生产地到使用地的过程中，根据需要施加包装、分割、计量、分拣、刷标志、拴标签、组装等操作活动。

（二）物流中心

它是现代物流网络中的物流节点，也有人称其为物流据点、流通中心、分销中心、集配中心等。在现代物流网络中，这些节点不仅执行一般的物流职能，而且越来越多地执行指挥控制、信息处理、作业优化等神经中枢的职能。

在中国的《物流术语》中物流中心的定义表述是：物流中心是从事物流活动的场所或组织，应基本符合下列要求：主要面向社会服务；物流功能健全；完善的信息网络；辐射范围大；少品种、大批量；存储、吞吐能力强；物流业务统一经营、管理。

（三）第三方物流

第三方物流是指服务商为客户提供整个的或部分供应链物流服务，以获取一定的利润。第三方物流公司提供的服务范围很广，它可以简单到只是帮助客户安排一批货物的运输，也可以复杂到设计、实施和运作一个公司的整个分销和物流系统。

（四）第四方物流

第四方物流的作用是集合及管理包括第三方物流在内的物流资源、物流技术设施，依托现代信息技术和管理技术来提供完整的供应链解决方案。

（五）城市物流

城市物流是指物质资料在城市内部各经济体之间、城市之间、城市与周围区域体之间的物理性移动过程。

城市物流和其他类型的物流一样，都包括运输、仓储、装卸、搬运、包装、配送、流通加工、物流信息等基本过程。城市物流有其特殊性。

（六）物流的驱动

物流是受人控制并支配的，而经济学认为每一个经济人都是理性，因此每一个经济人都是以追求利润最大化为目标的，因而除了区域可达性、物资运输费用以及干扰机会等诸多因素的影响外，物流归根结底是受利润驱动的。物流作为生产性服务业的经济现象，它的存在和运行具有盈利性和服务性两种特征，也就是说物流运行操控者首先考虑的是自身的盈利性，然后才是对他人的服务性。物流的这种双赢性质使得物流产业的存在具有永续性，其存在方式具有不断创新性。但物流的发展受制于一个关键的条件，即交通运输条件。交通运输条件（陆路基础设施，海运、空运设施设备等）是决定物流流动范围最关键的条件。中国江苏的义乌小商品市场为什么具有聚散的功能？它最远处可以直达欧洲的许多地方，就是得益于铁路的建成。中国的"一带一路"战略的形成将对欧亚大陆物流的发展起到不可估量的作用。

二　人流

（一）人流的概念内涵

人流顾名思义是指人员异地间流动的现象。就某一区域来说，人员流动是指人员从区域外进入某区域内，在短暂停留后又离开区域内，而未改变其定居地的人口移动。人流又分两种情况：一种是相对同一的区域内各地方板块间人员的流动；另一种是区域外人员进入区域内。区域内不同板块间人员相互流动又主要分三种情况：第一种情况是城乡间互相流动；第二种情况是区域内板块与另一板块之间的流动（包括出差）；第三种情况是购物（包括城乡间、城城间）。区域外人员进入区域内也主要分三种情况：第一种情况是外来旅游者；第二种情况是到某一区域参加活动者；第三种情况是区域外来区域内购物者。

目前，对人流还没有统一的概念。但世界旅游组织（UNWTO）对"国际旅游者"给出了一个定义，即"任何越过边境并逗留至少一晚但不超过一年的任何个人"。参考这一定义，人流最具有代表性的现象表现就是以旅游为形式的人员流动。此外，包括休闲度假、购物、参加活动等也均具有旅游的性质。从目的来看，人流可以外出进行探亲、游玩、度假、会议、公差、商务等多种活动；从在外时间来看，人流在外逗留时间较为短暂，停留地点多为景点、宾馆、酒店、购物中心等公共场所。

（二）人流的特点与规律

从人流的目的可见，产生人流的原因有自然吸引和人文因素两方面。

1. 自然吸引

（1）优美的自然风光

优美的自然风光、清新的生态环境是人们选择流动目的地的首要考虑因素。如马尔代夫因其奇特、优美的海边自然风光，已经是众所周知的度假胜地。俄罗斯的贝加尔湖的形状像一弯新月，所以又有"月亮湖"之称。湖上风景秀美、景观奇特，湖内物种丰富，是一座集丰富自然资源于一身的宝库，每年游客络绎不绝。还有很多自然风光非常秀美的地方，吸引了大量的人流。如南美洲的伊瓜苏瀑布，是世界上最宽、风景最美的瀑布，为马蹄形瀑布，观赏点多，从不同地点、不同方向、不同高度，看到的景象不同，过目难忘。再如印度尼西亚巴厘岛，该岛是印尼13600多个岛屿中最耀眼的一个岛，万种风情，景物绚丽，处处是绿色的热带雨林和遍地的树丛野花，以庙宇建筑、雕刻、绘画、音乐、纺织、歌舞和风景闻名于世。

（2）神秘的自然风光

探索未知是人类的天性，因此自然风光的神秘也是吸引人流的重要因素。如中国的西藏因其高耸入云的海拔，加之封闭的自给自足的农牧经济，成为中国和外界较少联系的地方。从而，不仅保留了旅游资源中原始的外形特征和内涵，同时也使中国西藏的许多自然资源具有神秘的陌生感，西藏的神秘吸引着众多的旅游人流前往探秘、探险。再如中国的神农架，是世界上在同一维度上唯一的原始森林，神农架野人是最吸引人的地方。虽然野人至今没有确凿的证据，但是因为猎奇的心理，人们还是愿意谈论他，愿意亲身来看看。又如日本的富士山，是日本的最高峰，日本人奉之为"圣山"，是一座有史以来被记载发生过十几次喷火纪录的休眠火山。

2. 人文因素

自然风光吸引人流，多种人文因素也形成吸引大量人流的条件。

（1）人文景观的吸引

全球各地有很多著名的人文景观吸引着人流。如在欧洲，原来为了反抗维京人的入侵，加上过于分散的封建政治势力的形成，建立了数以千计的城堡。现代，随着战争的远去，这些城堡大多被开辟为旅游景点，或者高级旅馆与饭店，吸引了大量的旅游人流。英国的温莎古堡、爱丁堡城堡，德国的海德堡城堡，法国的圣米歇尔山城堡、昂布瓦兹城堡，中国的长城，还有美国的自由女神雕像等，都吸引了大批的人流，这些都是典型的用人文文化景观来吸引人流。

（2）活动设计的吸引

为了便于人们之间经济、文化、情感的交流，某些地方会定期不定期地推出一些活动来吸引人流。如举办各种论坛、文化评奖活动等也会吸引人们为此前往。像大家熟知的每年在达沃斯召开的世界经济论坛年会，会议持续约一周时间，每年都要确定一个主题，在此基础上安排200多场分论坛讨论。每年的世界经济论坛年会均有来自数十个国家的千余位政界、企业界和新闻机构的领袖人物参加，同时也给达沃斯带来大量的人流。在中国的海南博鳌，每年都会举办"博鳌论坛"。论坛有二十多国代表参加，同样给博鳌带来大量的参观人流。再比如每年在瑞典举办的诺贝尔奖的评奖颁奖活动，等等，都吸引了大量的人流。这些活动不仅举办时会带来人流，更重要的是活动举办地及活动举办场所由此将成为主办地的文化景观，对人流的吸引具有可持续性，而且历史越久，这样的文化景观对人流越有吸引力。人们参观类似的文化景观具有多重心理，像探秘性、体验性，等等。

（3）消费环境的吸引

在消费主义盛行的年代，购物对人流的吸引甚至超过自然和人文景观对人流的吸引。良好的购物环境是吸引人流的重要因素，购物环境吸引人流主要包括五方面：一是商品种类；二是商品价格；三是商品档次；四是商品品质；五是服务水准。香港就是一个较为典型的用购物环境吸引人流的地区。

香港购物点林立，商品种类包罗万象，商品价格优廉，拥有各式各样的露天集市、充满奇趣的夜市和琳琅满目的豪华大型商场，商品品种丰富、应有尽有，品牌诚信，堪称购物天堂。

在香港购物，不论是商品种类、价格还是服务，都是世界知名的。香港店铺售卖着世界各地不同特色的货品，由国际顶级品牌至地方特色小商品，都可以找到。且因香港是零关税地区，在香港出售的大部分商品都不征税，所以在香港购物，商品价格相对较低，因此吸引了全球大量人流前来香港购物及把购物变成了旅游。香港的服务员大多受过专业的优质顾客服务训练，态度热情友善，服务以客为先。这些都成为吸引大量到香港购物人流的因素。

因此，消费环境吸引人流的因素是多向度、多重性的。特色消费内容也是吸引人流的因素。具有典型代表性的如瑞士的钟表行业，法国的美容护肤品、时装行业等。钟表制造业是瑞士的传统产业。提起瑞士，恐怕所有的人都会下意识地想到手表，瑞士被誉为钟表之国，手表已成为瑞士的某种象征，这也是瑞士人最值得骄傲和自豪的事。手表为瑞士不仅带来了无尽的商机，也为瑞士带来了大量人流。靠着瑞士人那种精益求精、不落人后的精神，瑞士始终将钟表王国的桂冠牢牢地戴在自己头上。在巴黎购物是一种享受，在香榭丽舍大街的时装店和化妆品店中，给人感受最深的是这些店似乎并不是在销售商品，而是在推展理念，在引导潮流。最为出名的是巴黎时装，世界上最有名的服装设计师都在法国设有门市。还有格拉斯香水等。

（4）宗教信仰的吸引

为实现自己心中的宗教信仰，会产生大量的人流聚集。如"朝觐"是伊斯兰教为信徒所规定的必须遵守的基本制度之一。所有穆斯林，无论男女，都会尽最大努力争取一生至少要前往麦加朝觐一次。每年在伊斯兰教历的第 12 个月，数以百万计的穆斯林都会聚集在沙特的麦加，参加一年一度的朝觐。朝圣期间，他们聚集在"圣城"麦加周围，一起祈祷、吃饭、学习。再如藏传佛教在中国西藏有较为广泛的影响，有遍布全藏各地的众多的富丽堂皇的寺院，从寺院内长明不灭的酥油灯、低沉的法号声中，可领略到浓浓的宗教氛围，使许多人流都带有浓厚的宗教色彩；还有坐落在中国西藏普兰县境内的冈底斯山的主峰——冈仁布钦峰，由于流传已久的宗教传说，冈仁布钦峰便成为中外宗教信徒心中的圣地，和神山相连的"圣水"玛旁雍错被信徒们认为是世界"圣湖"之王。神山圣水每年吸引成千上万的虔诚信徒不远万里前来朝拜。

（5）民风民俗的吸引

民风民俗是重要的吸引人流的资源。民族特色也是中国西藏吸引大批人流的重要原因。如宗教寺庙，宽大的藏袍，平顶的碉房民居，香味四溢的高原热饮——酥油茶，风干的牛羊肉，粗犷豪放的藏族歌舞，多姿多彩的节日，奇特的婚俗，丧俗等民风民俗，都能让旅游者感受和认识藏族民族文化的独特魅力。每年 3 月 19

日到 10 月 12 日的西班牙斗牛活动，通常以星期日和星期四为斗牛日，民众中有一年一度的奔牛节。斗牛是西班牙的国粹，享誉世界，是西班牙特有的古老传统，代表着西班牙人粗犷豪放的民族风格。斗牛表演与奔牛节都会吸引大量的人流。在欧、美许多国家都有一个传统的狂欢节节日，化装舞会、彩车游行、假面具和宴会是狂欢节的几大特色，一般在二三月份举行，其中最负盛名的为巴西狂欢节。狂欢节是全社会各阶层共同参与，共同分享的生动、热闹的庆典活动，这种欢乐的气氛也感染着来自异乡的旅行者，不少外国人也情不自禁地融入其中。狂欢节中最为热烈、紧张、欢快的要数桑巴舞，舞者神采飞扬，观者如痴如醉，不论是舞者还是观者，其热烈痴迷的程度几乎达到了疯狂。狂欢节的魅力吸引着全球各地的人流涌向巴西。而巴西不仅仅在狂欢节期间吸引了大量人流，更使狂欢节文化的代表性主题艺术桑巴舞成为巴西的一大民风民俗品牌。全球去巴西的人，必去欣赏桑巴舞，甚至专为此而去巴西。在中国云南泸沽湖摩梭人中有一种特有的婚姻方式——走婚，"走婚"是男女双方仍然属于自己原有的家庭，婚姻形式是男方到女方家走访、住宿，次日早晨回到自己家中，因为是由男方的"走"而实现的婚姻，所以当地人又称这种关系为"走婚"。不少比摩梭人生产力低下的民族都已进入一夫一妻制，而摩梭人仍然实行"走婚"，是摩梭婚姻的难解之谜。而"走婚"这一传统的民风民俗却因神秘而吸引了大量好奇的人流前往泸沽湖一探究竟。去泸沽湖的人无一例外是因"走婚"民风民俗文化而前往。

（6）良好的法治环境和社会秩序的吸引

安全、舒适、方便是人流流入考虑的重要因素，因而良好的法治环境和社会秩序也是吸引人流的保证因素。如新加坡吸引游客的重要因素就是因为有良好的人文法治环境，干净整洁的市容，有规则的社会秩序。一个法制健全的地方，无论是人们休闲度假，还是旅游购物，都会使人感到踏实和安全。中东、阿拉伯地区为什么让人们望而生畏，不敢前往休闲度假，主要原因就是社会秩序混乱而无章法。

（7）人流流入地特色的吸引

区域特色可以使某区域明显地区别于其他区域，成为本区域吸引人流流入的招牌。如美国的拉斯维加斯，拥有以赌博业为中心的庞大的旅游、购物、度假产业，是世界知名的度假胜地之一，有"世界娱乐之都"和"结婚之都"的美称，每年吸引着大量的人流涌入，其中不乏高消费能力的世界各地的名人；澳门是世界四大赌城之一，因其发达的博彩业也吸引着全球各地的人流；韩国利用整形美容旅游吸引众多人流，拉动当地经济发展；南非有"彩虹之国"的美誉，以丰富的矿物资源驰名世界，1867年和1886年南非发现钻石和黄金后，吸引大批欧洲移民蜂拥而至，也吸引了世界各地的购买人流。

（8）地域发展的差异吸引

地域发展的差异会引致人流的流动。地域发展差异主要体现在两个方面：一是体现为文化感受的差异上，有城乡之间的差异、国家与国家之间的差异以及地区与地区之间的差异等。就城乡差异来说，由于城市的现代化环境，会吸引乡村居民前往购物及感受城市的文化。就国与国的差异来说，不仅有发达不发达之差异，更有国与国文化的差异，于是导致人们在异国间相互游走。发达地区或国家往往拥有更先进的文化、发展经验等，会吸引不发达或欠缺某种文化、发展经验的地区或国家的人员前往参观、考察和学习。如美国的硅谷，以附近一些具有雄厚科研力量的斯坦福、伯克利和加州理工等世界知名大学为依托，以高技术的中小公司群为基础，并拥有苹果、英特尔、惠普、思科、朗讯等大公司，融科学、技术、生产为一体。这使得硅谷吸引了全球各地的大量IT界、销售界精英前往。当然，由于不发达地区的经济发展较慢，对自然资源的破坏较少，也会吸引发达地区的人流前往观光、休闲和度假。二是体现在地域功能性差异方面，即服务人们生产发展、生活需要等设施存在的方面。最鲜明的现象就是医疗机构的技术水平、会展业设施水平、教育培训机构发达程度等，这些同样能吸引人流在某地集聚。一个地方的医疗技术水平高，自然就会吸引就医的人群前往。如果住院治疗，加上随患者前来照顾的人员，便也会成为一个地方的消费群体。一个地方的会展业设施齐全，服务专业，就会吸引各种交易会、展览会等汇聚，而一旦某地的会展业形成品牌，就会形成常态化的人流汇聚。再说教育培训机构。教育培训机构的载体主要是指高等院校。如果一个地方的教育发达，高等院校集中或有知名院校，就会吸引大量就读学生的常态性流入，而且就读学生的人流停留的时间又长，这对当地的经济繁荣促进会很大。

（三）人流给流入地带来的效益

人流无疑可以促进当地经济、社会、文化的发展。

1. 给流入地带来资金，提高居民收入

外来人员在流入地的衣、食、住、行、娱乐、购买等消费行为无疑会给人员流入地的经济带来繁荣和拉动。人流潮给人员流入地带来的效益主要是在人员停留期间的消费上。比如香港地区，香港地区的经济靠什么发展起来的？香港的制造业并不发达，工业更是缺少大型工厂，香港就是靠人流在当地的涌动而形成的消费才有了经济的发展。

2. 给流入地带来就业机会

人流给流入地带来的经济效益是全方位的，人流除直接消费带给流入地经济效益外，也为流入地提供了大量的就业机会，起到了稳定社会的效果。

3. 促进流入地相关行业的发展

人流对流入地产业的发展促进主要是通过流入者在衣、食、住、行、购、娱乐等方面消费，涉及流入地相关产业的需求上，主要领域是建筑业、交通运输业和服务性行业的发展方面。旅游业之所以被世界公认为"朝阳产业"，就是因为人流经济带来的现象，人流经济也是世界上公认的综合性较强、涉及产业多的经济现象。

4. 有利于流入地历史文化遗产的保护

历史文化遗产是人类的宝贵财富，历史文化遗产不仅是人类文明的实物作证，同时人们对人类文明的鉴赏心理也使得历史文化遗迹会吸引众多人流。从文化遗产带来的经济效益出发，历史文化遗产所在地必然有更高的积极性来对历史文化遗产进行保护。保护得越好，带来的人流越多，人流聚集得越多，给人流流入地带来的经济效益就会越大。对文化遗产的保护，也是对旅游资源的保护，于是也获得了旅游人口的持续发展，从而使旅游经营和管理者乐于对既具有文化价值又具有旅游价值的文化遗产进行拯救，令那些濒于绝迹状态的文化遗产得到挖掘、保护和弘扬。历史文化遗产除了不动产类之外，还包括非不动产式遗产，比如风土人情、民间艺术等。如苏格兰人用纯羊毛纯手工制作的"苏格兰方格裙"、著名的瑞士军刀等。荷兰的手工艺木鞋现在虽然少有人穿了，但是观光客喜爱不已，成了必购的纪念品，是荷兰最具民族特色的工艺品，是荷兰民族风俗文化的缩影。人流的流入，有利于流入地这些历史文化遗产的保护。

5. 带来异地文化的交流和繁荣

人流的活动也成为一种促进文化交流的文化事业。在一定意义上，一次人员流动就是一次广义的文化交流，外来人员的流入必定会带入外来文化，流入地的文化也必定对流入人员的文化产生影响。从人流产生地分析，经济文化发达的地区产生的人流多，通过人流的涌入，一方面，当地的传统文化可以得到促进和发展；另一方面，又可以获得外来文化。从人流流出地来说，通过流出流回，可以把流入地的文化带回流出地。这种情况，无疑可以促进大范围的文化交流，进而使大范围的文化得以繁荣发展，带来人类综合性的效益。

三　现代信息流

我们知道，信息是个超广泛、无处不在的人类生活元素。没有信息，人们生产、生活将没有方向，行动将没有依据。因为你想象中交往的人或事物的状态和特质，将主导你的决定。如此道理，你在拟与某人、某事、某物等交往前，对对象的事先了解成为先决条件，这就是信息，这就会出现信息流。信息是指挥人们生产、生活的上帝。人们服从信息就像服从上帝一样。信息流形成和流动可以是人工的，也可以是计算机化的。现代社会的信息流，无论是形成还是促进流动，基本都是计算机化、网络化的，因此，信息流在现代社会可以称为现代信息流。

（一）信息流的概念

信息遍布于我们生存的自然界、人类社会和人们认识思维过程中，它与材料、能源一起被称为现代科学的三大支柱，受到人们的关注。广义的信息概念是指事物存在的方式和运动状态的反映；狭义的信息概念是指能反映事物存在和运动差异的、对解决问题有用的、可以被理解和被接收的、新出现的信息消息的总称。

信息存在于人类社会的各个领域中，但并不是所有的信息都可进入经济范畴。能进入经济范畴的信息主要是指通过信息的传播、流动、运营而带来经济效益的信息。

信息流就是指处于运动状态的信息系列，由信息源向信息接受者通过信息流通渠道传递的全部信息的集合。从信息流的经济角度来看，投资促进信息，市场消费需求信息，商品流通信息是最具信息流代表性的。

（二）信息流的特征

信息流既依赖于看得见的物质基础，又离不开看不见的信息传播渠道和方式，但它有其自身运动的规律性，是客观事物与主观能动性相互结合的产物。

1. 信息流具有系统性

信息流动体系是各种联系着的信息流动要素构成的有机统一体，具有目的性、层次性、整体性、有机联系性等若干特征。信息流也好，以及依靠信息流流动的其他流量元素的流动也好，所有的流动性的要素都不是无规律、无规则的，这些要素的流动都不是信息的简单支配所存在，零星的、个别的信息不可能支配任何一种要素的流动，任何要素的流动都必须是若干个具有特定内容的同质信息在一定时间和空间范围内形成的系统集合。

2. 信息流具有多向性特征

信息流的多向性特征首先表现在信息流动的起点到接受点的全程效益上。比如作为投资促进的信息流，仅有接收者的需求信息是不行的，还要有投资者的意向信息，而且更重要的是投资者的意向信息。也就是说，作为资本的拥有者，他的投资地点选择具有多向性。投资环境好的地方，具有盈利性可能的地方，他才会有兴趣。而反过来说，仅有投资者的投资信息也不行，还要看投资接收地是否愿意接受你的投资。这就是人们所说的招商选资。信息流的多向性既取决于流动要素的相互联系，也取决于信息运动本身的特点。就像类似商品流通信息等的信息运动过程一样，不仅有正向的、由生产者向消费者流动的信息，也有反向的、由消费者向生产者流动的反馈信息。从整个社会来看，个人与个人之间，企业与企业之间，地区与地区之间都存在着纵横交错的信息流动。正是由于信息流本身的特点，决定了依靠信息而流动的其他要素流动的多向性特征。而无论是投资促进信息的流动，还是商品流通信息的流动，从信息流的起点到终点，全流程的每个环节都会获得应得的效益。作为投资信息的起点地区，"走出去"是为了利用其他地区的资源要素来发展自己，"请进来"是可以利用他人的投资促进行为带来的资源来发展自己。在这里，信息中介机构也可以获得效益。在信息流产生的多方效益问题上，形象地比喻，就像婚介所，婚恋双方由于婚介所的引荐而成婚，从利益的概念说，双方都获得效益。但作为婚姻信息的中介机构，也会获得效益。还比如电子商务产业，作为供需双方的平台电子商务企业，它所提供的供需双方的信息不仅为供需双方带来了好处，自己本身更是获得了效益。

3. 信息流的信息源和接收者具有多样性的特点

商品流通信息源主要有：社会生产水平和生产结构，社会消费水平和消费结构，社会政治，文化，教育，民族风俗习惯，有关国家方针政策、法律以及市场供求关系、物价水平、交通运输和企业经营状况等。同时，生产经营企业以及广大消费者在社会生产中以买者或卖者的身份交替出现，构成了复杂的信息发出者与接收者的集合体。再以投资促进为例，投资促进信息源主要有：实体企业，特别是跨国公司企业，还有投资促进的中介组织，政府的信息发布，投资促进活动等。投资促进信息的接收端主要是：适宜某种投资资金和项目落地的地区和合作实体。虽然投资促进的信息源和接收者都确定了，但投资信息的发端者对投资地和投资对象的选择是多样性的。作为投资信息的接收者，对投资资金和项目的来源的接受也是多样性的，也就是说双方都具有选择性。这是举投资促进信息的例子，其他信息流也同样具有这样的特点。

4. 信息流的语言具有共同性的特征

信息流动过程中，并非所有的信息都是流动的信息，只有经过一定程度的处理，对发展和效益有用的信息，才能形成信息流动，才能构成信息流。而信息要准确地表达出来需要一种信息语言，如果信息语言不同，双方无法接收和理解对方信息反映的内容，流动就不能正常进行，信息及信息流动也就失去了意义。因此，一种共同的信息语言是流通信息存在的客观要求，是共享信息、共同开发利用信息的条件。就商品流来讲，在当前流通领域广泛运用电子技术、信息技术，形成了信息网络的情况下，信息语言共同性的要求就更加突出了。

5. 流通信息有时效性和准确性的特征

信息总存在于一定的时空范围内，否则便失去了存在的价值。在现代化生产和经营的条件下，经济发展迅速，市场竞争十分激烈，供求关系变化频繁，时效性强。因此，对决定生产和经营的信息，既要准确又要及时，否则会导致企业生产和经营的低效率，甚至失败。

（三）信息流的操控过程

信息流的操控过程指的是对商品流通信息进行一系列的收集、存储、加工、传递、应用的全过程。

1. 信息收集

信息的收集是信息流操控的起点。收集到的信息的质量，即信息的真实性、可靠性、准确性、及时性，决定着能否达到预定的信息流动的目的，所以信息的收集必须遵循一定的原则：首先，要有针对性，要有明确的目的。并非所有的信息都会带来健康良好的效益，即并不是所有的信息都是有用的，不仅诈骗的信息无用以致会伤害自己，就是正常的信息对于某些地方也可能是无用的，只有有利于经济发展与经营相关联的信息才是收集的对象。收集信息的目的要按照一个企业或地方生产经营和经济发展中所需要的要素的需求来确定，如果是战略性目的，所涉及的范围就会大一些，收集信息的面就要广一些；而很具体的目的，所涉及的范围会小很多，收集的信息也往往集中于某一方面。其次，要具有系统性和连续性。因为任何事物的连续性要求为流体提供的导管不能出现流体中断和真空状况。收集到的信息不仅要客观，而且对经济发展还要具有使用价值。

2. 信息存储

对收集的信息一般需要汇集并存储，这要通过软硬件来实现。随着信息量的快速增长，对数据库容量和处理能力的要求也日益增加。信息存储本身不仅仅是记录在数据库中那么简单，还需要考虑数据库的分布、数据库的结构兼容性等特征，也就是说，要为信息的加工、传递等作好准备。

3. 信息加工

收集来的信息往往是零散的、形式各异的，甚至是相互孤立的。不规范的信息，不易贮存和检索，必须经过一定的整理加工程序，采用科学的方法对收集到的信息进行筛选、分类、比较、评估、计算。特别是在当今的大数据时代，大数据虽然有用，但不能完全信任，必须经过评估和加工才可以使用。

4. 信息传递

信息传递过程是指信息从信息源出发，经过适当的媒介和信息通道传送给接收者的过程。如果说信息收集相当于原材料的供应过程，信息处理相当于生产过程，信息传递就相当于产品的流通过程。它最基本的要求是迅速、准确和经济。

5. 信息应用

信息的应用是指人们对信息进行有目的地收集、加工处理后的使用，以谋取效益的行为。商品流通信息的运用过程就是商品流通信息用于流通经营管理过程中，使信息间接创造经济效益和社会效益的过程。应用信息可以做出合理的决策，调节流动活动，从而为社会和企业带来经济利益。

（四）信息网络

信息系统存在于一定范围的组织机构之中，支持着组织机构的业务往来以及管理，是主体进行各项活动的基本联系方式。信息系统对信息本身和组织机构都具有强大的管理功能。

信息系统是人员、过程、数据库相互联系的集合，它是在一定的组织机构和范围中，不断地收集、处理、存贮、传递在不同业务层次上的事务处理信息和支持管理决策信息的综合系统。

随着现代科学技术的发展，信息流动和获取的方式都发生了巨大变化，发生了革命性的进步，信息流动更加社会化、程序化、工程化。由于计算机技术、网络技术在信息流动的广泛应用而形成的流动信息网络，已经渗透到流量经济的各个环节之中，因此，信息流已成为现代信息流。

现代信息流动中的传输手段主要是依靠先进的计算机技术、通信技术、自动化技术以及各种电子信息设备形成的信息网络，并运用经济数学、系统科学、行为科学的方法，以实现商品流、商人流、物流、资金流、人流、人力资源流、技术流、信息流的最优化控制和管理的人机信息系统。目前用现代信息手段支持流量经济要素流动和发展的信息主要是网络信息。比如，具有代表性的供应链管理信息系统、物流信息系统、金融信息系统、人力资源信息系统、EDI（电子数据交换）、POS（销售时点管理系统）、EOS（电子订货系统）、VAN（增值网络）、SIS（决策信息网络）、MIS（管理信息系统）、医疗信息系统等。这里举例介绍一下管理信息系统（MIS）、增值网络（VAN）、电子订货系统（EOS）。从信息系统的例子中我们可以看出现代手段对信息流流量、流速的革命性改变。

1. 管理信息系统（MIS）

管理信息系统（Management Information System）是由人、计算机组成的以计算机为工具，具有信息处理、预测、控制和辅助决策功能的系统，包括管理信息的收集、传递、存储、加工、维护和使用。建立管理信息系统已成为信息时代的企业组织部门提高运营效率、获取最大效益、实现组织目标的战略措施。利用 MIS 而获得的企业实际运行信息来进行预测和控制，有助于企业从全局出发进行科学决策，实现长远规划目标。

狭义的管理信息系统一般是针对企业等局部区域进行信息管理；广义的管理信息系统实际上包括了 EDI、POS 等系统，只要是以信息技术为手段对信息进行存储等相应管理的系统就算是管理信息系统。我们这里所指的管理信息系统是狭义上的。

制定管理信息系统的评价标准应以管理信息系统功能评价为基础，也就是应以满足有关管理部门的业务需要和要求为准则。建立管理信息系统必须坚持面向用户的观点，在全面分析用户需求的基础上确定系统功能。只有以用户所需要的功能作为设计的出发点，以功能分析来引导管理信息系统的设计与实现，力求达到功能与成本的最佳组合，才能充分发挥管理信息系统的作用。

管理信息系统主要具有数据处理功能和管理功能。前者包括收集数据、数据（格式）准备、数据存储、数据处理（包括组织、分类、合并、检索、计算、分析）、数据传递、数据提供，等等；后者包括计划、预测、控制及辅助决策等。按照用户的需求及系统目标，确定各功能模块后，应进行系统功能评价，尽可能在功能模块的效率、可靠性、经济性、适应性等方面建立相应的量化指标体系，从中选定系统的设计方案。

2. 增值网络（VAN）

增值网络（Value Added Network）是将制造业、批发业、物流业、零售业等部门的信息，通过计算机服务网络来相互交换的信息系统。VAN 最大的特点是通过计算机服务网络，使不同企业、不同的网络系统可以连接，从而交换不同形式的数据资料。VAN 实现了不同系统的对接和不同格式的变换，为众多的使用者提供交换数据的服务，创造了价值，因而被称为增值网络。

VAN 的类型有以下几种：大型 VAN 是由大型生产企业、批发企业、物流企业、零售企业共同建立和共同开发利用的网络系统；行业 VAN 是由一个行业内部相关企业创立的、由本行业内部企业共同利用的网络系统；地区 VAN 是由一定地区范围内不同企业共同建立、共同利用的网络系统。

3. 电子订货系统（EOS）

电子订货系统（Electronic Ordering System）是利用计算机和通信线路订货、补货的系统。EOS 是随着连锁店订货系统的发展而发展起来的。在连锁经营中，各个分店每天或每隔一段时间要向总部的配送中心发出补货的申请，配送中心根据申请，发出相应的货物，同时再向供应商发出订货清单。如果没有电子系统参与，完全靠人工进行，工作效率不高，商品经常会积压和脱销，而且，工作人员的劳动强度也很大。当采用 POS 与 EOS 的连接系统后，工作人员可以对本店或各个分店的商品的销售情况、库存状况准确地把握，这样就会减少订货决策的失误，并且，由于订货申请和清单通过计算机和网络传送的及时准确，由此也提高了工作效率，从而也提高了整个连锁企业经营的效率与效益。

电子订货系统最初运用在连锁企业内部，而后与制造商、批发商的计算机系统连接起来，形成系统化的电子订货系统，进而 EOS 与 VAN 连接起来，形成不同企业共同的订货和服务系统。

当然，无论是用传统的采集信息的方法，还是用高技术的现代性的手段采集信息，完全的信息是不存在的。这与采集信息的手段、工具有关系，也与人本身的有限理性有关。况且信息在流动过程中还会出现损耗、遗失、变质等情况。因此，由于信息流要素的不完整和非对称性，往往也会使人们在经济行为决策中出现误判，甚至带来人们经济行为的非理性、盲目性、跟随性。

四 商品流

商品流是指物质以商品形式在地理空间上的位置移动状态和现象。商品流的流动范围随着现代交通设施网络的形成建设发展，随着现代交通运输工具的改进和发明，现代商品流的流动范围越来越大，商品流动成为地区之间、国际间经济协作分工的一种结果表现形式。区际间、国际间存在或产生的现代商品流的原因主要有两方面：一是地域间商品生产能力的差异性。生产能力差异性的最显著表现是产量及产品品种的差异。某种商品在某一地区可能由于该种商品的产能高而出现供过于求的过剩现象，而该种商品在另一地区可能由于该种商品的产能低或无产能而出现供不应求的商品短缺现象。于是就有极大的可能出现商品从高产能地区向低产能或无产能地区移动的现象。二是全球化时代生产形式的必然。全球化时代产业的分工协作越来越紧密，一种产品可能在多个地区生产不同的零部件，代工、贴牌（OEM＼ODM）现象的出现是最具典型的例证。由于代工、贴牌生产形式的存在必将使得商品流更加全球化，也使得商品流的流量规模更大，流程更远。

商品流的末端接收者主要分两种：一种是实体消费者。实体消费者是相对于个人终端产品消费者而得其名的，实体消费者概念中所指的消费者不是一般的个人，而是生产经营实体。这样的实体所消费的也不是一般的商品，而往往是一个产品制造完成过程的中间形态产品，其表现的形势也不是产品的最终形态和最后完成品，实体消费者购买的产品也不是将产品消费掉，而是将购得的产品加入新的生产过程当中，最终依附在新的产品形态上，而成为新的产品的一部分。实体消费者的存在，使得商品流由于工厂与工厂之间的互补关系而变得更加具有现代性。另一种是个人消费者。个人消费者就是以生活需要为目的而购买商品的个人。在电信条件现代化的时代里，随着互联网的发展和广泛应用，促进和实现商品流的方式又呈现了新的变化和现象。这以电子商务的出现和发展为代表。

商品流是涉及商品所有权转移的价值运动。在商品社会中，商品是用来交换的劳动产品，是使用价值的统一体。商品对生产者和经营者来说，只是为了拥有价值；对消费者而言，却是为了拥有使用价值。使消费者发生价值形态的变化和所有权的转移，由此形成的价值运动称为商品流。

（一）商品流的功能

1. 实现商品价值的功能

在市场经济条件下，商品价值实现即 $W'—G'$ 转化能力意味着竞争力的水平。商品流动过程把商品的所有权由生产者转移给消费者，实现商品的价值。商品一旦转化为货币，就可转化为再生产过程的各种现实要素，使再生产过程得以顺利继续下去。

2. 合理配置资源的功能

商品流是否顺畅取决于商品的价格能否得到社会的承认，以及市场供求平衡状况。商品流为生产者、消费者提供了一个互相选择的机会，它引导生产者根据社会需要来安排生产，使产品在花色品种、规格样式等方面都能适应消费需要。同时，由于交易主体具有强烈的利益动机，必然使资金流向商品流动经济效益高的地区，促使生产在总体规模、结构等方面与市场上的货币量相适应，使整个社会资源在短缺条件下，实现合理配置。

3. 生产先导的功能

在 $G—W$ 这个环节中，企业通过预付资金购买生产资料，并支付劳动者的报酬。商品流过程一方面表现为生产资料和劳动力的所有权由生产者转移给消费者，使商品的价值得以实现。另一方面 $G—W$ 的转化是企业生产经营活动开始和持续运转的重要前提，是企业资金形态变化的初始环节。没有这个环节中的商品流过程，生产中人的因素和物的因素就不可能实现有机结合而变为现实的生产力。

（二）商品流通运行的基本原则

商品流通运行的基本原则是在商品流通活动中自然形成的，其使保证商品流通得以正常运行，使其功能得以充分实现。这些基本原则是：

1. 利益独立原则

利益独立的基本含义是在商品交易中各个商品流通主体（买卖双方）为获得尽可能大的利益而展开竞争。他们的利益通过法律给予严格的界定和保护。对于企业，首先应对他们拥有的利益权利给予明确界定，使其拥有独立的利益，成为利益主体，对企业所拥有的产权利益给予严格的保护，除了统一由法律规定的税赋外，不能以各种形式剥夺企业的利益；同时，对于企业的损失也应由它们自己独立承担。利益独立原则实质上反映了商品流通产生和发展的一个重要前提条件，即商品归不同的所有者占有的客观要求。

2. 相互服务的原则

商业服务作为商品经济发展的产物，贯穿于商品流通的全过程，是一切商品经济共同存在的经济现象。

在商业出现之前的物物交换中，买卖双方直接见面，交换一次完成，彼此满足对方对使用价值的需要，服务活动伴随着商品让渡而瞬间完成。随着社会分工和商品生产的发展，交换的深度和广度增加，任何一种商品的空间位移、时间延续、所有权让渡等，都伴随着复杂的商业服务过程，都必须以商业服务为条件才能顺利进行。商业服务不仅是一种交换的形式，而且还作为商品交换的内容、手段和条件，贯穿于商品交换的全过程。

3. 自愿让渡原则

自愿让渡是指进行商品交换的双方必须相互自愿出让商品或货币才能成交。这实质上也是自主决策的原则，因为在商品流通过程中，利益主体的行为不受任何其他个人或权威机构的指派、规定。

在商品流通过程中，用货币购买的商品必须适合购买者的消费或再出卖的需要，商品出卖者也必须愿意出售自己的商品。也就是说商品所有者和货币所有者的意志必须达到统一，才能最终成交。

4. 等价交换原则

价值规律要求价格以价值为基础，不同商品的交换按照等价的原则进行。在商品流通中，参加商品交换的双方是不同的所有者，价格的高低直接涉及交换双方的经济利益，他们彼此都要以各自产品的劳动耗费能否得到补偿为前提。一旦等价交换不能实现，一方经济利益必然会受到损失，而另一方获得较大的经济利益，这样对商品流通就会出现阻碍的作用。

（三）商品流过程

1. 商品流过程的基本内容

商品流过程的核心是商品价值形态的转换及以此为基础产生的商品所有权转移。因此，在流通领域，商品流的经济运行过程集中体现在 $G—W$ 和 $W—G'$ 的形态变换之中。为实现这种转换，商品流过程包括以下几个方面的内容：

（1）资金准备。它是商品流活动的起点，流通企业的一切经济活动都建立在这一基础之上。

（2）市场信息收集。为了确保商品流活动的顺利进行，流通企业必须充分掌握市场信息，并有效利用这些信息。

（3）商品购买谈判。当流通企业选择业务合作对象之后，与业务合作对象就商品交换问题及涉及的利益分配问题进行具体谈判。

（4）监督合同履行。交易双方谈判达成共识后，需要做两件事：一是要用合同文本形式确定关系；二是要通过两种形式进行合同履约的监督。或者双方进行自控的道德监督，自觉履约，或者通过公证后的司法机制督促履约。

（5）商品销售。在这一阶段，流通企业的商品流活动集中在市场销售机会选择、市场策略的制定、具体选择方式与促销活动的选择、销售服务内容与服务方式的确定等方面。

2. 实现商品流活动的形式

从现阶段商品交换的实际情况来看，商品流活动的实现方式主要有以下三大类型：

（1）有赖于集中场所的商品流方式。在现代经济活动中，许多商品由于生产的特殊性、商品属性与特点的制约以及交易当事人能力的限制，商品流活动当事人不可能一对一进行交易谈判，而是选择在交易场所集中的地方，在特定交易制度安排下有组织地进行集体交易来完成商品流活动。这种场所集中的具体方式有商品交易所、各类商品批发市场、某类商品或综合性商品集散中心等。

集中场所的交易活动是商品流活动实现的基本形式，有如下几个特征：

①有丰富的商品作为集中场所的物质基础。首先，农副产品是交易集中场所的主要对象。由于农副产品生产的分散性及生产的

稳定性差，同时作为需求方代表的经营者数量众多，因而需要在特定制度安排下进行集中交易。其次，众多的日用工业品也成为集中场所的重要交易对象。集中场所的功能弥补了中小企业生产者市场组织能力不足的状况，降低了经营者的交易费用。

②生产者、经营者的选择权力得以较充分的实现。在集中的交易场所，汇集了来自各地的供应商与经营者，彼此可以根据自己的目标与需要进行较充分的选择，以争取对自己有利的交易机会与交易方式。

③监督保证较为有力。在集中交易场所，有着较严格的交易制度和健全的组织机构，任何交易当事人都必须接受这种既定的制度安排与组织约束，因而交易履约率较高。

④竞争机制作用较充分。任何一个供应商都不可能对市场具有决定性的影响，与此同时，需求方也有最严格的需求规模限制，对市场的影响也十分有限。

（2）不依赖于集中场所的商品流方式。在现代经济活动中，有的工业生产领域（如电子、机械、冶金、能源等）具有较高的市场集中度以及产品的技术含量高、具有较高的专业用途等特点，因而使得商品供应者与商品经营者数量较少，业务活动相对集中。在这种条件下，商品流形式一般不需要采用场所集中的方式，而是采用较为分散的供应商与经营者之间的直接交易方式来完成商品流过程。它的特征有：

①交易关系稳定。由于供需双方当事人数量较少、商品的技术性及服务性强，当事人之间能较好地通过协商满足各自的利益要求，因而可以形成较稳定、密切的交易关系。

②商品流费用较低。由于交易范围较小，供需双方不需要时刻寻找新的供应商或新客户，而且组织交易活动相对容易，在一定程度上节约了商品流费用的支出。

③责任明确。不依赖于集中场所的商品流活动大多以远期交易合同的形式来确定。

（3）有赖于通信网络进行的商品流方式。随着现代电子技术与通信技术的发展，以及网上交易规则的完善、网上交易服务保障条件的改善，利用网络从事商品流活动的企业越来越多。依赖于通信网络进行商品流活动，有效地突破了交易当事人的时空限制，强大的信息支持，使网上交易更加科学，交易速度更快，费用更低。这就是发展日益扩大的电子商务交易形式的商品流活动。

（四）商品流业务

商品流业务主要包括采购与销售业务。

1. 商品采购业务

商品采购是商业企业的一项重要经营职能。它对于企业实现经营目标、推动销售活动的合理化、效率化，增强市场应变能力以及促进企业经济效益的实现具有重要的促进作用。

（1）商品采购的原则。由于批发企业与零售企业在商品流通过程中所处的地位和具有的功能不同，在采购商品时，对它们的要求也不同，应当结合企业的具体特点，遵循以下原则：①勤进快销原则。②以需定进原则。商业企业在采购过程中，应根据市场上消费者的需要、市场潜在的需要以及企业实际销售的需要来采购商品。③以进促销原则。商业企业在进货时，并不完全处于被动地位。应在研究市场需求的基础上，积极扩大进货来源，组织适销商品。④适销对路的原则。⑤合理储备原则。⑥经济核算原则。商品采购涉及企业的人、财、物各个领域，直接影响着企业经营费用、税金和利润的分配关系，因此必须加强经济核算，力争以最少的环节、最多的渠道、最佳的进货方式、最合理运输路线、最经济的运输工具完成采购任务。

（2）商品采购业务的过程。商品采购一般经历如下过程：

①确定采购目标。采购目标应详尽提出商品的种类、数量、时间及对商品的特殊要求。②选择供货方。应详尽调查并综合考评供货单位的货源情况、价格水平和商业信誉等因素，慎重选定供货单位。③签订购销合同。在确定了供货单位后，应以批零协议

书或购销合同的形式加以确认。在合同中应明确规定物品的种类、数量、质量、花色、品种、规格、交货时间、交货地点、运输方式、结算方式，明确双方的责任和义务。④商品检验和验收。商业企业进货规格复杂，数量多，为杜绝残次伪劣商品进入销售市场，避免蒙受不必要的经济损失，必须及时、准确地对每次购进的商品进行检验和验收，清点数量、检查质量、复核单据。⑤组织商品入库和货款结算。

（3）商品采购方式。根据商业企业的性质、规模、经营范围的差异，应选择与之相应的采购方式。一般商业企业的采购方式有以下几种：

①合同订购。商业企业与工业企业事先签订购销合同，收购一定数量商品的采购形式。合同订购的商品，一般是生产集中、消费面广、品种复杂、对生产和消费影响较大的商品。采用合同订购的方式，有利于加强商品生产和流通的计划性，迅速适应市场需求的变化。②市场选购。指商业企业根据市场需要向工业企业有目的、有选择地收购商品的一种自由进货方式。一般适用于花色品种复杂、市场需求多变、挑选性强的商品，如服装、日用百货等。③驻点采购。是商业企业指派一定数量的采购人员到货源集中地、交通枢纽城市和工业生产基地常驻采购的进货方式。④联购分销。指由若干家经营范围相近的商业企业联合向工业企业或批发机构进货，分别销售的采购方式。这种方式主要用于中小型商业企业，特别是自由连锁商店。"联购"能增加进货数量，取得折扣价格，有利于降低进货成本，提高竞争能力。⑤货源调剂。指一些素有业务往来关系的商业企业为保证货源平衡，解决区域市场的差异性需求，互通有无的采购方式。货源调剂通常只是作为一种变通、补充的采购形式来使用。⑥委托加工。指商业企业自备全部或部分原材料，委托生产企业根据合同规定的品种、规格、花色、质量进行生产加工，按期交货，由商业企业验收合格后收回，付给生产企业合理的加工费。

2. 商品销售业务

商品销售也是商品经营的一项重要职能。从商品销售在流通领域的地位来看，它是商品流通过程的最终阶段。

（1）商品销售原则。①营销导向原则。必须从市场需求出发，树立以消费者为中心的营销思想。②服务至上原则。在市场营销理论中，商品是一个整体的概念，包含着核心层、有形层和延伸层三个部分。核心层主要是指商品的实际效用；有形层包括商品的造型、品牌、包装等外观形态；延伸层则是指维修、送货、保管等售后服务。因此，消费者在购买商品时，不仅购买了商品的核心层、有形层部分，也购买了商业企业所提供的服务。③经济效益和社会效益相统一原则。商业企业经营的直接目的是获得一定数量的经济利益，但是任何经营活动都不能损害消费者和社会的利益。

（2）商品销售方式。商品销售受商品经营品种、销售范围、销售对象的影响，在方式上主要有以下几种：

①门市销售。是指在固定销售场所开展营业活动的一种销售方式，是商品销售最基本的形式。包括封闭式售货和敞开式售货两种。②商品交流会。是商品购销双方在固定的地点集中交易的销售方式。交流会的主要内容是：看样订货，签订购销合同，沟通信息，交流经验。商品交流会集中了大量的工商企业，产销直接见面，一次成交分期交货，极大地节省了交易时间和交易成本，是物资企业经常采用的一种销售方式。③市场销售。是指各类商业企业集中在特定的交易场所开展商品销售活动，多为批发企业和生产企业采用。商品的交易场所形式多样，有批发市场，也有贸易中心，有的是临时性的，有的是长久性的，有的是专业性的，有的是综合性的。④上门推销。是指由推销员携带样品主动向客户推荐、介绍、解答疑问、现场示范、促进销售的售货方式。这种方式机动灵活、示范性较强、方便用户和消费者，具有广阔的发展前景。

（3）商品销售促进。商品促销是指企业为了扩大销售，通过各种手段向消费者和用户传递企业及商品信息，促使他们了解、信赖进而购买该企业产品的一种销售活动。商品促销的形式主要有四种，即人员推销、广告宣传、营业推广和公共关系。

人员推销、广告宣传、营业推广是指企业直接刺激消费者或用户购买其产品的营业促销手段的总和。包括：赠送样品、表演示范、产品展销、橱窗陈列、发放赠券、价格折让、有奖销售等多种措施。营业推广的优点在于：能在短时期内吸引大批顾客，刺激购买，为企业产品打开销路。缺点有：销售成本较大、不利于经常使用。公共关系促销形式的目的是为了建立企业的良好形象，增强企业内部员工的自豪感和归属感，提高企业和产品的知名度和美誉度。

商品促销策略。企业促销策略通常可分为两类，即推进策略与拉引策略。

推进策略是以中间商为主要促销对象，企业通过促销努力将产品逐渐推向各分销渠道，再通过批发商、零售商的步步推进将商品推入最终消费市场。使用推进策略较有效的方式是人员推销和营业推广。拉引策略是以最终消费者为主要促销对象，利用大众传播媒体广泛宣传产品，激发起消费者购买商品的兴趣，主动向销售部门询问，促使他们进货，最终将企业产品拉进各分销渠道。

（五）商品流结构

商品流结构是指商品流各种要素的内部构成及其比例关系。商品流的构成要素是多元的，既有人（组织）的要素，也有物的要素；既有空间的要素，也有技术的要素。

1. 从人的要素来看，商品流主体是由商品生产者、流通者、消费者组成，而他们又以若干群体、组织出现，从事经济活动。这些群体、组织的规模、形式和经营方式各不相同，按这一标志分类，就可以划分出不同的流通主体组织参与的商品流通，这就是商品流的主体结构。当然还有其他分类方法。

2. 从商品要素或物的要素来看，商品的种类千差万别，每种商品的功能与特性也不一样。不同商品的流通是有区别的，因而形成了不同商品流通的同时并存。因为商品是由价值与使用价值构成的，这样又产生了价值的流通与使用价值流通的二重结构。

3. 从空间要素来看，商品流通是在不同的空间场所同时进行的，这样就会产生商品流通的地区结构。

（六）商品流通结构的合理化

商品流通结构的合理化是指不同的商品流通不断趋向协调、均衡，没有"瓶颈"现象。商品流通结构合理化的目标是实现不同商品流通之间的均衡，即某种商品流通的规模、速度、质量不能成为其他商品流通的限制，进而不会影响整个商品流通的规模、速度和质量。

从"均衡"的角度看，商品流通结构的合理化，包括下列内容：

1. 商品流与物流的均衡。包括规模、能力、速度、质量的均衡。

2. 生产资料流通与生活资料流通的均衡。

3. 商品流通主体的均衡。主要包括其规模形态、所有制形态的均衡。

4. 商品流通产业内部的均衡。主要包括批发业与零售业、国内商业与国际商业的均衡。

5. 商品流通地区的均衡。主要包括农村商品流通与城市商品流通、国内各地区商品流通的均衡。

（七）商品流、物流、信息流、资金流的关系

商品流、物流、信息流和资金流，它们是构成现代商品流通的不可或缺的组成要素。

1. 商品流与物流的关系

在现代发达和比较发达的商品经济中，商品流与物流成为商品流通过程中既有联系又有区别的两大活动。

（1）商品流与物流的联系

在商品流通过程中，两者的起点和终点是一致的，运动的路线和经过的环节大致相同。商品流应是物流的前提和条件，物流应是商品流的依托和物质担保，并为适应商品流的变化而不断进行调整。

商品流与物流的具体联系表现为：①在商品流通的情况下，商品流和物流都是商品流通必要的组成部分，是商品流通两种不同的运动形式；②在商品流通的情况下，商品流和物流在功能上是互相补充的，既分工又合作，共同完成流通的功能；③商品流和物流是从供应者向需求者的运转，它们有相同的流向、相同的起点和终点；④在商品流通的情况下，通常是先发生商品流，在商品流完成之后，物流才发生。

在实际商品流通过程中，商业物流与商品流的联系的表现形式又是多样的：

①胶体型。在商品流通过程中，商业物流与商品流两者胶合、融为一体。市场现货交易中买方付出货币而获得商品实体或取得商品使用价值的所有权。卖方换回货币，让渡商品的所有权，取得商品价值的补偿。

②板块型。在商品流通过程中，物流与商品流分别独立开来，形成两大板块。尤其是商业交易多次的反复转手，更为两者独立成两大块创造了条件。物流与商品流的不同步，可以是时间上的分离，比如预付款项的定购中，商品流在先，物流随后，也可以是空间上的分离等。

③通过型。这是商品流通过程中的一种特殊运动形态。商品流与物流，只有一种形式处于运动中，另一种形式只需"通过"即可，而无需作实际运动。

（2）商品流与物流的区别

①物流是商品物质实体的流动，它能克服供需间的空间和时间距离，创造商品的空间和时间效用。而商品流是商品社会实体的

流动，它克服供需间的社会距离，创造商品的所有权效用。

②从商品的性质上看，商品是使用价值和价值的对立统一体，在商品流通的同一过程中，一方面表现为包含于其物质实体的使用价值物的运动，另一方面表现为包含于其社会实体的价值的运动。前者体现为空间位置的变化运动，是物流，而后者体现为货币等的等价交换和商品所有权的转移运动，是商品流。

③商品流和物流本身又是互相独立的，各自可以独立进行，流动的具体途径也可能不一致，流动的次序也没有固定的模式。

随着现代经济的不断发展，流通领域中商品流与物流的分离呈扩大趋势。首先，因为商品生产规模的扩大和科学技术的运用，使得进入流通的商品量成几倍、几十倍地增长，生产和消费之间在时间、空间上的距离也相应增长，为了尽量精简流通环节，要求物流业务集中地进行；其次，随着消费水平的提高和消费结构、消费方式的相应变化，生产和消费之间在数量、品种、花色等方面的矛盾也更为突出，按照消费需要对商品进行的分级、分包装、再加工等流通劳动大大增加，这也在客观上要求物流在更多的环节上相对独立；再次，流通领域的竞争更趋激烈，为了降低流通成本，特别是其中急剧增加的物流成本，也都积极地推动着物流活动的相对独立和集中，以获取规模效益。

2. 商品流、物流、信息流与资金流的关系

（1）信息流产生于商品流、物流和资金流活动中，并为商品流、物流和资金流活动服务。

（2）信息流是商品流和物流活动的描述和记录，反映商品流和物流的运动过程。信息流对商品流和物流活动起指导和控制作用，并为商品流和物流提供经济决策的依据。

商品流、物流和信息流互相区别又互相联系。信息流先行，商品流是主体，物流是后勤。一方面信息流既制约商品流，又制约物流，并且将商品流和物流联系起来，完成商品流通全过程。另一方面，商品流、物流和信息流三者相辅相成，互相促进，推动

流通过程不断向前发展。在这个过程中，以信息流为媒介，通过商品流实现商品的价值，通过物流实现商品的使用价值。

3. 商品流、物流与资金流的关系

在前现代经济发展社会，商品流主要是在一国之内，甚至仅仅在某个区域内流动，上述所讲的相关情况就是基于这样的原因阐述和介绍的。现代经济条件下，人们的生产、交换、销售已经超出了地域、国家概念，变成全球性的商品流。纵横交错、互通有无。这种商品流的流动范围扩大的情况，就更增加了商品流的流动量和效益。尽管现代经济环境下的商品流范围在无限扩大，而且改变了传统的流动模式（比如电子商务模式），但上述前现代型的商品流模式以及商品流运动的条件还是必需的。其实现代化的商品流的发展只不过是把上述传统的流通范围狭窄的商品流延伸、扩大而已。其商品流的性质、目的、形式在本质上是相同的。因此，必须创造条件，让商品流不断地扩大流动范围、流量规模，把小范围延伸、扩大出去，这样才能让商品流既有效率又有规模。要想实现既有效益又有规模的目的，其中资金流的保证条件很重要。资金流的流量规模、流量形式、流量范围等对保证商品流（也包括物流）的流量规模、流量范围的实现和扩大极其重要。中国提出的"一带一路"国家战略构想就为商品流创造了宏大的延伸、扩大流量范围、规模的条件。

第四节　强流动性流量经济要素

上一节介绍的是弱流动性流量经济要素，本节将介绍强流动性流量经济要素，主要包括商人流、人力资源流、资金流、商品流。

一　商人流

这里阐述的商人流是指狭义的商人流，即特指在商品流通领域从事商品异地经营买卖活动的商人行为。商人流与商品流通是相伴随的。商人流的目的是为了商人的趋利，商人的趋利带来了商品流通。

商人流涉及四个不可分割的要素：一是商人流入地消费人群的偏好；二是进入异地流通交易商品的特质；三是商人流出地与商人流入地的商品市场行情；四是从事商品贩卖的商人的意识。流动是商人流的核心特质。其中商人流入地消费者的消费偏好是商人流形成的起点，也是终点。也就是说，商人注意到了其流入地消费者的消费偏好了，才激起异地贩卖的想法和兴趣。商人流是四个要素相互作用和存在的桥梁纽带。没有商人流，商品流入地消费者将增加特定商品的消费成本；没有商人流，将无法使特定商品在更多的消费者中实现其价值；没有商人流，商品与市场之间，市场与市场之间将缺失更广泛的联系，商品的市场拓展空间将被压缩。

在一个商品葱茏、品种繁多的现代化社会，在一个消费者多样化的社会，在一个商情引领市场的社会，商人流不仅起到市场与消费者，消费者与商品，商品与市场相连的作用，更主要的是起到了促进商品流出地与流入地经济发展繁荣的作用。

（一）商人流的流动路径

商人流的流动路线从来就没有单一性、固定性，无论是起点还是终点，商人流的流动路线主要是由市场商情所引导。商人保持流动性比保持固定性获得效益的机率更大。商人流动到哪个市场，其决定依据主要是在市场商情信息获取的前提下对流动成本与流动收益进行对比后的结果。但这些只是从商人获取收益上来讲的流动路线的非固定性。而从涉及的要素，地域的一般性来讲，商人流的流动路径是固定的，主要有两条路径。从参与人员构成上分两种：一是商人—商人—消费者；二是商人—消费者。第一种商人—商人—消费者指的是商人先从商品源地的批发商或制造商手中购进商品，然后贩运到商品需求地出售给消费者；第二种商人—消费者路径又分两种情况。一种情况是指商人从商品源地的身份到商品贩运至目的地时的身份是一致的。即商人从商品源地到商品贩运目的地都是直接面对消费者。另一种情况是指流入商品销售地的商人与商人流入地的商人衔接组合，形成商人流链接。从商品贩卖始末平台看分两种方式：一种是商品生产厂—商人—集市；第二种是商品集市—商人—集市。第一种是指商人从商品生产制造商直接购进商品，然后贩运到售卖地点的集市上；第二种是指商人从商品源集市上购进商品，然后贩运到另一集市上出售。商人流的这两条路径虽然在商品流动路线和目的地上没有本质上的差别，但在商人流的效益和流动地域范围上却有许多差异。形成差异的主要原因是看商品购进初始是从商品生产制造商手中还是从集市中批发的。从集市上批发又分两种情况：一种情况是集市中批发的商品产地即集市所在地；另一种情况是集市中批发的商品是用同样的方式从异地贩卖至此。如果商品是从商品生产制造商手中直接购进的，那么商品贩卖的成本压力会相对减轻。相反，如果是从批发商手中二次购进的，商人赚取的利润会相对较少。

（二）商人流形成的前提条件和原因

区域间经济、文化等发展的不平衡性、差异性是商人流形成的外在前提条件，而经济人的逐利性是商人流形成的内在条件。商品生产地生产者和商品销售地消费者是形成地区间经济活动的基本要素，也因此构成了生产经营活动链条的始末端。而流动性商人的加入，使得这一生产经营活动的链条链接得更紧密，链条中各个要素的联系几率更多，也使得生产经营活动的周期缩短，生产经营活动的资金周转效率更高。要实现商人流的存在和作用，具体有以下前提条件：一是市场差异度。市场差异主要体现在商品价格差别、商品档次、品种差别、市场消费能力差别，消费者兴趣偏好差别（比如品牌认可差别）、文化差别，等等。市场差异中核心的差异是价格差异。价格差异是决定商人积极流动的内在动力的前提。同一种商品在不同地方有不同价格的主要原因是：第一，供需差异大小，成本高低等。按供求理论，一般情况下，供过于求，商品价格一定降低；供不应求，商品价格就会上涨。第二，需求程度。决定某种商品需求程度的原因主要有两方面：一方面是消费群体多而带来需求量大；另一方面又涉及消费者的消费偏好。同一种品牌的商品在不同的消费群体中被接受程度会有所不同，这样，对某种商品偏好群体大的地方，该种商品的价格可能就会高。第三，商品产地。离某种商品生产地越近，该种商品的价格就会相对低些。同理，在离某种商品生产地远的地方，该种商品价格就可能会相对高些（也可能持平，但由于市场有需求，只要不亏，有赢利空间，商人流也会流入）。对于其他市场差异，虽然各有原因，但其根本原因还是在于消费者的消费文化意识。不同的地方有不同的经济发展水平，不同的经济结构，不同的产业结构，不同的商品种类结构，不同的商品档次结构等。这些"不同的结构"必然带来消费市场的差异性存在。比如有的地方就喜欢高档次、名牌商品，有的地方就专门认某种品牌商品，等等。从效用论的角度上看，一件商品价值与使用价值大小取决于商品对需要对象人的效用大小。我们知道，所谓商品效用是指一种商品满足人们需求的程度，也是商品需求者在使用商品时所感受到的享受状况。因此，一件商品在不同地区、不同消费群体中的感受程度就有所不同，于是就表现为商品的价值与使用价值的区别。而价值的区别无疑就会带来一件商品在不同地方的价格差异。使用价值的区别就会带来一件商品在不同地方的需求量大小的差异。商人流无疑会携带商品向某种商品价值与使用价值高的地方流动。二是交通运输设施状况及方便程度。交通运输设施状况及方便程度对商人流的流动行为、流动方向的影响是关键因素中最关键的。因为道理很简单，市场差异再大，市场信息掌握得再多、再准、再及时，如果没有交通设施条件，无论是商人还是商品，都难以实现更多的流动，甚至无法流动。交通设施的改善将使商人流行动周期缩短，成本降低。供销两地商品及市场信息包括的内容很多，也是影响商人流动行为、流动方向，流动商品的品种等最重要的前提条件。三是供销两地商品及市场信息的掌握。供销两地集市同类商品的价格，销售市场地消费者的兴趣偏好，风土人情对商品需求的影响（比如信奉佛教的地方一定有佛具商品市场）等市场信息对商人流的形成起到的是决定开始行动的依据作用。我们知道，就哲学范畴讲，主体和客体之间是活动者和活动对象的关系，二者只要建立了关系，就是相互依存、相互作用的关系。但主体与客体能否建立，是否合适建立主客体的关系，要看双方的特质、特征和状态，而这种关系能否建立的主导权在主体一方。作为商人流主体的商人，在行动开始之前，首先要获得作为商人流客体的对象市场及市场消费群的情况。商人流流入地的商情，商人流流入地的消费群体特质等决定商人流的流向、流量。这样，对商人拟进入的地方市场商情，消费群体特质等的了解就显得极其重要了。这些市场商情，消费群体特质等就是决定商人流形成和流向的市场信息。市场信息是现代市场经济中的类资源，市场信息影响商品价格是人所共知的理论。而价格又是影响商人流形成和流向的重要因素。经济学理论认为，商品价格高低是由两方面决定的：商品价值和商品供求关系。这一理论是建立在人的经济行为是完全理性的基础上的。但在现代市场经济和现代人理性年代，传统经济学这一理论已经达不到完全的程度。于是，现代商人流的形成和流向更大程度上是受流入地综合市场信息的影响和左右。商人的行为和流向选择主要受市场综合性的信息支配和约束。四是商人及商品流动费用等。无论是市场差异、交通运输条件、商品及市场信息，最终使商人异地流动的因素还是异地贩卖商品的成本费用。如果商人在拟销售商品地售卖所用时间不比商品购入地时间长，其在商品销售地售卖所付出的费用不比商品购入地高，那么商人流的流动可能性就存在，积极性也就会高。而在商品销售地所用时间越短，支出费用越低，商人流的流动频率就会越高，商品流量规模就会越大，这是商人的逐利性所致的经济流量现象的必然。五是商人流入地的商业氛围。在商人流汇聚的地方会形成良性的滚雪球式的商人流循环效应。也就是说，市场氛围越好，商人流汇聚得越多。商人流汇聚得越多，市场氛围越好。以此不断滚动扩大商人流量规模。最终使商人流汇聚地成为新的商人流产生地即再流出地。再流出的商人流已经不是流入时的状态，而是把如今的商人流汇聚地变成商人流流动的一个中心区和枢纽地。其线路是：商人流入—商人流出—商人再回流—商人再流出……

（三）商人流的节律及社会效益

商人流的总节律是其贩卖行为的效益曲线与平均成本曲线之间可以保持商人流动行为及其流动销售方式的可持续性商业存在。商人流的节律显示是无周期性、无固定性的。但尽管如此，商人流还是有基本的节律，只是这种节律具有随机性。商人流的随机性节律一般表现为：把商品丰富地区的商品向商品短缺地区转移、售卖；把同类商品在需求不足地区的存量部分转移到有需求地区售卖；把某种商品由其生产地向非生产地转移、售卖；把商品从人口相对稀疏地向人口集中地转移、售卖；把商品由小市场向大市场地区转移、售卖。支配商人流流向的因素繁多，但发展不平衡性的差异是其流向确定的基本因素，特别是由发展不平衡带来的区域间商品存量结构的差异性是支配商品流向的直接因素。

商人流所带来的不仅是商人本身的赢利效益，更带来商人流入流出地的社会效益。对商人流出地来说，由于商人将本地的存量商品，本地制造产品转移出去，显然会促进当地的经济发展，尤其是对制造业产品的市场扩大极具效益性。对商人流入地来说，更具社会效益性。商品市场的繁荣给商人流入地的经济发展带来的是乘数效应。除带给政府税收之外，对就业的增加、人流的集聚以至热销产品制造工厂的进入都会有吸引作用。商品市场繁荣的地方会出现这样一种良性循环：商人流带入的售卖商品越多，市场商品越丰富。市场商品越丰富，吸引的人流越多。吸引的人流越多，商品的销量越大。商品的销量越大，市场的繁荣就会吸引相关商品的制造厂移至商品市场地，这样会使得商人流入地的经济呈现乘数效应式的发展。比如中国浙江的义乌市，本是一个普通的小县城，但30年间竟发展成为一个全球性的商人流、人流聚集的具有国际影响力的城市。义乌这座小城汇集着来自世界各地的商人。人口也由几十万发展到几百万。吸引了全球各地人流汇聚，日人流量达到几十万人次。义乌发展至今天的局面，其原因即来自于商人流带来的小商品市场的繁荣。因此，商人流对于一个地方的经济发展带来的是乘数性、全方位、无边界的效应。

二　人力资源流

（一）人力资源流概述

人力资源分两种：一种是具有一定的专业知识和技能的劳动力，这种劳动力可称为是人才。所谓人才是指具有相当程度的专业知识或能力，有创造、创新、管理素质的劳动者，也被称为是白领阶层；另一种是不具备较高专业知识，只具有基本工作操作技能和经验的劳动力，也被称为蓝领阶层。

在经济发展的一切资源中，人力资源是高于一切资源的资源。没有人力资源，其他一切资源皆无发挥效力的机会和可能。按社会学的理论，社会流动就是人的流动，人的流动即是人力资源的流动。所谓社会流动，指的是人们在社会关系空间中从一个地方转移到另一个地方，从一个位置转向另一个位置。由于社会关系空间与地理空间具有联系性，因此一般人们在地理空间的流动也称作社会流动。就社会学理论来说，社会的发展是由结构变动和调整影响的。而结构的调整就是通过流动而实现的。在全球经济增长的国家与区域中，哪里人力资源丰富，哪里就会有高的经济增长率。而无论那里的人力资源是白领的还是蓝领的，都会成为经济增长的要素。白领有白领的作用，蓝领有蓝领的效应。人力资源流是指劳动者寻求与生产资料更合理的配置，而在不同的工作岗位、职业以及不同的就业区域之间的迁移或流动。它是有一定劳动能力的劳动者为了获得较高的预期收益而积极寻找工作的过程的基本现象。人力资源流反映了在不同的技术、经济和社会条件下，劳动者与组织、部门、社会之间在就业问题上的相互选择、相互协调的关系，是社会经济发展的客观要求，也是劳动者实现自我、调整自我、完善自我、发展自我的客观要求。

不同的国家和地区有不同的人力资源，若干年前，高级人力资源也即人才资源主要产生在西方发达国家。低级人力资源主要产生于发展中国家，即劳工阶层。而且不同国家和地区的人力资源各有特质，甚至有品牌。比如菲律宾就有著名的菲佣品牌，由于菲佣品牌的存在，人们甚至建立了菲佣服务网，以供全球选择，菲佣是低阶劳动力，但是他同样会给菲律宾带来经济效益，至少体现在返程消费拉动上。从更大的方面说，菲佣的返程消费是计入国民收入当中（GNP）的。正由于人力资源的地域分布差、特质差，所以才形成人力资源的流动性。流动产生效益，无论是对人力资源个人还是社会经济的发展。人力资源的流动表现主要是在区际间。流动的主体主要是迁移性的人才流和劳工流。人力资源流无论从全球发展层面、一国发展层面、一个企业或机构的发展层面，以至到个人层面，都具有现代性益处。这里讲的人力资源流主要是从经济发展范畴来讲的。

（二）人力资源流的意义

随着社会生产过程中技术基础不断变革和进步，人力资源流是现代经济发展的必然结果。

1. 只有流动才能实现人力资源和物质资源的有效配置。人力资源只有与物质资源相匹配才能转化为对社会有用的物品和服务。发达国家人力资源配置方面的重要特征，就是用高度流动的劳动力市场去满足不断变革的生产过程中对人才的需求。不流动的人力资源很难实现与生产资料的最佳组合，造成或使用效率低下，或浪费严重。只有流动，人力资源与物质资源才能在一定程度上接近于最佳配置，人力资源才能得以充分利用。

2. 人力资源流保证了劳动者的地位，保证了劳动力市场的活力和效率。人力资源流是劳动者所有权与支配权意志的根本体现，劳动者作为劳动力市场的主体，具有自由选择职业和企业的权利，而不应受人支配依赖于他人。同时，人力资源流动带来了竞争，可以促进了人力资源素质的提高。

3. 人力资源流动促进了社会经济的发展。产业产品升级和地区经济的梯度发展需要人才迅速从衰弱的产业、低梯度地区向发展迅速的产业、高梯度地区流动，使人力资源按照经济基础发展的需要合理配置，并通过有效的竞争机制，保证人力资源的质量和效率，保证经济的发展。

4. 人力资源流具有双向效应。对人力资源流入地来说，解决了新增经济的劳动力问题，同时又扩大了社会消费群体。对人力资源流出地来说，首先解决了一部分剩余劳动力就业问题（不包括人才竞争形成的人才流出），同时，通过返程消费（收入汇回）及逆向技术溢出效应（人才带回技术返乡）也为流出地带来新的经济增长要素。

（三）人力资源流动的条件

劳动力市场的存在只是为人力资源流动提供了便利的条件，并不意味着流动已成必然现象，它要受到社会政治经济等各方面的制约。构成人力资源流动的最重要的一个条件是人力资源的个人所有权。劳动者能自主决定或自由支配自己的劳动，而不是受政策、人事制度等非经济方面因素的限制，也就是说人力资源流动是自主的和便利的。

（四）人力资源流动类型

人力资源流动的类型，可以大致分为下列几种：

1. 公司（工厂）内岗位流动。即人力资源资本在公司（工厂）内部各种、部门、职位之间进行流动。这主要是通过提级升格、培训等方式实现的。人们通常把这种流动称为"内部市场"。不仅专业人才需要如此流动，而且蓝领阶层也需要如此流动。高级专业人才的流动有相当一部分是在"内部市场"进行的。因为对于一个商业机构来讲，留住了高级专业人才，就等于留住了发展要素。一般情况下，会尽可能把高级人才留在原单位。

2. 公司（工厂）、机构之间流动。这是在职业不变的情况下，人才资本从一个公司（工厂）、机构流动到另一个公司（工厂）、机构。

3. 行业间流动。一个人的工作特质、专业特质具有稳定性，又有不稳定性。不要以为学什么就做什么，做什么就永远做什么。这是不符合现代性的。一个人并不一定在一个行业就可以发挥出他的作用，由于意外和特殊情况，一个人必须了解自己能够做什么，可以做好什么。从某种意义上讲，换一个行业做可能会更有激情，更会激发思想和行动活力，于是才有创新的行为和成果，这是人力资源在行业间流动所产生的效益。

4. 职业间流动。人力资源从一种职业转到另一种职业，这种流动既可以发生在公司（工厂）、机构内部，也可以发生在行业之间。

5. 地区间流动。人力资源从一个地方流动到另一个地方，或从一个地区流动到另一个地区，从一个国家流动到另一个国家，都是伴随着投资、生产而流动的。当然也包括农村向城市的流动。

上述类型通常是相互交织的，从流动方式看，第2、3、4、5种是市场方式，第1种是非市场方式。

（五）人力资源流的规律

总体上讲，作为经济发展最重要要素的人力资源，其流动的总规律是从低报酬、低使用率地区向高报酬、高使用率地区流动。一般来说，人力资源流出地或者是报酬低，或者是就业机会少，或者是就业竞争激烈。具体讲，有两个流动规则：

1. 由欠发达地区向发达地区流动的主体是劳工流。这种人力资源流动虽然是综合性的，但主要是以劳工流为主。因为发达地区短缺的是劳工层，而不是人才层。一般来讲，欠发达地区的人才素质的情况高于发达地区的人才素质的情况相对较少。因此，人才流由欠发达地区流入发达地区也就较少。而发达地区由于产业多，因此对劳工流的流入会占主体。

2. 由发达地区向欠发达地区流动的主体是人才流。欠发达地区为了增强自己的后发优势，在人才短缺的情况下，为了争取发展，吸引人才流入，都会采取高报酬、多优惠的人才政策。因此，在发达地区，人才相对丰厚的情况下，欠发达地区由于对人才的重视和优厚的政策，就会吸引人才流从发达地区流入欠发达地区。其中还有一种人才流由发达地区向欠发达地区流动的表现是人才回流效应。人才回流效应是指欠发达地区流出的人才，经过发达地区的培训和锻炼后，又回流到欠发达地区工作就业。最具典型的就是出国留学人员，在发达地区工作或就业的人员，他们在发达地区学习和掌握技能以后又返回欠发达的母地等。人力资源流的流动规律是流量经济发展要素当中少有的没有马太效应的流量经济要素。

（六）影响人力资源流动的因素

人力资源流动是一种复杂的社会经济现象，其规模、速度、流向受到各个方面因素的影响，其中主要分为社会经济因素、市场机制因素以及劳动者自身因素三个方面。

1. 社会经济因素

（1）国民经济产业结构的变化。一些衰弱的产业部门必将出现大量的剩余劳动力，而新兴产业部门则需要通过吸纳大量的劳动力来推动发展，因而，两部门之间就形成了自然的人力资源流动。劳动力向第三产业的流动是这一现象最典型的表现。同时，科技进步也使职业结构发生变化，特别是新旧职业间的交替带来了人才的流动。一些新兴产业的发展吸引力，必将使整个社会的人力资源配置结构发生变化。

（2）经济和社会管理制度。经济和社会管理制度是限制、制约劳动力流动的强有力的因素。任何国家为了维系正常的社会生产秩序，求得社会文化的发展，都会制定诸多的有关劳动力使用、择业与流动等方面的管理制度。而一个国家或地区的人力资源政策制度以至经济发展制度对人力资源的流动具有极其重要的影响，不同的政策、制度不仅使人力资源流动的方式受到限制，而且人力资源流动的结构和数量也会受到限制。在计划性的经济体制下人才从形成到使用，就不是通过自主性需要的流动实现的，而是通过行政计划调配完成的。人才的集中计划配置往往采取"以不变应万变"的策略，以"一次分配定终身"的不流动来应付只有通过流动才能满足的整个社会各行业、各部门、各地区、各单位对人才千变万化、多种流动的需求，再比如不方便的户籍制度就会制约着人才的流动。

（3）国家与国家、地区与地区经济的不平衡发展。经济发展的不平衡性是造成人力资源地区间流动的最主要因素。比如，美国为什么吸引了全世界的人才聚集，是因为美国的人才流动就业空间大、选择范围广、经济实体多等。比如中国经济发展呈现出区域间的梯度发展状态，形成了东部、中部、西部三大经济区域。进入20世纪80年代后，中国东部地区凭借自身的优势和国家政策的扶持，经济高速发展，综合实力不断增强，较多的就业机会和劳动收入吸引了中西部的各类人力资源聚集到东部地区。

2. 市场机制因素

劳动力市场的市场机制主要影响人力资源流动的流向、流量和流速，具体体现在如下几个方面：

（1）价格机制。同其他商品一样，劳动力是依据自己的价格在市场上进行交换的。劳动者根据劳动力价值选择劳动力让渡的具体对象和让渡时间的长短；同时，用人单位也积极利用价格机制以最低的成本吸引所需的人力资源。工资甚至是一种比人力资源政策更有效的实际利益导向，它可以直接调节人力资源在各个部门间的分配和流动。但靠劳动力价格吸引人力资源也有它的局限性，具有不可持续的风险。因为劳动力价格的提高，必定会导致生产成本的提高，生产成本提高了，可能会导致企业竞争力下降，企业效益下降，这样就可能出现两种情况：一是企业为提高产品价格竞争力而降低人工成本，也就是降低劳动者工资，这会使人力资源再流出去；二是为了留住人才，不降低劳动力成本，而导致企业竞争力减弱。这两种情况可能最终都会使人力资源再流出。因此，劳动力价格是一把双刃剑。

（2）供求机制。供求机制是市场上劳动力供给和需求之间通过竞争的内在联系和作用的形式。由于科技进步带来劳动生产率的提高和产业结构的不断调整，劳动力的供给与需求之间总是处于不平衡、不适应的矛盾变化中。这种供求状况通过劳动力市场反馈给劳动者与用人单位，以实现劳动力供需的平衡。

3. 劳动者自身因素

（1）劳动者的内在需要。人力资源流动是满足作为流动主体的劳动者的内在需要而进行的。研究表明，劳动者的内在需要主要包括两个方面：一是对较高生活质量的需求。追求较多的经济收入是人们最普遍的心理动机。同时，住房条件、生活习惯、子女教育、家庭团圆以及交通等也是不可忽视的因素。人们对工作动机和态度的改变，对良好的人际关系的渴求，在人力资源流动决策时也发挥着愈来愈重要的影响因素。二是对实现自我价值和社会价值的需求。劳动者总是希望找一个既能发挥自我才能，展现自我才华，又能为社会为国家做出贡献的工作岗位，以满足自己的精神需要。

（2）劳动者的自身条件。劳动者的内在需要仅仅是产生了流动的欲望，能否实现人才的流动在很大程度上取决于劳动者的自身条件。一般说来，在劳动者的自身条件中，知识和技能是主要因素。劳动者所具有的技能能够被许多产业和企业利用，劳动者具有某方面的突出才能，流动性也会增大。而这与劳动者受教育程度直接相关。因此，受教育程度高的劳动者对职位的要求也较苛求，特别是希望能在就业岗位上发挥专业特长。基于这种愿望，他们往往突破狭窄的地方性劳动力市场，在较大范围内选择工作岗位。

经验表明，年龄是影响人力资源流动的最重要的因素。年轻人成为劳动力流动大军的原因有两点：首先，一个人越年轻，他从人力资本投资中获得的潜在收益就会越高，收益的时间也越长，这些收益的现值也就越高。所以，年轻人一般都有着改善经济状况和追求事业成功的强烈愿望。其次，从迁移成本分析，相当大的一部分是心理上的损失，包括离开朋友、失去原生活地区联系以及丢掉因熟悉的周围环境而享有的收益等。当一个人刚刚成年的时候，这种心理损失相对少一些。随着年龄的增大，社会关系变得更加紧密和宽泛，与迁移相联系的心理损失也就越来越大，这种情况在一定程度上抑制了迁移。

还有一点不可忽视，即工作匹配质量的高低是决定人力资源流动的一个重要原因。随着年龄的增大，员工能够发现自己的优势和不足，努力搜寻更匹配自己的工作。如果一个员工的工作匹配质量随着时间的流逝而有所改善，那么，可以预见，在一个工作岗位上工作的时间越长，雇佣关系越稳定，离职流动的可能性也就越小。

劳动者的思想观念和性格特征也影响着人力资源的流动。乡土观念较重、依赖性较强、求稳怕变的人流动的可能性较小，而那些进取心和竞争意识强烈的人，大多会把流动看作是寻找更好工作的机会，一旦他们对本职工作感到不满意，就会到处寻找新的工作，寻找的过程就是流动的过程。当寻找到较合适的工作后，不意味着从此不变，一旦有更好的就业机会和岗位，他还会再流动。

人力资源流动对社会经济的发展，企业良好经济效益的取得以及劳动者多方需要的满足具有积极的作用。但人力资源流动也给社会带来某些消极影响，主要反映在个体劳动者流动的非理性上，如一味追求较高个人收入而忽视了社会各方面的平衡性和承受能力。因而，社会公共管理者必须加强对人力资源流动的社会导向和社会控制，加强健康的心理培训。

（七）人力资源流动合理性的经济分析

从经济学的角度分析人力资源流动的合理性，就需要衡量人力资源流动的成本和收益，如果流动的预期经济收益大于其成本，则可认为流动在经济上是合理的。

1. 人力资源流动的成本

劳动者要实现就业转换，完成人力资源流动，必然要付出一定的成本。一般而言，劳动者在流动决策中考虑的成本有以下几项：

（1）直接支付成本 C_1。这是劳动者为了实现流动而直接支付的费用。例如劳动者获取流动信息的费用、流出地与流入地之间的交通费用、劳动者在流入地的安家费用等，均属于人力资源流动的直接支付成本。影响该项费用的主要因素包括：人力资源流出地与流入地的距离，距离越远信息的不确定性因素也越大，相应地流动风险也大。当然随着通信和交通运输事业的发展，距离对该项成本影响的弹性系数正在下降。此外，流入地的物价水平也影响该项费用的大小，物价水平低，相对的异地安家费用也较低，反之，则该项费用较高。

（2）机会成本 C_2。劳动者在流动期间，由于放弃了从事原有的工作，从而失去了原有工作可能获得的收入及其附带的福利。原有工作的收入及其福利，就构成了人力资源流动的机会成本。机会成本是流动成本的重要部分，其大小直接影响着劳动者的流动决策。

（3）心理成本 C_3。劳动者离开原来熟悉的工作、生活环境，离开亲朋好友，所付出的精神上的代价，即为人力资源流动的心理学成本。心理成本并不是实际支出的费用，只是流动者本身的一种主观心理感受，表现为一种效用的负值。虽然心理成本很难直接衡量，但心理成本确实存在，并同样会成为影响人力资源流动决策的一个很重要的非经济因素，因此接受人力资源流动的地区要想吸入更多、更高水平的人力资源流必须为劳动者创造一个家园式的生活环境，包括生活成本和方便程度都要充分设计、创造，否则将难以吸入人力资源，至少是不可持续吸入。特别是高素质的人力资源流即使一时吸引了，但不会保持人力资源流的稳定性、常态性。

2. 人力资源流动的收益

在人力资源流动决策中，流动的收益主要有以下几项：

（1）直接收益 R_1。人力资源流动的直接收益来自劳动者在新的职业中获取相对于原来收入的差额部分的总和。这种直接的收益是影响人力资源流动的重要指标，构成人力资源流动收益的主要部分。

（2）间接收益 R_2。一般是指由于新的工作环境所提供的各处便利所引致的劳动者部分开支的节省。迁入地齐全的公共服务设施、较多的社会福利和完备的社会保障体系等，都有可能为劳动者提供间接的收益。

（3）心理收益 R_3。这里的心理收益泛指流动所带来的非经济性效用。例如，新职业所提供的良好的工作生活条件和环境、新工作所带来的社会地位的提高等，都有可能使劳动者在精神上获得较高程度的满足，增加心理收益。

3. 人力资源流动的盈亏平衡点

人力资源流动是一种人力资本投资行为，它既产生流动的成本，又产生流动的收益。从人力资源流动的微观决策主体来看，自主决策的人力资源流动，首先是出于经济上考虑，源于劳动者对流动产生的收益与支出的比较。如果流动收益大于支出的成本，流动就有经济意义；反之，流动就得不偿失。

从经济学的角度来分析人力资源流动。根据净收益值的定义可把人力资源流动的净收益表示为：

$$NRP = \sum_{t=1}^{n} \frac{B_t^1 + B_t^2}{(1 + r)^2} - (C_1 + C_2)$$

其中：NRP ——流动的净收益现值；

B_t^1 ——在 t 年从新职业中取得的直接预期收益；

B_t^2 ——在 t 年从新职业中取得的间接预期收益；

C_1 ——为实现劳动力流动直接支付的费用；

C_2 ——劳动者流动期间损失的机会成本；

n ——劳动者在新职业上预期的工作年限；

r ——市场利率。

从公式中可以看出，劳动者从事新职业的时间 n 越长，即流动后可期望得到的职业的稳定性越大，新旧职业所带来的收入差距越大，流动的成本越小，流动净收益的现值就越大，劳动者流动的可能性就越大；反之，流动的效益就越低，当流动的净收益值为负值时，劳动者就会选择不流动。因此，得到劳动力自愿流动的决策模型为：

$$NRP \geq 0$$

显然，如果 $NRP < 0$，即流动净收益现值小于零，说明人力资源流动这种投资在经济上得不偿失，流动不仅无法改善劳动者的经济境遇，反而使其情况更糟，因此，流动不可能发生；如果 $NRP = 0$，流动所得与流动所费刚好相抵，在这种情况下，对于劳动者个人而言，流动并不能得到实质性的好处，流动无法改善其经济待遇，但流动还是可以发生。因此，从纯经济上分析，只有当 NRP 不为负时，即流动所带来的收益之现值超过投入的成本时，人力资源流动才合理。$NRP = 0$ 时，认为是人力资源流动的盈亏平衡点。

实际上，人力资源流动并不都是出于经济动机，社会地位、生活方式、居住状况、家庭和朋友关系等其他非经济因素都可能成为人力资源流动的动机。这些非经济因素的引入削弱了以上经济学分析对现实人力资源流动决策的解释力。因此要引入一个新的概念：心里净收益，来概括通过流动所带来的精神上的满足。在这里，心理净收益等于心理收益减去心理成本，公式表示为：

$NR = B_3 - C_3$。其中，NR 表示心理净收益，B_3 和 C_3 分别为心理收益和心理成本。

这样，就得到了修正后的人力资源流动的决策模型：人力资源流动的真正动力来自于流动所带来的经济净收益 NRP 和心理净收益（精神上的满足）NR 的某种组合。这种组合的结果可以概括为经济上的净效用。从而就使我们可以在更广泛的意义上来理解人力资源流动的经济合理性：只有当流动能给劳动者带来大于零的净效用时，人力资源流动才是合理的，也只有在这种情况下，自愿的流动才会发生。

（八）人力资源流动的类型

根据人力资源流动的自愿程度和决策主体的不同，把流动类型分为两种：按流动要素的性质划分，又分为两种类型：第一种是白领阶层的人力资源流动，也称人才流；第二种是蓝领阶层的人力资源流动。按流动要素的流动方式划分，可分为三种：第一种是自由流动型；第二种是计划流动型；第三种是混合流动型。

1. 自由流动型

人力资源的自由流动，是指劳动者可以根据自己的意愿、职业能力以及社会需要，自由地选择职业、就业单位和就业区域的一种流动方式。因此，自由流动是一种自愿的流动，其流动的目的是为了实现自身利益和效用的最大化。这种经济活动是微观主体追求自身利益的过程，是微观经济主体对市场价格信号的反应和评价过程。在劳动力市场上，就是劳动力市场以其价格机制调整劳动力供求总量和供求结构的效果。因此，人才的自由流动，不仅是流动主体追求个体利益的必然结果，也是劳动力市场调节供求实现劳动力资源优化配置的条件。

以个人决策为基础的自由流动，其实是一种个人投资活动，只有当流动的预期收益不小于投资成本之时，现实的人力资源流动才会发生。因此，所有影响人力资源流动的成本和收益的因素，如制度、收入、距离、心理、信息等，均会对自由流动的决策产生影响。

2. 计划流动型

所谓人力资源的计划流动指劳动者的职业、就业单位和就业区域的变换是根据公权力部门或公司（大集团）内部事先拟定的具有行政强制性的计划进行。这种人力资源计划性的流动并不是与自由流动相对立的，它是促进流动的主体为了达到有效配置人力资源的目的而进行的一种看得见规则的行动，也是有效使用人力资源的行动。比如中国的复转军人安置，高校毕业生的安排政策等，就是此种人力资源流动的方式。

3. 混合流动型

流动决策归企业和劳动者，劳动者供求双方可以在平等的基础上通过竞争来进行双向选择，实现人才优化配置。公权力部门通过一定的手段对人力资源流动进行宏观管理，制定人力资源流动政策，这样，人力资源流动的决策就不再是单纯的个人决策，也不单纯是政府的干预，而是在宏观人力资源流动政策机制下的自由流动。

（九）人口流动模式

人口与人力资源不是重合的，但人口流动对人力资源流动具有作用，也就是说人口流动中包含着人力资源的流动，其中也不乏包括人才流动。西方经济学针对人口流动的影响因素进行了分析，提出了一些较有影响力的人口流动的理论。现介绍如下：

1. 刘易斯的人口流动模式

刘易斯（Lewis）在1954年发表了《无限劳动力供给条件下的经济发展》，论证了劳动力由乡村向城市转移的问题。人们一般把刘易斯的观点称为"无限过剩劳动力"发展模式或二元结构发展模式。他从新古典学派的经济发展观点出发，认定发展中国家一般存在着二元经济结构，即国民经济中具有两种性质不同的结构或部门。一个是只能维持最低生活水平的农业部门，在这个部门中，存在着极低的甚至为负的劳动生产率。另一个是以现代化方法进行生产的城市工业部门，这个部门中的劳动生产率远比农业部门高。

他认为，"过剩劳动力"是劳动力的一部分，把这部分除掉以后，尽管其他要素投入并不增加，而产出总量并不减少，甚至还略有增加。这部分劳动力，形式上是就业的，但实际上对生产并未起任何作用，或者只能起极其微小的作用。当这部分劳动力离开这个部门之后，余下的劳动力可以保持产出总量并不减少。因此，这部分劳动力在这个部门中是过剩劳动力。在没有失业救济的情况下，这部分劳动力的生活是靠劳动人口自己维持的。

在城市的现代工业部门中，其劳动生产率自然远远高于农业部门的劳动生产率，从而工业工资水平远远高于农业工资水平。两种工资水平的差异促使"过剩劳动力"由农业部门向工业部门流动，并由此而引起种种经济结果，其过程可由图 2 - 1 表示。

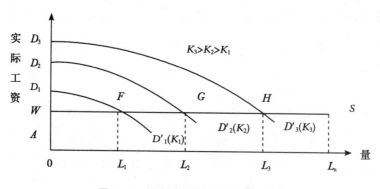

图 2 - 1　空间点轴结构的形成过程

OA 表示农业部门的糊口水平的平均实际收入，OW 表示工业部门的实际工资。在 OW 工资水平，来自农村的劳动力供给是"无限的"。或者说，是完全弹性的。可以用 WS 来表示劳动供给曲线。假设开始时，工业部门的资本固定为 K_1，渐减的劳动边际产品曲线可由 $D_1 D'_1$ 表示。

根据利润最大化原则，工业资本家必然在劳动边际产品等于实际工资的条件下，决定雇佣劳动力的数量。换句话说，由 WS 与

D_1D_1' 相交之点，求得均衡的劳动力雇佣量 OL_1。此时，工业部门的总出产价值等于 OD_1FL_1，而付出的工资总量等于 $OWFL_1$。于是剩余产品 WFD_1 将采取利润的形式归工业资本家所有。如果工业资本家将所得的利润再投资，则工业部门资本存量将由 K_1 增为 K_2，劳动力的边际产品和对劳动的需求将由此提高，D_1D_1' 曲线向右上方位移为 D_2D_2'。劳动力供给与劳动力需求的新的均衡点为 G，工业部门的劳动力雇佣量由 OL_1 增为 OL_2。总产出扩大为 OD_2GL_2，工资额和利润额也分别扩大为 $OWGL_2$ 和 WD_2G。如果工业资本家再把所获的利润 WD_2G 作为投资，工业部门资本存量将由 K_2 增至 K_3，于是劳动边际产品对劳动力的需求又进一步提高，工业部门的均衡劳动力雇佣量再由 OL_2 增加到 OL_3。

只要农业部门"过剩劳动力"存在，上述过程将一直循环下去，直到农业部门的"过剩劳动力"被工业部门吸尽为止。这时，城市的工资和就业量将继续增加，农村劳动者的收入将不再是仅够糊口，而将逐步上升，工农业将逐步得到均衡的发展，国民经济结构将逐步转变。

2. 拉尼斯—费景汉模式

拉尼斯（Ranis）和费景汉（John C. H. Fei）两人在刘易斯模式的基础上，提出了他们的模式。他们指出，刘易斯模式有两个缺点：（1）没有足够重视农业在促进工业增长中的重要性；（2）没有注意到农业由于生产率的提高而出现剩余产品，应该是农业中的劳动力向工业流动的先决条件。

他们把二元经济结构的演变分为三个阶段：第一阶段类似于刘易斯模式，农业部门存在着隐蔽性失业，劳动边际生产率为零或接近于零，劳动力供给弹性无限大；第二、三阶段中，农业部门逐渐出现了生产剩余。这些生产剩余可以满足非农业生产部门的消费，从而有助于劳动力由农业部门向工业部门的移动。因此，农业对促进工业所起的作用，不只是消极地输送劳动力，还积极地为工业部门的扩大提供必不可少的农产品。

这个模式比较简单清楚，能够说明发展中国家二元经济结构变化的一些情况；同时它也大致符合西方国家经济增长的历史经验。但是，也有一些发展经济学家对这个模式提出疑问，他们说，模式的整个推理过程建立在三个假设上，而这些假设与许多发展中国家的实际并不符合，这三个假设是：

（1）劳动力的转移速度和城市工业部门就业机会的增长速度与工业部门资本积累速度成比例。资本积累越快，工业部门增长越快，新的工作机会也就越多。可是，如果工业资本家不像模式设想的那样，而是把获得的利润转化为资本，投放到比较先进的、节约劳动力的工业生产，则就业机会的增长速度必然落后于资本积累的速度，从而流入城市的农村劳动力的一部分将不可能得到就业机会。

（2）农村中有"过剩劳动力"，城市中存在着充分就业。这一假设也往往与现实不符。大量的调查研究表明，一些发展中国家的情况恰恰与之相反，城市中有大量的公开失业者，农村中不定有大量"过剩劳动力"。

（3）在农村"过剩劳动力"耗竭之前，城市中的实际工资一直保持不动。但许多发展中国家的现实情况是，即使公开失业在增加，城市中的工资，无论就绝对水平或相对于农村的收入而言，都在继续上升。

因此，刘易斯模式和拉尼斯—费景汉模式对解决发展中国家的就业问题和人口流动问题，在理论或政策建议上，意义不是很大。但是，这个模式突出地论证了经济发展过程中的两个重要问题：一是城市工业部门和乡村农业部门结构上和经济上的差异；二是劳动力转移对两个部门相互联结的重要作用。

3. 托达罗人口流动模式

（1）产生的背景。美国的发展经济学家托达罗（Todaro）在20世纪60年代末到70年代初，发表了一系列有关人口流动问题的论文。他的研究基于三点认识：第一，他认为经济不发达的国家，农村人口向城市流动，既是一种历史的趋势，又是从不发达走向发达的必经之路；第二，他认为"刘易斯—拉尼斯—费景汉模式"照搬发达国家的历史经验，假设的前提条件与发展中国家的实际情况不符，因而实用性不大；第三，他还认为要建立一种符合发展中国家人口流动的理论，必须对城市存在大量失业者的同时农村人口还不断地流入城市的现象作出恰当的解释。

（2）托达罗模式的基础。托达罗的人口流动模式，建立在发展中国家普遍存在失业这样一种事实的基础之上。既然城市里已存在大量失业，为什么农村人口还向城市流动呢？这就是他着力研究的中心问题：农村人口向城市流动的根本原因在于经济方面。托达罗经过研究认为，城乡收入的实际差别固然对农民流入城市有着强大的吸引力，但是真正构成农村人口流入城市的直接原因却有两个：一是城乡收入的预期差异；二是城市就业机会可能性。比如一个农村的劳动者，在农村劳动一年可以收入500元，在城市正常就业一年可以收入1000元，这当然是农民向往城市的强大吸引力。如果预计进城以后，一年就业的可能性只有20%，那么，一年的预期收入只有200元，比农村一年的收入500元还少300元，这样就不会流入城市；如果进入城市就业的可能性为60%，一年的预期收入可以达到600元，比农村一年收入500元高出100元，这样就可能流入城市。

（3）托达罗模式的研究对象。托达罗认为，从农村流入城市的人，大部分是15—24岁的青少年。这些青少年最易于流入城市，除了经济原因外，还在于这些人具有以下几个特点：一是敢于冲破传统观念；二是富有冒险精神；三是喜欢憧憬未来；四是适应性较强等。

（4）托达罗模式的对策。托达罗认为，刘易斯等人模式的宗旨，在于设法控制人口增长的同时，加速城市工业部门的发展，以便于加速农村人口向城市转移，尽快地把落后的农业国改变成先进的工业国，这种设想虽然符合人们的主观愿望，但却是不现实的。托达罗设想的模式，旨在控制农村人口向城市流动的速度和规模，以便有效地解决好城市的失业问题，然后才有实现城市带动农村发展的战略目标。

基于这样的考虑，他提出如下的对策：第一，不能盲目地扩张城市的工业。在农业落后的情况下，盲目扩张城市工业，既会造成经济结构方面更加失调，又会引发更多的农村人口盲目流入城市，造成更大量的失业。第二，不能人为地扩大城乡实际收入的差异，必须设法消除或尽量缩小这种差异。因此他主张，一方面要适当降低城市工业的工资水平，另一方面要设法提高农村的收入，大力发展农村经济，改善农村的生产条件和生活环境。只有这样，才有可能放慢农村人口流入城市的速度，缩小农村人口流入城市的规模，减轻城市就业的压力，使城乡经济迈向协调发展的轨道。

（5）托达罗模式的意义。托达罗的人口流动模式，弥补了刘易斯等模式的不足，因而具有较大的实际意义。首先，它基本符合发展中国家的实际情况，比如他对农村人口流入城市的动机的分析，对农村人口中哪一部分最易于流入城市的分析，他针对这些实际情况提出的对策等，都比较切合实际。特别是他提出要重视农村和农业的发展，缩小城乡经济机会不均，控制城市工资、补贴和就业指标等，对发展中国家制定政策很有参考价值。

当然，托达罗的模式也存在着缺陷，最主要、最突出的方面，是他的模式只看到城市的失业问题，似乎看不到农村也有剩余劳动者。实际上并非如此，发展中国家一般的情况是，农村人口增长都比城市快，而农村耕地又有限，因此，必然会出现和存在剩余劳动者。托达罗在这方面存在片面性。另外，他企图用强力控制城市工资的办法来缩小城乡收入的差异，这在一般发展中国家也是很难甚至无法做到的。

4. 乔根森人口流动模式

美国的发展经济学家乔根森（Jorgen Son）在 1961 年创立了一

个人口流动模式。他的模式与刘易斯的模式有一个最大的共同点，就是把发展中国家的经济划分为两个部门：一个是先进的或现代化部门，以工业部门为代表；一个是落后的或传统部门，以农业部门为代表。所以，人们很自然地把他们两家的模式，都称为二元结构经济发展模式。

但是，这两个模式假设的前提并不相同。乔根森的模式不承认有农业边际生产率等于零的情况，他提出了自己的一整套假设，其主要内容有几个方面：一是农业没有资本积累，农业只需要土地加上劳动投入就有产出而土地又是固定不变的，因此，农业唯一的产出是劳动的函数；二是工业部门投入的要素只计算资本和劳动，土地则不作为一个要素，因此，工业部门的产出，只是资本和劳动的函数；三是假定两个生产部门即使不增加要素的投入但随着时间的推移，也会自动增加产出，这种现象被称为技术进步；四是假定技术进步是中性的，因为在二元经济结构阶段，还不可能创造出高科技。

乔根森以上述假定为基础，建立起与刘易斯等不同的二元结构经济发展模式，提出人口流动和劳动力转移的设想。他的模式的基本结构，就是人均粮食供给的状况决定人口的增长。如果粮食供给充分，人口增长率就有可能达到生理条件的最大限度；如果粮食供给增长率超过人口增长率，农业就能产生剩余。如果农业出现了剩余，农业劳动力就开始向工业部门转移，农业剩余越大，劳动力转移的规模也越大。如果农业劳动力向工业部门转移，工业部门就开始增长，劳动力转移越多，工业增长就越大。

乔根森模式的优点在于：一是强调农业部门的重要性，把农业的发展看成工业发展的基础，只有农业发展到了有了剩余才能有劳动力的转移，然后才有工业的增长；二是强调技术进步的重要性，认为即使在不增加资本和劳动投入的情况下，只要技术进步，也可以增加产出；三是重视市场机制的调节作用，无论是劳动力转移也好，还是需求弹性也好，都是依赖市场机制去调节的。但乔根森模式也存在缺陷：一是不重视政府宏观调控的功能，忽略了发展中国家在经济发展过程不可缺少的一定的计划性；二是不重视控制人口，让人口顺其自然地增长，不作任何人为的节制。

在说明农业人口流动的好处时，应再考虑对经济的促进作用。无论是刘易斯的人口流动模式还是拉尼斯—费景汉模式，还有托达罗模式，以及乔根森的人口流动模式，尽管他们研究和提出的都是农村和城市间人口流动的理论，但这种理论与大范围的人力资源流动具有绝对、积极的相关性，因为如果没有农村向城市流动的人口，就会缺少了一群可培育成有管理能力、有技能、有能力的人力资源来源产生群体。而再进一步讲，如果城市人力资源总量、结构缺乏，就会影响生产力与产能的提高，而生产力、产能不足，就谈不上其他很多经济要素在更大范围流动的问题。而没有产能等要素流动，经济体与经济体之间的互联互通就减少了流动的可能。还有就是也会减少，甚至没有人力资源在地区与地区之间的流动，也就是说，农村人口流入城市为城市的人力资源再流出提供了前提条件。

三 资金流

所谓资金流，是指社会运行当中由于投资、生产、流通、消费、分配等经济活动而产生或促进形成的资金转移现象。资金流由于其资金要素主体的被使用方式、使用对象、使用用途、使用范围、流动路径等不同，可分为宏观资金流和微观资金流，境内资金流和跨境资金流。宏观资金流可称为社会公共主导资金流，微观资金流可称为企业自由主导资金流。但这些资金流都是相互有交叉的。宏观资金流有境内的宏观资金流，也有跨境的宏观资金流；微观资金流有境内的微观资金流，也有境外的微观资金流。

（一）社会公共主导资金流

社会公共主导资金流还可称为社会公共服务资金流，社会公共服务资金流是从全社会角度来参与投资、生产、流通、消费、分配的资金流动过程及生产过程的。生产过程又可延伸至社会再生产过程。在现代市场经济社会中，社会公共服务资金流日益成为政府进行宏观经济调控的主要对象和手段，政府通过各种方式影响流通中的货币量及货币投向来达到对整个社会经济进行宏观调控的目的。社会公共服务资金流主体就是指金融服务资金流。所谓金融服务资金流，是指金融市场与金融机构将社会盈余资金汇集，并使用一定的金融工具，将资金要素运用到资金短缺部门、地区的全过程，这一过程通过金融系统自身的优化机制、竞争机制实现资源在各个机构之间、区域之间以至全球性的流动与应用，使资金使用最优化、经济效益最大化。金融资金流具有宏观的、无边界的特点，金融资金流所流动的范围遍布全球任何地域、角落，但金融资金流除了流动范围无确定性外，还有一个特质，就是流动频率和流量在区域间具有不平衡性。从区域的金融资金流量看，有的区域流进的多，有的区域流进的少。有的区域流进流出都具有相当的规模。从金融资金流在区域流动的稳定性划分，有的区域具有长期稳定性，比如，金融中心区，证券交易所所在地；有的具有随机性，偶然因素可能吸引资金流入，一个时间段结束后又流走了。但无论是什么情况，跨国、跨境、跨区域资金流大都有一个共同特点，就是可以不为资金聚集地或流出地所有，而仅为资金聚集地所有。

资金在区域内的集聚和流入流出能对资金汇集地、资金流入流出地的经济发展带来诸多效应，为此，努力探究、设计、寻找能吸引资金汇集、流入流出的来源、工具和渠道而使本区域成为资金流动的枢纽地是人们发展的共同愿景。

1. 金融服务资金流动方式

金融体系通过实现资源在时间与空间上的转移，使资金流动成为定位的特征，区别只是在哪里流动，向哪里流动，从什么地方流动的问题。资金流常见方式包括以金融机构为媒介的资金流、金融市场的资金流以及随着信息技术的发展而出现的互联网资金流。

（1）媒介资金流

媒介资金流是通过银行等各类金融中介机构充当专业的资金流动媒介，促进各种社会闲置资金的有效利用，并带动服务于经济的发展。资金媒介是各类金融机构的基本功能，但其实现方式却有所不同。例如，存款类金融机构一方面作为债务人吸收社会居民、企业与政府的存款，集中社会闲散资金，另一方面作为债权人向个人、企业、政府发放贷款，达到资金的融通作用。保险类金融机构吸收保费，并将不用支付的保费收入用于金融资产或其他领域。而基金类金融机构作为受托人接受客户资产，并将其投入产业或资本市场。

可以看出，尽管各类金融机构的经营对象、经营内容、委托代理关系各不相同，但是都作为中介方起到了将盈余部门资金聚集并投资于赤字部门的资金聚敛与转移的功能。在这个过程中，资金的供给方与需求方并不产生直接联系，而是通过第三方中介机构进行交易，交易的过程就会发生各种流动，在时间、空间上都存在流动的现象。

（2）市场资金流

市场资金流是资金的需求者与资金提供者直接在金融市场上进行联系，并通过多样化的金融契约及金融工具实现资金的转移。相较于以金融机构为媒介的资金流动方式，金融市场资金流更加灵活。例如股票、债券市场能将短期流动性资金转化为长期投资资金，证券的转让及出售又能让长期资金转变为现金。

由于市场根据不同的期限、收益和风险要求，为投资者提供了多样化的金融工具，不同的金融工具使得资金流动的方式、方向、地点等都出现差别，也使得不同的资金供应者可以根据自身风险偏好和流动性要求选择合适的金融工具。而对于一些由于自身资质不能满足机构贷款要求的资金需求者，市场也可以为其提供多样化的融资渠道，让其获得资金。但获得的方式和获得资金的来源地各不相同，而资金获得与资金的流动性及资金流动的方式、资金流动的路径会紧密地联系在一起。

（3）互联网资金流

以互联网为代表的现代信息科技，特别是移动支付、云计算、社交网络和搜索引擎等形成的新资金流动形态已经成为现代资金流的元叙事，这种元叙事资金流动模式对传统资金流动模式产生了深刻影响也提出了新的挑战，一种比市场资金流更灵活、更无边界的资金流动方式——互联网资金流已随着信息科技的发展而出现。

在互联网资金流模式下，因为有搜索引擎、自由数据（大数据）、社交网络和云计算，市场信息不对称程度变得越来越低，交易双方在资金期限匹配、风险分担的成本也变得越来越低，银行、券商和交易所等中介作用几乎丧失殆尽；贷款、股票、债券等的发行和交易以及结算支付直接在网上进行，这样的市场已经接近一般均衡定理描述的无金融中介状态，其实这是金融流动的更新时代，由此使得资金流动范围更广，随机性、不确定性更强，资金流动的规律更难以掌握和抓住。但在这种新的资金流动模式下，同样可以达到与市场资金流和媒介资金流一样的资源配置效率并可使交易成本降低，并同样会达到促进经济增长的效应，由此使得不同区域对资金流的流动模式关注度更高。

2. 金融服务资金流特点

（1）持续周转性

资金流能够持续不断地周转，其周转速度、次数和每次周转所带来的资金增值决定了资金流效率。显然，资金每次周转时间越短、所带来的资金增值越大、资金周转次数越多，表明资金流动的效率越高。由于各自特点不同，金融服务资金流三种模式的持续周转性条件又不尽相同。

媒介资金流因其资金盈余和资金短缺方并不直接联系，其资金的持续周转效率由第三方媒介所决定。为此，金融机构的集聚和更多金融产品的创新可以促进资金的周转流动。对区域经济发展来说，建立金融中心，集聚更多金融机构，例如银行、基金、保险以及交易所等中介金融机构，无疑可以推动资金在本地的集聚和流入流出，对经济发展起到融通资金和配置资源的作用。

市场资金流的持续周转效率由市场机制、市场规模、市场结构、市场产品和交易主体决定。一个完全竞争、信息对称的金融市场，市场机制运行效率高，资金持续周转效率则高；同样，市场规模越大、市场结构越合理、产品越丰富、交易主体越多元化，金融市场的资金持续周转效率也越高。因此，要全力提高和推进资本市场的市场化，减少政策性干预，保证资金流动的顺畅。

互联网资金流的持续周转效率决定于现代信息科学技术发展与传统金融创新相结合程度。互联网时代带来的新商业机会带来新的对资金流动的需求，而基于互联网的"开放、平等、协作、分享"的精髓，通过互联网、移动互联网、数字技术和平台等工具，使得资金流动具备透明度更强、参与度更高、协作性更好、中间成本更低、操作上更便捷等一系列特征。

（2）相对独立性

金融服务资金流在经济社会中以实体经济为基础，但又具有相对独立性。在经济社会中，金融体系存在的实质意义在于推进和服务实体经济的发展，基本职能是通过资金配置促进资源有效配置，同时，化解实体经济运行过程中的各种风险，这些职能的发挥以资金流动为基础。

首先，金融服务资金流通过将实体经济中的资产权益分离出来并形成相对独立的交易过程，激励了社会各方面资金持有者向实体经济部门提供源源不断的资金，由此，从资金面保障和支持了实体经济的发展。

其次，在资金流动过程中，通过金融产品的交易，在价格比较和波动中，激励了资金供给者对相关信息和金融产品发行主体资信状况、运作走向和市场行为等的关注，由此，推进了资产结构优化、公司资信评价、信息公开披露、财务制度完善和治理结构提高等一系列问题的解决，这同时也是降低实体经济运作风险、提高资金使用效率的过程。

再次，金融资金流不仅为权衡实体经济部门运作的机会成本提供了市场标尺，而且为实体经济运行过程中出现的诸多问题提供了解决方案，包括资本预算、项目融资、公司并购、资产重组和资产证券化、保险等。

最后，资金流动成为推进实体经济中资源有效配置的一个主要机制。一个突出的现象是，资金总是向经济效益好、运作效率高和具有良好发展前景的地区、产业和企业集中。

3. 金融服务资金流的社会性作用

（1）促进资源优化配置

在经济运行中，非专业的投资者很难发现效益最大化的投资机会，而金融机构与金融市场则可通过内部机制的运作，实现资源从低效部门向高效部门的转移。使资金在不同的地区、产业、部门之间合理流动，实现资源的优化配置。

具体来看，资金在金融系统的流动实现资源配置的机制分为商业性的市场机制与政策性的干预机制。市场机制是指金融机构、投资者由于追求利益最大化，会投资于收益性、安全性、流动性较好的企业，使得资金流向最具发展潜力，能够为投资者带来最大利益的部门、企业和项目，使资源得到有效与合理的利用。

政策干预机制则是政府应对市场失灵时采取的必要手段。当项目资金需求量大，收益期长，导致私人部门不愿介入。这时，政策性金融机构会代表政府对金融体系进行干预，从全社会效益最大化、正外部效益最大化的角度进行投资，实现资金的优化配置。

（2）提高资金效率

资金在金融体系流动过程中，为经济活动提供了清算、结算途径，润滑了经济体系的运行，为经济发展提供了基础的保证。同时，可以有效地分散、转移管理风险，降低经济运行的损失，减少系统性冲击的可能，为微观主体规避风险提供保障。此外，资金的循环和流动降低了区域间的交易成本，通过有效的资源、财富、风险分配达到提高全社会经济发展效率的作用。而资金通常向经济效益高的方向流动，既能支持和促进经济效益高的地区加快发展，又能对经济效益低的地方形成压力，促使其采取有效措施，切实改善资金再生和流动环境，提高资金效率，从而不断提高全社会的资金效率水平。

（3）集聚社会闲散资金为生产经营资金

金融体系可通过中介、市场和互联网平台，运用一系列的金融工具，例如存款、股票、债券、保险、基金、衍生金融工具等，吸引相当一部分暂时闲置和零散的资金聚集到一起投入实体经济，实现资金从供给方流向需求方，使社会闲散资金转化为生产经营资金。

4. 金融服务资金流枢纽地的效益

城市发展成为金融中心，或在当地设立金融交易所，将促使当地成为资金流中枢，往往会大大刺激所在城市及周围地区的经济金融、贸易的快速发展，更为资本流动和投融资提供充裕的市场与空间，成为国家或地区经济、金融发展的动力与推力。具体表现在以下几个方面：

（1）资金流中枢的税收效应

资金流中枢的建立有助于所在区域以外的资金流向资金流中枢所在地，提高当地的资本增长率；同时，还可以吸引大量的人才和技术，使当地的人力资本规模及技术水平在短时间内得到扩大，为当地金融及其他产业提供了资金、人力以及技术上的支持，推动当地已有产业的发展，增加当地的就业机会，扩大当地总体收入水平，进而提高当地政府的税收收入。

另外，为了建立资金流中枢，当地政府都会提供许多具有吸引力的优惠政策。以税收政策为例，香港政府在税收方面实行低税率、简单税制。自20世纪60年代以来，香港的税率一直在低水平上窄幅波动，是世界上税率最低的地区之一；新加坡政府为了促进亚元市场的发展提供了一系列的税收优惠，包括对非居民在本地银行存款所获得的利息免税以及向亚元单位的离岸交易征收10%的优惠税率；中国深圳对前海合作区金融机构、企业的一系列优惠政策，都有利于吸引跨国、跨区经营的企业在当地进行投资。随着越来越多的跨国公司总部或地区总部、研发中心、销售中心进驻资金流中枢所在地，可以为当地经济发展注入新的活力，加快产业联合，形成新的现代产业群，进一步推动当地经济的发展，有利于税收的增加。

（2）资金流中枢地的融资效应

由于大量机构和资金流入，资金流中枢所在地的企业无疑有"近水楼台先得月"的融资优势。资金流中枢能够促进当地金融机构和其他地区金融机构的交流和联系，有利于当地金融机构引进先进的经营管理技术，提高自身经济效率，进而为企业提供更具有个性化的优质服务，减少企业融资成本，帮助企业解决资金短缺问题。只有企业的资金需求得到满足，日常的经营活动才会正常进行，企业效益也会逐渐好转，综合实力会不断提高，偿债也有保证，大大降低金融机构的信贷投放风险。资金流中枢地的金融和企业发展了，自然会带给所在地经济发展要素。

另外，资金流中枢有规范的组织结构和完善的风险监管体系，有利于降低参与者面临的风险。随着金融中心和交易所的发展，金融资产的流动性增强，信息披露较为完全，人才大量聚集，基础设施日趋完善，有助于帮助企业规避流动性风险、信用风险、市场风险、营运风险等金融风险，降低经营过程中可能面对的不利因素。

以中国上海金融中心为例，其经济圈沪浙苏闽一带是中国民营中小企业比较集中、发展比较好的地区，但筹资困难是这些企业在发展过程中遇到的最大问题。上海针对浙江、福建部分地区民间借贷活跃的特点，在若干县市进行农村信用社利率改革试点，优化了中小企业信贷环境，增强了对区域经济的支持力。各金融机构对中小企业信贷投放量的明显加大，很大程度上解决了中小企业融资难的问题。

（3）资金流中枢的存量效应

资金流中枢作为资金流的连接点和中转站，每天要接受大量的新资金流，将不同期限的资金汇集起来，同时也会安排资金流向各个不同方向。由于资金的存入、提取交错发生，所以总会存在一个最低余额留滞在资金流中枢，成为资金流中枢所在地的稳定的资金来源。当地可以根据实际需要来使用这部分资金，既可以用它进行短期投资，也可以在确保流动性的基础上进行一些长期投资，带动经济的发展。

另外，资金流中枢地也可以使用这部分资金来加强自身建设，不断进行金融创新。金融中心和交易所的发展会导致金融机构之间的竞争日益激烈，迫使那些市场份额不断缩小的金融机构必须进行金融创新，开拓新的业务领域以获取更多的市场份额。随着基础设施的建设日益完善，特别是电信、信息处理和计算机技术的发展，当地金融创新会不断出现，这会推动当地金融中枢的发展，增加其在金融领域的作用和影响力，进而促进更多的资金流向资金流中枢所在地，扩大资金的留滞规模，为资金流中枢及所在地提供更加坚实的资金基础。

总的来说，资金流中枢的形成会极大地促进当地金融发展，进而产生更高的经济增长率。经济发展则不断地形成金融创新，推动金融发展，支撑经济的新一轮增长，形成经济增长与金融发展共生互长的良性互动循环。

（二）企业自由主导资金流

企业资金流指的是企业生产经营的资金要素在购销过程中的流入流出、相互流动的现象。企业资金流有生产领域的资金流动和流通领域的资金流动，生产领域的经营活动产生的资金流动现象要先于流通领域的资金流动现象。也就是说流通领域的资金流动现象是在生产领域资金流动现象发生之后才出现的。但流通领域的资金与生产领域的资金是相对应的。企业资金流的流动和流量更多的是体现在流通领域当中。流通领域的资金流指的是处于流通领域或流通过程中的财产物质的货币表现或价值表现。在一定的时期中，社会总资金规模是一定的，在流通从生产中分离出来成为专门的职能后，流通领域资金流的增减也意味着生产资金的增减。

企业资金流主要是指涉及社会生产和再生产过程中的生产、交换、分配和消费四个环节在运行当中需要的资金要素流动。其中流通领域的资金要素流动主要是交换环节。

1. 企业资金流流动的规律

站在流通自身的角度，可以看到流通行为是由购进和售出两个过程组成的，这两个环节形成商品资金流的独立形式。用以下公式表示这种关系：$G—W—G'$（G 是货币，W 是商品）。

每一个行业的形成，都会使其中流通着的商品经过一个购进和售出的过程，相应的资金流流动也会经过 $G—W—G'$ 的过程。整个流通过程，由无数个购销活动完成，并且伴随着购销活动的进行，相应的资金流流动也反复进行。因此，从整个经济角度来看，经过无数次的资金流动循环才能实现商品由生产领域向消费领域的转换。这种状态是流通领域从生产领域中分离出来成为一个独立的领域后，资金流流动最有效的形式。这时，商品从生产到消费所经过的环节最少，时间最省，流通效率最高。在社会资金流的流动过程中，买卖主体并不相同，因而商品也具有某种程度的差异性。

企业资金流流动是站在企业的角度来观察资金流动过程。一般来说，企业的流通行为都是随着商品的购销活动而进行的，随着商品被购买、销售，与该商品相应的具体的资金流动也就结束了。但是从连续过程来看，企业不断地买卖商品，商品流通也会不停地进行下去，与之相伴的资金流动也就不会停止，无数次的商品买卖就会形成连续不断的资金流动。也即 $G—W—G'—G'—W—G''—$ $G''—W—G'''$ 等的不断连续的过程。

2. 企业资金流的特点

（1）持续周转性

企业资金流良性循环是指资金流能够持续不断地周转，并且周转效益高的资金流流动有三个特征：一是每次资金周转的时间最短；二是每次周转能取得最大的增值；三是能够不断循环往复下去。由于资金流分为社会资金流和企业资金流两个层次，其良性循环条件不尽相同。

①社会资金流良性循环的条件。社会资金流的流动与再生产各个环节的资金流动以及资金流的分布密切相关。首先要实现生产的产品总量、结构与消费的商品总量、结构相适应，即生产的商品是符合消费者需要的，商品价值才能顺利实现，资金流的流动才能顺利进行。

②必须实现企业资金流内部结构的合理性，企业资金流的内部结构涉及购进、储存和销售三个环节各自占用的资金数额，货币资金状态和商品资金状态各自的资金数额，不同流通环节各自占用的资金数额，不同地区分别占用的资金数额，等等。

③必须实现企业资金流与生产资金和消费者购买力在总量结构上的对称，从而保证资金流能离开对象物而流通。流通也必须要有足够资金与生产和消费在总量和结构上相匹配，方能确保各种物流资金需要，将一定量的各种商品从生产领域转移到消费者手中。

流通企业资金良性循环的条件，就单个企业而言，资金流只要经过了 $G—W—G'$ 的流动过程，资金流循环也即完成。但资金流在循环中，不仅仅要依次通过购买和售出两个阶段，而且要同时出现在两个阶段和并存在于两种职能形态，因此必须保持适当的比例关系。

（2）相对独立

企业资金流作为在社会化生产中相对独立的资金形式与处于生

产领域的生产资金是相对独立的，它们有各自的流动特点和表现形式。

①当商品从生产领域转移到消费领域的时候，随之产生的资金流流动就表现为一种价值的实现过程，而相对于这个过程的生产过程的资金流动则表现为一种价值的产生过程。

②生产资金流动是以生产活动为基础的，因此很大程度体现在固定资金上，而资金流是以流通商品、材料物品为基础的，因而很大程度上体现在流动资产上。

③流通行为是生产行为的延续，流通能否实现很大程度上取决于生产过程中产品性质、质量等因素，流通行为与生产行为的联系不仅仅要依靠市场经济关系、法律、契约关系来保证，而且也需要有一定的组织保证，以一定的科室组织来协调生产与流通。

④企业资金流流动的效益体现在流通所实现的价值上，生产资金的效益则体现在生产活动所创造的价值上。这种差异表明资金流流动的效益是以商品流通的速度或资金周转的速度为基础的。

⑤在生产资金中也含有买和卖的环节，但是在这里，买是作为生产的前提，卖是作为生产的目的来体现的。资金流流动则是买和卖的因果关系。从实物流动来看，买是卖的前提，卖是买的目的；从价值流动资金流来看，卖又是买的前提，买则是卖的结果。

3. 企业资金循环与资金融通

商品生产和交换的目的不是为了满足自己的生活需要，而是为了追求资金的价值增值。资金的价值增值是在商品生产中产生，在商品交换中实现的。我们把资金在生产和流通中实现价值增值的过程称为资金循环。

企业资金循环的起点是货币形式。从货币形式开始到货币形式的复归，资金经历了一个循环过程。在这一过程中，资金要依次经过购买、生产、销售三个阶段，依次表现为货币资金、生产资金和商品资金三种职能形式。因此，社会生产过程是资金流动中的价值增值过程。

企业资金作为价值物，是不能单独存在的，必须体现在一定数量的经济物品上。对于企业来说，这里的经济物品既可以是实物商品，也可以是货币或各种金融工具。货币作为实物商品和金融工具的交换媒介，是具有完全流动性的资金，是普遍认可的私有财产形态。企业的资金流动过程实际上是以实物商品为媒介的、货币数量不断增加的货币循环过程。

在现代经济发展条件下，金融市场和实物商品越来越多样化，筹资、投资的渠道越来越多元化，资金流动的层次越来越多，资金分布的时间、空间范围也越来越广阔。如果着眼于时间，我们把各经济主体的资金随着时间的推移而发生的量的扩张，称为资金的纵向流动，即资金循环；如果着眼于空间联系，我们可将一定时间内资金在各个经济主体之间发生的转移和组合过程，称为资金的横向流动，即资金融通。由此可以划分出企业资金流动的两种基本形态，并相应形成研究资金流的两大视角：以纵向流动为考察系的资金循环和以横向流动为考察系的资金融通。

企业资金循环和资金融通是相互促进的。资金融通是资金结构配置过程，可以提高资金的结构效率，为资金循环提供动力；资金循环是资金价值增值的实现过程，在一定程度上是资金融通的前提。

企业资金融通是通过各种金融工具来进行的，对于贷款人来说，用货币购买金融工具，进行金融投资，这是其资金循环（货币—金融工具—货币）的第一阶段。对于借款人来说，借来的资金可能有两种用途：其一，用来购买实物商品（投资或消费），这正是企业资金循环（货币资本—生产资本—商品资本—货币资本）中商品资本的实现过程；其二，购买金融工具，这也是资金循环的一个阶段。可见，资金融通过程，无论从贷款人还是借款人来说，都是资金循环的一个环节。资金融通是资金循环的一个环节。

4. 企业资金流与商品流、物流的关系

讨论企业资金流也好，讨论商品流、物流也好，它们都会涉及相互作用、相互制约的关系。在经济的不同发展阶段，有着不同的物流水平，这需要不同的资金流形式与之相适应。在现代经济生活中，物和货币二者缺一不可。

（1）商品流和物流决定企业资金流

货币是顺应了物的交换的需要而产生的，货币的出现，使交换发生了质的飞跃，形成了流通。因此商品流动和物的流动是资金流动的前提和基础，资金流受物的流量规模与速度的制约并为其服务，通常生产者投入于流通的物量越大，物的流通速度越快，对货币的需要量越多，资金流数量、规模也随之扩大，资金流也相应加速。可见，物的流动决定资金的流量。

在简单商品流通条件下，物的流动的起点和终点都是商品，这种交换是价值量相等而使用价值不同的商品交换，作为流通手段，货币在其中起着媒介作用。在发达的商品经济条件下，物的流动极为频繁，它的全部过程是从付出货币买进商品开始，到商品送达消费者，消费者获得商品的使用价值，生产者获得货币形式的价值而告终，是价值的增值过程。

随着社会生产的发展，流通规模随之扩大，物的流动的范围也因而扩展，资金流形式也不断发生变化。从历史来看，资金流是物的流动的产物，资金流的每一次变化往往是由物的流动的变化引发的。

（2）企业资金流反作用于商品流和物流

企业资金流并不总是被动地依附于实物流通，物流需要资金流的帮助才能实现其价值形式。实物流通的最终目的是为了实现价值增值，即商品的生产者获得一定的货币资金，这与资金流的运动有直接关系，没有资金流参与其中，不可能实现商品的价值与使用价值。

企业资金流虽属微观现象，但在现代经济全球化背景下，企业的资金已经随着企业生产方式、产品销售范围的扩展而变得具有宽泛性。亦即企业资金流伴随着企业的生产、销售方式的改变，范围的拓宽越来越全球化。企业资金流已经成为影响区域经济、金融经济的重要因素。在企业资金流跨区、跨国、跨境已成为常态的情况下，努力促进企业资金流的流动效率、流量增长将直接影响区域及区域间的经济增长，会影响全球经济的增长。

因此，在现代商品经济中资金流更具有主动决定实物流通的色彩。

（三）跨境资金流

跨境资金流顾名思义就是跨出边境的，在国家（地区）与国家（地区）之间形成的国际性的资金流动。跨境资金流分两种：一种是国际金融机构组织的国际性贷款；另一种是外商直接投资（FDI）的跨境投资。

1. 国际金融信贷资金流

形成跨境金融资金流的载体和操控者主要是国际金融组织机构，资金流的形式是银行跨境信贷。国际金融组织是指从事国际金融管理和国际金融活动的超国家性质的、能够在重大的国际经济金融事件中协调各国的行动，提供短期资金缓解国际收支逆差稳定汇率，提供长期资金促进各国经济发展的国际组织机构。国际金融组织机构的产生和存在，使得流量经济的资金流要素流动范围更广，影响力更大，也使得发展流量经济的资金流要素多了更多的流动方式和渠道。

（1）国际金融组织产生的原因和目的

国际金融组织主要分为多边金融机构和双边金融机构。

①多边金融机构

多边金融机构（MFI）是指由三个及以上国家政府设立和主导的国际金融机构，其理事成员不仅包括捐赠的发达国家，也包括借款的发展中国家。多边金融机构又可分为全球层级机构，例如世界银行集团、国际货币基金组织，或者区域和次区域层级机构，例如亚洲开发银行、非洲开发银行、欧洲复兴开发银行、欧洲投资银行、美洲开发银行、亚洲基础设施银行、金砖银行等。

国际货币基金组织（IMF）是根据 1944 年 7 月在布雷顿森林会议签订的《国际货币基金协定》，于 1945 年 12 月 27 日在华盛顿成立的。IMF 致力于促进全球金融合作、维护金融安全稳定、促进国际贸易、促进高就业率和可持续的经济增长，并减少世界各地的贫困。

世界银行集团的最初使命是帮助在第二次世界大战中被破坏的国家重建，由国际复兴开发银行（IBRD）、国际开发协会（IDA）、国际金融公司（IFC）、多边投资担保机构（MIGA）、解决投资争端国际中心（ICSID）五大机构组成，这些机构联合向发展中国家提供低息贷款、无息信贷和赠款。当前，这五家机构分别侧重于不同的发展领域，但都运用各自的比较优势，协力实现共同的最终目标：减轻贫困、促进可持续发展。

其他区域级多边金融机构的宗旨都是通过为区域内国家提供融资促进区域经济和社会发展，并为区域内各国解决金融方面的实际困难。

②双边金融机构

双边金融机构是指由一国政府创立和主导，在发展中国家或市场提供援助或投资目标发展项目及方案的机构，在全球范围内比较活跃的双边金融机构包括法国开发署、德国复兴信贷银行和日本国际合作署等。

法国开发署（AFD）始建于 1941 年，是法国政府官方的双边发展金融机构，总体任务是为发展提供融资。作为一个专业的金融机构，开发署在全球五大洲及法国的海外省对以下项目提供资金：由当地公共权力机构、国有企业，或私营及合营部门运作的经济、社会项目。

德国复兴信贷银行（KFW）成立于 1948 年，目的是为第二次世界大战后联邦德国的紧急重建需求提供资金。目前，除了为德国和欧盟企业在国际市场上的项目进行融资，还代表德国政府为发展中国家提供投资和咨询等方面的服务。

日本国际合作署（JICA）成立于 2003 年，其前身为成立于 1974 年的日本国际协力事业团，是直属于日本外务省的政府机构，成立之初是以提供技术援助为主。2008 年，JICA 合并了以提供对外援助为主的日本国家合作银行（JBIC）以及日本外务省提供赠款援助的部门，作为日本统一的对外援助机构，进行协调发展中国家，以开发经济及提高社会福利为目的的国际合作。

（2）跨境信贷资金流的效应

国际金融组织的跨境资金流主要是以优惠贷款和贷款为主，也有部分赠款，主要用于消除贫困、能力建设等方面。其跨境信贷资金流的主要效应表现在：

①给国际金融组织成员国带来的效益和好处

第一，保证国际贸易有序进行。国际金融组织成员国在世界经济秩序中处于优势地位，希望世界的经济秩序能够保持长期稳定，世界经济与政治的不稳定因素往往集中于欠发达国家，正是这些潜在的不稳定因素给国际性的经济贸易往来带来了不同程度的阻碍，支持世界上相对落后的国家的发展可以带来国际环境的稳定，从而保证国际贸易的顺利进行。

第二，保证相关私人投资的安全与投资收益的稳定。贷款国往往有着巨大的投资潜力和前景，成员国往往有大量的私人投资进入贷款国，这些私人投资需要贷款国家经济政治环境的稳定才能获得较稳定的收益。跨境信贷资金流可以在一定程度上促进该国的经济健康发展和政局稳定。

第三，提升国际声誉。通过为发展中国家提供资金支持，这些国际金融组织的主要成员可以在这些国家获得较高的政治声誉。有利于这些主要成员，即大部分发达国家与获得信贷的欠发达国家建立良好的国家关系，为它们进入这些潜在的贸易市场与投资市场占得先机。

②给国际信贷资金流入地（国际信贷资金使用国家和地区）带来的好处和效益

第一，带来经济高速发展。由于国际信贷资金有着规模大、利率低和期限长的特点，这些资金进入到国际信贷资金流入地往往会带来超额的经济收益和高速的经济发展，从而帮助这些国家和地区的人民迅速脱离贫困，提高生活水平，并且获得可持续的发展。

第二，解决实际资金需求。国际信贷资金的流入必然伴随着该国家和地区的某些严重的实际问题，而这些国家和地区无法通过其他合理途径取得相应贷款解决该问题。国际信贷资金的流入可以帮助其快速有效地解决实际问题并且付出相对较低的成本。

第三，提高开放程度。由于国际金融组织的贷款通常附带对外开放的附加条件，国际信贷资金的流入将促使使用国必须以一种更加文明开放的态度面对世界，这将使其更好地融入全球化的进程，享受人类文明的开放与进步。

第四，增加金融创新。国际金融组织的资金流入往往伴随着为发展中国家创新定制的金融产品，例如 IFC 运用风险分担机制提供给中国的节能减排贷款。该贷款采用全国环境基金的赠款作为第一损失担保，IFC 作为第二损失担保，大大降低了商业银行贷款风险，也促进了节能减排领域贷款在中国的推广，并增加了类似的金融产品。

（3）跨境信贷资金流的流动规律和流动方式

跨境信贷资金流的流动具有期限长、利率低、支用方便的特点。

①贷款期限长

以世界银行为例，其硬贷款最长期限达 20 年，平均为 17 年，宽限期 5 年。从第 6 年开始每年还本及付息，而前 5 年只付息不还本。软贷款最长期限长达 50 年，宽限期为 10 年。即首个 10 年无须还本，而从第 11 年开始才每年分两期偿还。具体期限视乎借款国的人均国民生产总值而定。由于贷款期限长，借款国的资金调度灵活性很大，相应的可以降低资金流动比例利于提高资金的增值能力。

②贷款利率低

国际金融组织贷款资金来源于会员国实缴股本，但是绝大部分是在资本市场上所发行的中长期债券，由于该等债券的信用等级高，而筹资成本又较其他银行为低，因此，贷款利率便相应较低。

③贷款的支付方式独特

国际金融组织贷款支付方式往往有一套完整的规定方法，以确保贷款不会挪用。在经济、有效的原则下，国际金融组织往往会为发达国家和发展中国家所有合格的投标人提供平等的机会，以使供货商或承包商之间达到充分的竞争，使借款人能以较低的价格取得高质量的商品或工程，并能有效防止工程或物资采购中的营私舞弊行为。如果是借款国的供货商中标，可以给予价格上的优惠，以鼓励借款国发展本国的工业。

（4）跨境信贷资金流的流动条件

跨境信贷资金流的流动条件比较严格，主要体现在以下方面：

①贷款对象具有偿还能力

国际金融组织仅限于对有偿还能力的国家进行贷款，贷款需要有会员国政府及中央银行或该国际金融组织认可的机构进行担保，确保本金的偿还以及利息和其他费用的偿付。而对于非会员国的贷款对象往往仅限于政府。

②贷款必须与特定项目相关联

国际金融组织通常直接向项目贷款或通过东道国执行机构贷款，不管是何种形式，国际金融组织的贷款必须与工程项目相联系，而这些项目需经严格挑选，借款国需向国际金融组织提供与贷款项目有关的详细资料，包括有关的政治、经济和财政状况。并且，只有申请国或项目确实无法以合理条件从其他渠道取得贷款时，国际金融组织才会对其申请作出考虑，或者提供贷款保证。

③东道国承诺

由于跨境信贷遍布世界许多国家和地区，各个国家和地区之间的差异极大，为了使贷款只能用于批准的项目，不被挪作他用，需要贷款的东道国对国际金融组织作出相应的承诺，确保国际金融组织对该项贷款的细节能执行严密的监管。例如，世界银行需要定期派遣专家到项目现场监管，这些专家的工作不会受项目所在国的任何干扰，工作成果也只需要向世界银行报告和负责。

④非军事性和非政治性

国际金融组织不会对军事项目和以政治为目的的项目提供贷款。

2. 外商直接投资资金流

外商直接投资（FDI）属于资金流动当中的资本跨境流动。资本作为经济要素中重要的因子，它的跨境流动主要是以两种方式进行：一是作为资本所有者的经营主体直接投资，投资兴办企业。直接投资的形式多样化、多渠道、多手段。二是经营主体跨境融资。通过相应的融资手段和工具，实现为己所需的生产经营资本金跨境流动。外商直接投资是现代资本国际化的主要形式，指投资国的企业、个人或政府机构以资本增值或其他经济目的所进行的超出本国投资所形成的资本流动。按照国际货币基金组织的定义，外商直接投资是指一国的投资者将资本用于他国的生产或经营，并掌握一定经营控制权的投资行为。也可以说是一国（地区）的居民实体（对外直接投资者或母公司）在其本国（地区）以外的另一国的企业（外国直接投资企业、分支企业或国外分支机构）中建立长期关系，享有持久利益并对之进行控制的投资。

（1）外商直接投资形成的原因

我们知道，企业是否有竞争力，主要取决于生产经营成本的高低和生产经营要素获取的方便程度及其流动效率。影响生产经营成本高低的主要因素是劳动力成本、自然资源获取成本（以土地等自然禀赋资源为主）等。生产经营要素获取的方便程度及其流动效率包含的内容很多，比如"请进来"、"走出去"的优惠政策，市场的距离，关税壁垒的影响等。因此，跨境资本流动的原因，都是因为资本主体人为了降低生产经营成本，提高生产经营效率，增强竞争力而形成的。

关于形成跨境性资本投资的理论很多，主要有：垄断优势理论（美国学者金德尔伯格和海默等人提出）、产品生命周期理论（美国学者 R. 弗农提出）、比较优势理论（日本学者小岛清提出）、内部化理论（美国学者科斯最先提出）、国际生产折衷理论（英国学者邓宁首先提出）、发展水平理论等。这些关于资本跨境流动的理论所阐述的内容都有一个共同的观点，就是经济实力强、资本过剩、生产力发达、技术先进的国家和地区基本都是资本流出的多，流入的少，相对欠发达或落后的国家和地区，基本都是资本流入的多，流出的少。

（2）外商直接投资的效应

外商直接投资不仅本身是资本流要素的流动表现，而且它也具有乘数效应，即由于资本的跨境流动，也相应带动和促进了其他生产经营要素的跨境流动。而由于资本的跨境流动，以及其所带动的其他生产经营要素的跨境流动，也使得资本流出国和流入国的经济增加了发展动力和活力。

①给资金流入国带来的效应

第一，带给资金流入国经济增长的能力。我们知道，投资、消费、出口是拉动经济增长的三个最主要的动力。从生产角度看，外商投资企业增加资金流入国的 GDP 是必然的。首先，外商投资企业在资金流入国需要开始投资建设时，不论建厂房还是租场地，需要雇佣当地的劳动力，给当地增加就业，让雇佣劳动力提高收入；需要购买当地的建筑安装材料并进行一定的建筑安装工作，带动当地建筑业增加值的提高。其次，在即将开始生产时，则要购买所需要的设备、原材料和耗材，必将带动当地相关行业的发展，增加相关行业的增加值。在投入生产后，外商投资企业便成了资金流入国的常住单位，这些企业在当地进行货物与服务生产的成果，按在地原则自然计入当地 GDP。因此，外商投资企业从前期准备到后期生产的整个过程，都将给资金流入国的国内生产总值（GDP）带来新的增量。

第二，给资金流入国带来溢出效应。从东道国对跨境投资资金流的设计角度讲，跨境资金给资金流入地带来的社会资本的扩大和形成效应相当于内部效应，也就是预期效应。带来的收益相当于内部收益，即预计收益。但跨境投资资金流带给东道国的不仅有预期的效应，还有预期外的效应，这就是外部效应。外部效应同样会给东道国带来经济效益，也可称作外部经济。跨境投资资金流带给东道国的溢出效应有两个效应：一是技术溢出效应。能产生技术溢出效应的外资企业主要是以工业、制造业类为主。首先，工业、制造业类企业会从境外带入先进的技术、设备。其次，企业在生产制造过程中，一定会有技术研发行为，而无论是企业的生产、制造过程，还是技术研发行为，不可能不雇用当地的劳动力资源。按人力资源流动的原理，被外资企业雇用的人员也可能再流出到其他企业或独立创业，而当人力资源流出到其他企业或独立创业时，在尊重知识产权的框架内，至少会把技术和头脑带入到新的岗位中。二是生产经营管理经验及生产、制造操作技能溢出效应。这同样是通过人力资源的流动所产生的溢出效应。外资企业在投资地雇用劳动力时，就预示着其成熟的生产经营管理经验及生产技能操作的溢出成为可能和必然，但这种溢出效应必须是建立在外资企业从境外带入了先进的生产经营管理经验的前提下。在这一方面具体的溢出效应表现主要是：首先，对从投资地雇佣的劳动力进行技能传授和培训。其次，投资地的雇员与外来雇员在工作中通过交流学习，得到了经验和能力的长进。在这样的前提下，在人力资源流动迅速的年代，必定会有劳动力经验和能力溢出性效应。

② 给投资资金流出国带来的效应

第一，可以增加资金流出国的国民总收入。从国民收入角度看，作为投资资金的流出国，虽然其资金流出了，但是，按照国民收入含义，仍然会对投资资金流出国产生正向效益，即增加资金流出国的 GNI。外商投资企业在其投资地国进行的所有货物和服务的生产活动，虽然生产成果计入当地 GDP，但其收入则属于资金流出国在国外获得的要素收入，仍然计入资金流出国的国民总收入（GNI）。

第二，转移资金流出国的产能。对外投资的一个重要目的之一就是产能转移。产能转移的原因主要有三个，一个是由于资金流出国国内生产过剩，社会生产总量大于社会总需求；二是开拓新市场的需要；三是满足生产所需资源。中国正在努力推动的"一带一路"的建设就有这方面的原因和战略考量。随着中国经济的崛起和腾飞，中国的社会生产能力日益增强，同时作为全球外汇储备量最大的国家，中国已经具备了支持帮助"一带一路"沿线国家和地区，特别是资金短缺的国家和地区共同应对危机，实现共赢发展的能力。作为全球制造业大国的中国，不仅可以输出产品产能，而且还具备了输出技术和设备的能力。

四　技术流

技术是人类不断现代化的主要手段和标准，人类的发展进步更多的是在技术方面和创造开始之后体现的。人类的生产性进步和生活性进步，都是以技术的存在和进步为改善前提。没有技术的进步，人们的生产、生活方式从形式到内容都将会停滞不前。

技术是指制造某项产品、应用某项工艺或提供某项服务的系统知识。技术作为一种特殊的生产要素的载体，包括：一是拥有生产技术知识的劳动者；二是物化成一定的机械装备和装置；三是生产产品、生产工艺、操作技巧的专利和技术秘密；四是传播技术的情报信息等。技术的发明价值在于应用的程度，技术的发明和进步如果没有应用，那么技术就是一张白纸，将变得虚无化。而要想技术有价值，现实化、成效化，靠的就是技术的流动，即由发明者、拥有者转移至使用者。技术流动体现在区域间，就是社会整体宏观的互联互通、互助性流动。

区域间的技术流动，有时又称技术转移，是指一个区域的技术持有人把技术的使用权或所有权转让给另一区域其他人的过程。技术流的具体载体分两个层次：一是研发机构，二是技术交流中介机构。通过技术的流动，既可以为技术产生地带来效益和影响力，也可为技术使用机构和地区带来效益和影响力。

（一）技术流的类型

根据转让的是否有偿，技术流动可分为区域间的技术贸易、区域间技术交流和区域间的技术援助三种类型。

1. 区域间技术交易。它是指不同区域的企业、经济组织或个人之间，按一般商业条件从事技术使用权买卖的一种交易行为。

区域间技术交易的形式主要有：

（1）直接技术贸易，即通过专利技术、专有技术、技术秘密的有偿转让，引进方从输出方取得制造、销售某种产品的权利，并得到相应的技术。

（2）引进成套或关键设备。显然设备贸易和技术贸易分别属于硬件交易和软件交易，属不同的交易形式，但由于在实际的成套或关键设备的引进中通常带有技术，或者在引进技术时附带有设备的买卖，因此人们把设备和技术结合在一起的交易也作为技术交易的一种方式。

对于成套或关键设备的引进，技术出让方通常要有相应的技术服务和协作，或者由技术出让方派遣人员到接受方帮助调试设备、指导生产和讲授技术，或者由接受方派出自己的技术人员到出让方进行培训和实习。

（3）区域间联合投资。可以通过合资、合作经营等多种形式，由拥有技术的一方将技术作为无形资产折价入股或提取技术补偿费等措施，将技术传递给合作的另一方。

2. 区域间的技术交流。它属于无偿的技术转让，一般是通过非市场的渠道进行。随着人员、货物和信息等在区域间往来和交换的日趋频繁，技术交流在区域间技术流动中的作用也不断增强。区域间技术交流的方式有科技资料、情报和仪器样品的交换；举办学术会议和科技成果交易会；成立技术开发中心和共同研究项目；进行访问、考察或工作等。

3. 区域间的技术援助。这是指一区域向另一区域无偿地或按优惠条件传授技术知识，协助建立科技、文化机构并提供相应设施。区域间技术援助的方式主要有派遣专家和技术人员，提供技术服务；协助受援区域培训技术人员，建立科研机构、职业培训中心、医院、学校和技术推广站；承担受援区域一些项目的可行性研究、设计等投资前准备工作；提供技术资料和文献以及示范性项目和设备等。

4. 区域间的直接投资（FDI）和贸易。全球化时代，区域与区域、国与国之间的投资与贸易流动已成常态，也成为促进各个国家、各个区域经济发展的重要方法和形式，而因此直接投资和贸易带来了技术流动。直接投资和贸易带来技术流的原因是通过技术溢出效应实现的。内生增长理论其中一个内容就是强调国际技术溢出效应对一国技术进步的贡献和经济增长的贡献。直接利用外资渠道的技术流动分两种类型：一是流入发达国家的外资。这种技术溢出效应普遍表现的形态是逆向技术流，即技术由外资流入国通过技术溢出回流到外资流出国。二是流入发展中国家的外资。这种外资流动带来的技术溢出效应，普遍存在的技术流表现形态是正向技术流，即技术由外资流出国通过技术溢出效应流入投资地东道主（国）。另外，通过以外贸渠道形成的技术流同样也是因技术溢出效应而带来的。由于贸易投资一体化的出现，贸易和投资共同带来和促进了技术流的流量越来越多，技术流的流动范围越来越广。

（二）技术流动的原因

1. 经济因素

技术在区域间流动的经济因素主要有以下四个方面：

（1）技术转让是跨国国际公司追求寻租以及获得更大的竞争优势的重要方式。跨国国际公司把它所拥有的技术或设备向其他分公司或者子公司进行转移让渡，以使整个公司获得最大的利润。

（2）以技术在市场进行交换，会引起技术转移。以技术带动设备的出口，或者以技术出口为条件，换取对方的市场准入，都可以使技术在区域间产生流动，产生收益。

（3）技术向外流动输出可以促进其他流量要素的流动。如可以通过技术的输出，同时带动人才或者资本一并输出；抑或，通过技术入股的形式，从而进行直接的投资。

2. 促进落后国家和地区发展等原因

从政治或者军事等方面来考量，技术先进的国家或地区有时会因为政治等原因，可能也会无偿或者以较优惠的条件向一些技术落后国家或地区提供技术。如目前一些国家和一些国际组织希望通过和发展中国家无偿或按优惠条件转让一些先进技术，以推动发展中国家技术水平的发展，促进发展中国家产业结构的调整和出口规模的扩大。

（三）技术流对流出区域和流入区域经济发展的作用

随着人类社会分工的不断加深，技术在经济发展中的作用开始不断加大，各国、各地区对技术进步非常重视。但由于起点不同，目前世界各国在技术水平上仍然存在着很大差距。技术创新主要集中在发达国家和发展中国家的极少数地区，一些先进技术仍由少数发达国家所控制。技术在区域间特别是发达国家和发展中国家之间的流动就显得十分必要。技术的区域间流动对区域经济的发展将起到非常重要的作用：

1. 它可以缩小区域间的技术和经济发展水平的差距，加快经济欠发达区域的经济发展

通过引进区域外现成的适用的科学技术，可以减少重复科研，加快产业结构的快速调整和优化，促进新兴产业的建立与发展和传统产业的技术改造，加快国民经济发展速度，增强区域经济实

力。这就是通常所说的后发优势。1950—1975年的25年间，日本共花了近60亿美元，引进了2万多项新技术，并用不到30年的时间把英、美等西方国家用了半个世纪，花了2000多亿美元的研究成果学到手。

2. 获得技术转让费用

现代市场经济条件下，一切都在走商品化渠道，技术和专利也不例外。技术和专利的发明、技术和专利的获得，无不伴随着商业利益。以技术获取利益的情况还有一个原因，就是技术发明创造的成本问题。按经济学原理，成本即是投入，那么有投入必定要有回报，这是经济学的投入产出原理。技术流首先获得回报的就是流出方，然后是获得技术的流入方，还有一个获取技术流动好处的一方是技术流的集散地。技术流的集散地主要以技术研发机构所在地为代表。比如，美国的硅谷等。凡是研发人才和机构集中的地方，或拥有技术交易平台的地方，都会因为技术流获取发展要素带来的经济效益。

3. 延长技术的生命周期

对于一些在本区域已经处于成熟阶段的技术，转移到还需要这些技术的国家和地区，这些技术继续发挥作用，这样就等于延长了某项技术的生命。

4. 出让方获得更新技术的时间和空间，优化产业结构，发展新兴产业

出于以技术换市场的原因而引起的区域间技术流动，还能够为流出区域提供更大的市场空间，带动其他生产的流动和促进区域的商品出口。

5. 扩大技术的使用效益

技术的研发是为了促进生产、生活的改善和进步。只有技术流动了，才能体现技术的使用价值和价值，技术的使用价值和价值的体现就是技术使用带来的经济效益。技术流越多，经济效益就越高。

第二章

流量经济的作用

根据最新流量经济的定义，我们在本章中将介绍流量经济引领、带动的运行机制，流量经济所产生的效应，以及其对欠发达国家或地区的促进作用。

第一节　流量经济的运行机制研究

流量经济运行机制是研究各个流量经济要素为什么会流动以及如何流动的问题。为了回答这个问题，我们首先要明确的就是机制的概念以及内涵。我们知道，所谓的机制，援引辞海的概念定义就是"原指机器的构造和动作原理，生物学和医学在研究一种生物的功能（例如光合作用或肌肉收缩）时，常借指其内在工作方式，包括有关生物结构组成部分的相互关系及其间发生的各种变化过程的物理、化学性质和相互关系，阐明一种生物功能的机制，意味着对它的认识已从现象的描述进到本质的说明"①。按此，笔者认为流量经济的运行机制是指在流量经济运行以及作用的过程中，八类流量经济要素流动的动因、原理、过程及其内在的相互联系。

一　研究流量经济运行机制的意义

按流量经济运行机制的概念，我们研究流量经济必须先行研究

---

① 《辞海》，上海辞书出版社 1999 年版，第 1510 页。

流量经济运行过程中各种流量经济要素内在的流动运行机制、动因及其影响因素，以及各个流量经济要素之间的内在相互联系和各个要素的流动交互方式，这也是流量经济发展的动力与源泉。研究流量经济的运行机制，是认知流量经济发展一般规律的有效方法，同时也是一个国家或者区域制定经济发展政策或经济发展战略的基础。因而，研究流量经济的运行机制对中国提出的"一带一路"战略构想的落实具有十分重要的意义。

二　流量经济运行机制

流量经济运行机制是研究促进各个流量经济要素流动的动力、原因及要素流动的一般规律、原理，回答各个流量经济要素为什么会流动、如何流动以及要素流动需要哪些条件的问题。其中，第一个问题是流量经济发展的根本问题，这与流量经济要素的空间分布特征等密切相关。

（一）要素区域势差是要素流动的前提条件

前文已述，差异产生流动，流动决定流量的范围。由于自然禀赋导致的生产要素分布的不均衡和各地区长期生产发展的经济结构、发展规模、生产水平的不同，使各地区在流量经济要素方面存在较大差异，这种差异产生了要素流动的可能性，也决定了要素可能流动的方向和流量，即要素一般是从较多要素区域向要素匮乏区域流动。这就像一般情况下，当水存在水位差时会使水流动，并且水只会从高水位处流向低水位处一样。流量经济要素在数量及质量上的区域差异，我们在此称之为区域势差。区域间的势差越大，要素在区域间流动的规模可能越大，反之亦然。这一规律无论在城市间还是国际上都存在。对于城市而言，流量经济的产生是早于国际间开始的要素流动现象。相对应的区域势差称为城市势差。从国际上来讲，相对应的区域势差可以称为国家势差。此外，也存在着要素由缺少吸引力的国家和地区向有吸引力的国家和地区流动的情况。

（二）要素收益区域差额是要素流动的根本动力

由于人是生产的主体，是生产要素的组织者和支配者，因此，人是所有流量经济要素中最为活跃的因素。同时，其他所有流量经济要素的流动，都是通过人来驱动和控制的（包括人才本身的流动）。而自利是人的基础属性，按亚当·斯密（Adam Smith）的"经济人是理性的"观点，任何从事经济活动的人的目的，都是为了获取最大的经济收益。因此，根据经济学的原理，流量经济要素的流动将以利润最大化原则来分配。即流量经济要素的流动是从价格较低的区域向价格较高的区域流动，从而使流量经济要素所有者获得最大的利益。要素区域势差使要素流动具有了可能性，这仅是流量经济要素流动的前提条件，而流量经济要素流动所产生的利益才是要素流动的根本源动力。在区域势差的作用下，要素只是存在流动的可能性，其也有可能有较多方向，即存在较多要素数量及质量较匮乏的区域。但在利益的驱使下，流量经济要素就具有了流动的动力，并且流量经济要素只会流向可以获得更多利益的区域，区域间通过要素所获得的利益差就是要素流动的根本动力，也决定了要素最终的流动方向。我们把区域间的要素收益差异称为区域位差，即区域位差越大，流量经济要素流动的动力越大，越容易使要素流动；反之亦然。这一规律不仅在城市间存在，在国际各区域间同样如此。对于城市而言，相对应的区域位差称为城市位差。对于国家而言，相对应的区域位差也可称为国家位差。

（三）可达性（通达性）是要素流动的必要条件

首次提出了可达性含义的是美国著名经济学家汉森（Hansen，1959），其将可达性定义为交通网络中各节点相互作用的机会大小。随后，可达性的含义经过了不断的补充和发展。布鲁因斯马（Bruinsma）等学者对可达性的11种定义及衡量方法进行了总结并归纳，认为在一个封闭的固定城市交通路径中，衡量其可达性的研究方法也在不断发展。对于可达性，许多学者进行了研究。比如有学者认为，空间可达性是指某一区域或经济体利用交通设施、制度设计等与其他有关区域进行的资源要素交流的方便程度、顺畅程度。在此，为便于研究，再将可达性分为狭义可达性与广义可达性。本书将广义可达性定义为由于可达性指在区域之间包含物资、人力资源、商品、信息、技术、资金等许多要素相互作用、相互影响实现的容易程度和机会大小，因此，可达性是一个综合概念，它涉及诸多方面，如影响信息流动的通信与信息网络、影响能量（如输电线路）流动的输电线路网络以及影响物资和人员流动的交通网络等。与此相对应的，我们将狭义可达性定义为针对某一具体网络的可达性，诸如通信与信息系统网络可达性称为信息可达性，输电线路网络可达性称为输电线路可达性，交通网络可达性称为交通可达性等。①

可达性的大小或者强弱，反映出某区域与其他相关区域进行物资、人力资源、商品、信息、技术、资金、人员等交流的机会和潜在能力。在经济全球化的今天，任何一个国家或者地区都不可能独立的、与外界没有交流的存在。对于流量经济来说，可达性对其有着重要的影响，尤其是对于区域与区域间交通网络的发达程度而言，交通网络的发达程度会制约着区域间要素的流动，特别是物资和人员的流动，无疑是离不开航空、铁路、公路、水路等基础交通设施的。而从一个区域的发展来说，交通条件在该区域的流量经济要素的流动中起着无可替代的作用，它直接影响到要素流动的速度与效率、流动的区域范围，影响到该区域与外界其他区域的商品流通、物资往来和人员交流，从而影响到区域经济乃至更宏观范围经济的发展。无论要素的区域间的势差有多大，也无论区域间的位差有多大，如果区域的可达性不允许，那么要素的流动就不能实现。空间可达性是区域空间结构演化中最为活跃的因素，并且它直接影响到区域中要素集中与分散的效率。区

---

① 下文如无特殊说明，一般指交通可达性。

域之间物资、人员、商品、信息、技术、资金等流量经济要素的流动受到多种因素的影响与制约。比如区域之间的政治、经济、文化障碍，区域之间的空间距离，交通网络系统等。其中，交通网络系统对区域之间的可达性又起着至关重要的作用。交通网络系统是指依据公路、铁路、航空、水运、管道等交通运输系统及由其共同组成的综合性交通运输系统和通信信息系统、输电网络系统等。交通网络系统在区域空间结构的发展中扮演着特殊角色，区域内外各种物流、人力资源流、商品流、商人流、人流、信息流、技术流、资金流的发生都是依托着交通网络系统。交通网络系统已经俨然成为联系区域内各节点与其他区域经济的途径和纽带，且其最重要的作用就是将各个子区域进行整合，使整体效应大于各个子区域孤立情况下的效应之和。中国提出的新丝绸之路经济带战略的设计和建设，同样要建立和依托中国和欧亚大陆乃至非洲的交通运输网络系统。这应当是"一带一路"经济带形成的前提和条件。

在交通网络系统中，对区域空间结构演变的影响较大的是公路、铁路、水运交通线路，通信网络与输电线路一般与交通线路相协调，共同致力于加强交通网络系统的联系功能。城镇区域空间布局与交通网络的空间布局有很大的相似性，重要的交通线路一般分布在城镇密集区。对区域交通运输来说，交通基础设施、空间距离、交通工具的类型与重量以及相应的技术进步是影响它的主要因素。交通基础设施是交通运输的基础，良好的基础设施可以提供较好的运输服务。空间距离是运输的阻力，它影响运输的成本以及运输的时间。空间距离越长对运输就会产生越大的阻力，而货物的可运输性会影响货物对距离的敏感性。一般来说，货物的可运输性是通过它们的单位重量的价值所决定的。

（四）互补性是要素流动的助推剂

瑞典经济学家俄林（Ohlin）曾提出了一个称作互补性的概念，他认为，当某地区的某要素有富余，而另一地区对该要素有需求时，即存在互补性。换言之，从供需的角度来看，区域间要素的流动有如下一个前提，即两个地区中，其中一个可以提供某要素的供给，另一个地区对该要素有需求，这种能够导致区域之间发生运输关系的方式称为互补性。如果相关区域之间，存在着对某种物资、人力资源、商品、信息、技术、资金等方面的供求关系，那么，这种关系就可以促进要素在区域间的流动，而互补性越大，运输需求就越强烈，运输需求越强烈，交通运输基础设施建设就越必要，交通运输基础设施越发达，要素流动就更容易实现，要素流动越容易，处于交通网络线路沿线的城市、国家和地区互联互通发展就会越好。

（五）干扰机会

干扰机会这一概念是由斯托弗（S. Stouffer, 1940）首先提出的，又称为中介机会。当某种要素在相关的两个区域间流动时，可能会新出现第三个区域对原先两个区域间要素的流动产生干扰，即干扰机会。例如，当某种商品在 X 和 Y 地之间流动时，可能会有新出现的 Z 地区对该商品有需求或者供给，从而也就产生了干扰机会，导致该商品的初始供给点或者需求点的变化。因此，干扰机会的大小，会影响要素流动方向改变的可能性的大小。又如，某城市有 X、Y 和 Z 三个城区，X 区有一家大型商场，对 Y 区而言，互补性和可达性均成立，因此 Y 区的人纷纷去 X 区购物；现在，Y 区附近的 Z 区也开了家大型商场，那么 Y 区的人去商场的选择将会变化，有可能一部分 Y 区的人会被吸引到 Z 区的商场。实际上，干扰机会是改变要素流动路径的可能性，而不是影响要素流动的条件。一般情况下，干扰机会能够帮助两个距离较远的区域或城市之间，通过提供较近的补充要素而产生相互影响。干扰机会的实质是基于利润最大化原则，减少供需区域之间的距离，以节约成本。故而，有效地利用干扰机会，可以促进一个国家、一个地区或者一个城市要素的合理分配与配置，促进经济发展；反之，有可能增加成本，失去发展机会。

（六）政府调控是要素有序流动的保障

流量经济的前提是以流量经济要素的自由流动为基础，而流量经济要素自由流动的前提则是以市场经济为基础。在市场经济条件下，流量经济要素的流动是由市场这只"看不见的手"来影响和支配的，各种流量经济要素通过追求自身利益最大化，从而实现了整个社会的利益最大化。因此，建立一个规范的、有效的市场经济体制，是发展流量经济的基础。

但是我们必须认识到，纯粹的市场经济并不现实，实际的市场经济是有缺陷的。在社会生产的大多数领域或行业，市场发挥"看不见的手"的自我调节作用，这些领域或行业的生产也理应由市场去进行自我调节。然而，由于市场机制在个别领域、个别行业可能会出现市场失灵，从而使市场机制可能无法正常发挥其作用，在这些领域及这些行业，政府就应该主动引导，以弥补市场的缺陷。

政府之所以要对流量经济要素流动进行调控，除了上文简述的原因之外，还有一个重要原因，那就是区域问题与问题区域的存在会对国家整体经济的正常运行与社会的稳定有诸多负面影响。首先，区域问题会对国家整体经济与社会产生较大影响。为了说明它的影响，我们先区分区域问题及问题区域的概念与内涵。对于区域问题，不同国家或者同一国家的不同时期都有不同的区域问题。就发达国家而言，一般其较多关注的是区域的福利水准，比如区域之间的就业差异、收入差距等就构成了区域问题的主要内容；而发展中国家较多关注的则是区域经济的增长，因而地区之间的工业化程度差异、生产总值差异等往往成为区域问题的核心内容。E.M.布鲁斯（E.M. Bruinsma）和 A.J.布朗（A.J. Brown）对市场经济国家的区域经济问题作了深入探讨，把典型的区域经济问题归纳为两个方面：其一，由于区域间经济发展水平的不均衡，导致个区域与区域间个人收入水平及生活水平相差较多。比如，某地区的经济发展水平较低，明显低于该国内其他区域的经济发展水平，又加之通胀压力，使居民的实际收入水平降低；而该区域的失业率又明显高于其他区域，人口迁出率也居高不下，尤其迁出的是该区域教育水平或者素质较高的人才。当欠发达地区对国家或中央政府的区域经济政策不满时，或者认为存在区域歧视时，极易引起该地区政府和居民的不满，甚至爆发社会问题。其二，是区域内经济福利的问题，主要包括区域间失业率差异较大、个人收入的不平衡以及某些地区人口外流等问题。这些问题会对整个国家、整个社会造成不良的后果，这其中区域间个人收入不平衡是政府以及公众最为关注的方面。

在中国形成、发展流量经济的环境和需求更为迫切和客观。流量经济现象的形成和发展是必然规律。首先是，中国的经济发展存在极度不平衡。对中国经济各区域发展不平衡问题，无论从官方说法还是民间共识，主要有下面几种。比如，东部沿海发达地区、西部内陆欠发达地区、中部崛起地区、东北老工业基地、"三线"城市、国家级扶贫县、老少边穷地区、资源枯竭型城市等。首先是中国的中西部地区与其沿海地区的经济发展差距明显；其次是，区域间行业分工混乱、产业趋同严重；再次是，区域内的地方保护主义导致区域间的摩擦加剧；最后是，中央政府的宏观经济政策与地方政府的地方政策间存在摩擦现象。

自20世纪90年代起，在中国引起注意的全国性经济问题主要是，中国中西部地区与中国沿海地区的经济发展差距逐步扩大，因此，中国中央政府从第九个五年计划开始，便加强了对其中西部地区经济发展的扶持，提出了西部大开发及梯度转移的战略，以期缩小区域间的经济差距。此外，中国区域政策的关注点的转移，还体现在促进东北老工业基地的振兴与中部地区的崛起等战略措施上。地大物博、人口众多是中国发展的优势要素，而存在的上述区域间的差异更增强了促进流量经济的迫切性、必然性以及可行性。流量经济发展具有平衡区域间发展的效用。

将趋于问题发生在具体的区域空间上面，就构成了问题区域。问题区域虽然在各个国家所表现的状况并不一致，但总体相差并不大。总的来说，问题区域是指社会经济状况相对落后的区域。美国区域经济学家 J. 弗里德曼（J. Friedmann，1966）总结并归纳了 12 项问题区域的指标：1. 人均收入水平低下。2. 经济增长率低下。3. 劳动生产率低下。4. 资本形成水平低下。5. 存在大量的失业或者就业不足。6. 初级产业的就业比重较高。7. 城市化进程较慢。8. 人口出生率较高。9. 卫生保健情况较差。10. 家庭依附人口比重高。11. 教育水平普遍较低。12. 对外有较强的依赖性。

就一个国家来说，甚至就整个人类社会来说，长期存在的区域发展不平衡问题，不仅会对国家、社会、经济等产生很大影响，更重要的是将对国家和社会的稳定带来不安定因素，以至对人类社会的稳定和可持续形成威胁。概括地说，区域问题与问题区域的存在会对国家整体经济的正常运行与社会的稳定产生诸多负面影响。尤其是当区域间的经济差距逐渐扩大，会对国家秩序的正常运行产生较大危害。英国经济学家 J. 泰勒和 H. 阿姆斯庄（J. Taylor & H. Armstrong）认为，区域经济差距的长期存在，不仅会对国家经济秩序的稳定产生危害，同时，也会使国家的社会政治产生严重的动荡。两位学者从四个方面对区域经济差距进行了分析，认为：1. 巨大的区域经济差距导致的生活水平严重失衡，可能会引发人民的不满和怨恨情绪。2. 欠发达地区存在长期的高失业率，这一方面会导致劳动力和土地资源的闲置，减少国家 GDP 的增长；另一方面由于失业者无法获得足够的经济来源，而需要国家的资助，增加了国家的负担，并有可能引发犯罪。3. 较发达地区，可能会对资源等有较大需求，并产生一系列的经济、社会、环境等问题；然而，人口外迁的区域，社会资本则往往利用不足。4. 区域间就业率的悬殊，会增大通胀压力，使经济社会发生动荡。

政府要对流量经济要素进行调控的第二个原因是因为市场机制存在缺陷。从要素资源配置的方式来看，由于市场经济的作用，流量经济要素的流动是受市场机制的影响和支配的。事实上，市场机制并不是万能的，经常会出现市场失灵的状况。由于不完全竞争、信息不充分、外部效应、生产要素的非完全自由流动等原因，使整个社会资源在分配时带有被动性、滞后性，进而导致了经济的不稳定，出现经济波动，甚至有可能出现经济危机，如20世纪30年代经济危机以及2008年金融危机就是典型例证；某些行业如果仅通过市场进行调节，较容易出现垄断行为，影响经济稳定运行。因此，仅凭借市场机制是不可能实现区域之间均衡发展的。为此，无论是资本主义国家，还是实行市场经济的社会主义国家，都不可能仅凭借单一的市场机制进行自我调节，而都是进行有计划的市场配置，即以市场为主体、政府调控为辅助的综合要素配置方式。

政府在流量经济运行中是通过宏观区域经济政策对区域经济进行调控，以使区域经济在正常可控制范围内运行。区域经济政策是在一定的时间空间条件下产生的，政府为优化资源地域空间配置、预防与解决区域经济运行过程中出现的各种问题，而制定并实施的一整套政策体系，是政府调控区域内经济正常有序运行的重要途径，它对于优化产业结构和空间布局、提高资源配置效率、促进区域经济协调发展等方面起着十分重要的作用。在当前全球性区域间经济差距仍然很大，甚至日益扩大的背景下，如何根据流量经济的理论，合理地配置区域经济发展政策使流量经济要素有效地在各区域间进行流动，促进全球流量经济协调有序发展，逐步缩小区域间经济差距，是全球诸国所要完成的重要目标。中国提出的"一带一路"发展战略构想无疑为全球实现这种目标提供了桥梁和样板。

区域经济政策调控的主要手段和工具：

区域经济政策调控的主要手段根据标准的不同，可以划分出多种类型。本书根据对经济和社会发展的不同作用方式，将之划分为行政手段、法律手段和经济手段。区域经济政策调控的行政手段主要是以行政命令、行政文件、行政会议等形式出现在调控中。法律手段是指通过法律法规形式，对区域经济活动实施硬性规定。经济手段不仅包括利用利率、税收、价格等经济杠杆间接调节区域关系，同时也包括直接制定金融、投资、财政等方面的地区倾斜政策或区域差别政策。

区域经济政策调控工具根据其作用的性质可分为两类：支持性工具和抑制性工具两大类。支持性工具，又被形象地称为"胡萝卜政策"，该政策实施的成本较"昂贵"，主要用于经济稀疏的区域或地区。抑制性工具，又被形象地称为"大棒政策"，该政策实施的成本较"低廉"，比较适合用于经济密集区域或者经济集中的区域。最常用的区域经济政策调控工具有多种形式：公共投资、转移支付、经济刺激、直接控制和政府采购。其中前三种是较为常用的调控工具（见表2-1）。

表2-1　　　　　　　　　　　调控工具

工具形式	主要工具内容
公共投资	公共基础设施（包括新城市和工业园区）
	农业基础设施项目
	环境改善项目
	区域发展基金
	国有公司
	政府和公营公司的扩散或区位调整
转移支付	专项转移支付（有条件补助）
	一般转移支付（无条件补助）
经济刺激	工业投资补贴
	就业或工资补贴
	租金补贴
	居住区调整补助
	所得税、进口设备关税、出口利润税收减免
	区位调整的税收返还和特许权
	运费调整和补贴
	特别折旧率
	优惠贷款
	信贷担保
	社会保险支付特许权
	土地征收和抵偿
	低价出租或出售厂房
	技术援助、培训和信息咨询服务

续表

工具形式	主要工具内容
直接控制	新建、扩建企业许可证制度
	城市功能区划分
	建设材料的配额
政府采购	对落后地区公司强制性采购比例

第二节　流量经济效应

流量经济发展无论是基础、基点，还是区域、城市都是先有了城市的流量经济发展，才可能有由城市基点的辐射和扩散能力带来的更多、更广泛区域的发展效应，因此，推动广泛的流量经济效应首先还是发展流量经济的基点——城市。流量经济效应是指由于某区域流量经济要素的流动而对该区域、周边地区以及更远、更广泛的地区经济带来的各种影响或经济效果。

本书认为，流量经济效应主要包括三种效应，即集聚效应、扩散效应以及整合效应。

一　集聚效应

城市或区域的集聚效应是指社会经济活动因空间聚集所产生的各种影响或经济效果，它是聚集经济和聚集不经济综合作用的结果。一方面，聚集经济作为空间聚集的吸引力推动着城市及区域的形成和发展；另一方面聚集不经济则作为排斥力限制着城市及区域的进一步扩大和发展。

（一）聚集经济

1. 聚集经济的表现形式

聚集经济是指由于经济活动的相互作用产生的空间集中而带来的成本节约等正效益。聚集经济效益主要来自于以下几个方面：

（1）劳动力市场共享。区域（或城市）的聚集还创造出一个较完善的劳动力市场，在这里，企业或产业的集中提供了拥有专业化技术的劳动力资源储备和完善的劳动力市场，它为劳动力供求双方都提供了便利。首先，对于劳动力需求方（企业）来说，为它们提供了丰富的劳动力资源，较少面临劳动力短缺问题。其次，对于劳动力供给方（居民）来说，企业或产业的集中，给居民带来更多的就业机会，大大地降低了他们失业的风险，也为居民带来就业选择方面的好处。

（2）中间产品的规模经济。在很多产业中，一个企业的产品和服务的生产都需要大量其他企业的产品和服务与之配套。一个企业的产出可能是另一个企业的投入，成为该企业的中间产品，从而两者形成生产上的经济技术联系。然而单个企业很难提供足够大的需求市场来维持生产中间产品的企业的生存，当大量相关企业集中在一起时则可以形成中间产品需求市场，使该中间产品的专业化生产和供应提供可能与保障，还为企业节约了生产成本和运输成本。因为单个企业可以不必再自己开发资本产品，从而节约大量研究与开发成本。同时，因为专业化供应商与需求市场的相互邻近，节约了运输成本和其他交易成本，形成中间产品的规模经济。

（3）多样性经济利益。城市区别于乡村的一个重要特征就在于其社会经济活动的多样性，或称为"异质性"。在城市中，多种多样的居民、厂商及社会组织聚集在一起，相互作用，相互影响，产生了多种形式的外部经济利益。众多的居民和厂商的汇集，则又产生了各种各样的产品（或服务）需求与供给。消费需求与产品供给的多样性毫无疑问为分工和专业化的深化与发展提供了社会基础。所有这些都是常见的由多样性所产生的外部经济效果。

（4）规模经济效益。产业在地理上的集中可以获得聚集经济效益，它是中心城市产生聚集效应这种空间效应的重要原因。但是一种产业之中所能集中的企业规模不是无限扩展的，而是受到产业本身规模经济限制的。也就是说，在其他条件相同的情况下，特色产业规模经济效益大的中心城市将比规模经济效益小的中心城市在该产业中更具有竞争优势。因此，特色产业的规模经济效益也是造成中心城市聚集效应的重要原因之一。

（5）大数法则利益。具有异质性的多个行为个体（居民、厂商）及其活动的空间聚集，使得任何一项活动都有足够多的个体与之相适应，从而可以减弱社会经济活动波动的损失。例如，多种社会经济活动给具有不同能力的居民提供了就业机会，减少了失业的可能，等等。

（6）知识创新经济。对于那些依赖高度创新而生存和发展的产业来说，保持产业的竞争优势的关键是不断获取专业化知识，巩固其在产业价值链中的优势地位。产业中的企业可以通过自己的研究与开发来获取知识，也可以通过研究竞争对手的产品和服务，对其关键技术进行模仿来获取知识，还要通过产业内部人员和信息的非正式交流获取。产业向中心区域集中，则有利于产业中企业之间的信息交流和技术扩散，促进知识创新，从而获得知识创新带来的经济效益。一方面，产业经济活动的集中有利于技术和信息在各个相关企业中的传播和改进，为经济发展提供更加有效的技术手段和管理工具；另一方面，新知识的广泛应用，整体上提高了区域经济的生产和交易效率，降低了生产成本和交易成本，从而有利于区域经济竞争优势的形成和保持。

2. 集聚的类型

（1）指向性相同的集聚。其目的是为了充分利用区域的某种优势而形成的集聚。它又分为三类：

①同一产业部门针对区域的一种优势的集聚。即针对区域一种区位优势而集聚了大量同产业部门的企业，如在产棉区域或纺织品消费市场区域集聚了大量棉纺织工业企业。由于是同类企业集聚，它们之间横向经济联系少，更缺乏纵向联系，所以这类集聚的效果并不特别好，但它们可共同利用同种优势，又可共同使用

交通、供水、供电等公共设施以及科研、信息机构，因而同样会带来好处。

②多产业部门针对区域的一种优势的集聚。即针对区域的同一优势而集聚了大量不同部门的产业，形成多产业群落。如在有丰富廉价劳动力的地区集聚了纺织、服装、食品、家具制造等不同部门的产业。这些产业存在着横向与纵向的经济联系，可以实现资源互补（空间互补、时间互补、利用资源的种类互补），因而能带来较多的外部经济效益。

③多产业部门针对区域的多种优势的集聚。这是基于地区的多种优势而集聚了大量不同产业部门的企业，形成多产业群落，如在一些大城市集聚着金融业、商业、房地产业、工业等产业部门。

（2）经济联系密切而形成的集聚。这种集聚的目的在于加强地区内企业之间的经济联系，为企业发展创造更有利的外部条件。

①因纵向经济联系而形成的集聚。纵向经济联系是指一个企业的投入（或产出）是另一个企业的产出（或投入），这是一种投入产出关联关系，有前向与后向关联之分。如炼钢工业，其后向产业依次有炼铁、选矿、采矿；前向产业有轧钢、机械制造与金属品制造。纵向联系除了主干联系之外，还有分支联系，如由炼煤的副产品（煤焦油、煤气）做原料的化学工业，由炼铁过程排出的矿渣做原料的矿渣水泥工业等。这种集聚有许多好处：可以缩小原材料和产品的运输距离、密切产销双方的关系，利于加强各方的技术经济合作，能共同利用基础设施。

②因横向经济联系而形成的产业集聚。横向联系是指那些围绕着地区主导专业化部门形成的产业群体之间的关系。一般在主导产业部门周围会有大量的辅助产业集聚。如以石化工业为主导专业化部门的地区，围绕石化工业建立起来了石化设备生产与维修企业、石化产品运输企业、销售企业以及石化科研机构。这种集聚往往具有不断强化的趋势，即如果主导产业促进了辅助产业的发展，辅助产业不断积累、强大，在条件成熟时，反过来会促进

主导产业的发展。

应注意的是，一个区域成熟产业集聚体，往往不是在一种经济联系促使下凝聚成的，而是由多种纵横交错的经济联系凝聚到一起的。随着地区主导专业化部门的更替，会导致有关产业的更替，进而不断更新地区的产业结构。

3. 聚集效应

城市聚集所产生的聚集效应是一种全方位的外部经济效应，是现代城市释放出的巨大能量，又是现代城市发展和城市化发展的重要动力。因此，有必要对城市聚集经济产生的外部效应展开来进行系统的分析。它包括近邻效应、结构效应、分工效应、规模效应。

（1）近邻效应。城市聚集的最直接而明显的外部效应是近邻效应。它是在城市经济活动中，企业之间、部门之间的空间关系对其发展所产生的影响，是经济活动集中于城市地区时所带来的经济性。

①共享经济利益。共享经济利益是指聚集在一定区位上的企业，由于共同利用公共产品和公共服务获得的外部经济利益。首先，从公共产品的供给看，公共产品的社会供给具有在空间上集中的特点，而企业的社会生产条件即基础设施就是具有这种特征的公共产品。它包括公路、桥梁、码头、机场、车站和供电、供水、通信等系统。企业聚集可以共享这种社会生产条件，减少对基础设施要求的复杂性，从而节约建设基础设施的费用。相反，分散的企业配置难以分享社会供给的公共产品的福利，其生产经营所必需的很多基础设施都是靠自身供给来满足。其次，从中间产品的提供来看，企业聚集在城市可以共享辅助行业提供的专门服务。这种辅助行业主要是指提供工具、原材料和运输服务等中间产品的行业。由于辅助行业或者采取了高度专门性质的机械，或者是采取了生产或服务专门化的方式，所提供的中间产品单位成本是低廉的。

②劳动力市场经济利益。城市聚集提高了劳动力市场的效率。企业区位上相互靠近，可以形成共同劳动力市场。

③信息经济利益。聚集的另一个益处是这种聚集为系统中各企业的发展提供更加有利的外部经济条件的同时，也促进信息交流及技术的推广和扩散。

（2）结构效应。结构效应，是指聚集要素的聚集方式及要素间的聚合程度对城市聚集的作用。它具体可以分为结构关联效应、结构成长效应和结构开放效应三个方面。

①结构关联效应。它是指城市产业联系方式及产业部门间相互联系状况对城市聚集质量的影响。城市专业化发展并非独立地发展少数专业化产业部门，在专业化产业部门周围，需要众多的为它服务和与它协作配套的机构和企业。城市产业发展最初是比较单一的，城市职能也是比较简单的，但是随着产业的扩大，不仅城市产业系统内部会越来越复杂，而且产业系统之间也会组成更为复杂的多项系统。在这个过程中，产业之间形成一定的横向的、纵向的或互补的联系，同时，产业间的耦合状态以及由此决定的系统整体功能也得到不断加强，使产业之间具有内在的结构关联效应。结构关联对城市聚集的影响，主要是提高了产业结构效益和资源利用效率。聚集并不是杂乱无章的简单堆积和拼凑，而是通过社会分工协作反映出要素之间的经济联系和互补。只有产业具有联系性和系统性，才能体现城市的聚集优势。

②结构成长效应。实质上是资源流向生产率更高部门的再配置效应。首先，城市聚集经济决不等于城市内各经济部门的简单相加或是一种代数和。城市聚集体内部各个要素相结合形成的要素聚集结构及其结构效益是城市经济整体性功能的表现。

空间聚集本身是一个过程，从本质上看，它其实就是资源和要素的时空配置及其结构调整和转换的过程。换言之，城市聚集结构处于不断成长、进化和整合之中。在城市聚集过程中，在原有的结构状态下假若不能产生或引入新的要素，那么聚集体就不能得到迅速的发展。城市聚集结构成长的过程表现为城市产业之间优势地位的连续不断地更迭。一般来说，城市产业发展总是围绕着某个战略性产业和主导性产业而向外延伸扩散，向内裂变分化的。战略性产业具有规模较大、增长较快、有创新能力、产业链长和能够带动其他部门成长等特点。它具有两种"力"的作用。第一种是"向心力"，即围绕战略性产业会聚集许多与之相关的产业，一种产业的新投资会对整个经济产生乘数效应和加速效应。第二种是"离心力"，即城市聚集一旦形成增长极，便会通过市场信息、技术信息、投资信息、组织要素渠道等对其他地区逐级发生影响，带动经济的发展以及经济结构的调整。可见，结构成长效应主要是从经济结构中的依赖、传导与竞争的相对关联中对城市、区域及区外发展空间产生聚集与引导作用。

③结构开放效应。它是指城市时刻处于与外界进行物质、能量、信息的交换和流动之中。城市经济内部诸要素之间以及城市系统与环境之间存在着有机的联系。城市高密度的经济聚集产生高能量的经济场，从而形成对周围及其他地区的经济吸引力和辐射力，使城市经济系统运动具有开放的性质。

（3）分工效应。城市聚集过程中的分工效应是指几乎任何区位单位聚集在一起都能够享受专业化分工的好处，如服务上的社会化，生产分工上的协作等，这就是分工效应。

就全社会范围来说，分工和专业化水平的提高，还意味着劳动力和其他生产要素从分工程度较低的产业向分工程度较高的产业转移。农业与制造业由于分工程度上的差异，使得劳动力从农业转移到制造业，这种转移必然会带来城市化的发展。在这种情况下，要素聚集就表现为资源向第二产业和第三产业相对集中，同时，第二产业和第三产业内部也会出现相对集中的趋势，这个过程称之为城市专业化。城市专业化部门的多少，与城市规模有关。城市规模越大，专业化部门会越多，专业化部门的性质也与城市规模有关。在城市中，集中到金融服务和信息产业等方面，以人力资本的有效利用为发展基础的专业化部门的专业化程度要高些。

（4）规模效应。规模经济既包括生产力方面的利益即生产规模经济，也包括消费方面的利益即消费规模经济。前者主要表现企业或城市各产业部门随着产出规模扩大所带来的长期平均成本下降的收益；后者则表现为消费者单位消费品的平均支出随着城市聚集规模的扩大而下降。

从系统的角度看，所谓规模经济是经济系统在制度环境、制度安排和投入要素质量不变的情况下，仅仅增加投入要素数量的过程中，产出增加的比例超过投入增加的比例，单位产品的平均成本随着产量的增加而降低。

城市聚集会产生系统规模经济的根本原因主要来自于两个方面：

①专业化因素。分工与专业化的发展，不仅提高了生产效率，节约了生产资源，为技术进步、提高资源利用率提供了社会经济条件，从而为全社会带来经济利益。如前所述，规模化与专业化分工相联系。规模经济是由经济活动的规模在一定范围内的增大而获得的节约或收益。然而，经济规模的扩大依赖于专业化的分工与协作。

②不可分投入。如果一项投入具有最小效益范围（如制布厂使用的各种机器设备诸如纺线机、动力织布机、染缸等，都不能按比例压缩给每个工人使用，必须按机器的要求配置人力，才可保证最基本的生产能力），则生产过程中的这项投入是不可分的。如果一项不可分的投入被一分为二，则两部分投入的和将会小于整体投入的产出。这种不可分投入，广泛地存在于社会和经济活动的各个范围和领域。不仅单个企业内部、产业内部，而且整个城市内部都存在着投入的不可分性问题。前者如企业内部的固定成本，产业内部的技术培训与信息收集成本等，后者如城市基础设施、交通、管理、污染控制等公共物品的投入，都具有明显的不可分性。

特别是城市经济系统的规模效应不仅仅就是经济效益，它也体现在生产力的集约化布局和资源的集约化使用的有机结合方面。换句话说，规模效应是各种经济要素和资源的集中和彼此作用所带来的利益，是综合要素生产率的提高。

（二）聚集不经济

社会经济活动在一定空间的集中，一方面会产生聚集经济，同时，也会引起聚集成本的增加。聚集成本即聚集不经济。所谓聚集不经济是指社会经济活动及其相关要素空间集中所引起的费用增加或收入、效用损失。当这种聚集不经济超过其聚集经济时，经济活动行为单元就会做出不同的行为选择。因为经济活动行为单元衡量一个区位的经济价值时，不仅要看它所产生的收入或效用，还要看它所形成的成本。聚集不经济主要表现为以下几个方面：

1. 外部不经济

伴随经济活动的高度集中，特别是制造业和其他非农产业的发展，中心城市的污染和拥挤带来了明显的负面影响。当某一经济活动产生的影响没有直接进入市场过程而不能以货币价值表现出各种成本和效益时，这些影响就是所谓的外部性因素。当居民或企业并未通过合同或交易承受其他居民或企业行动负面作用所产生的费用增加或收入损失时，我们称之为外部不经济。因集聚而产生的外部不经济最典型的表现就是环境污染、交通拥挤、公共基础设施供给不足等引起的成本增加或效益降低。因为随着聚集规模的扩大，人口和经济活动密度增加，引起城市环境压力增大，当环境污染超过城市环境容量时，会使城市环境质量下降，导致整体福利的损失。同样，由于道路交通系统流量超过道路系统的容量限制时，也会产生拥挤成本，即边际社会成本大于边际私人成本，使得整体效益降低。

2. 规模不经济

当平均成本随着产出的增加而下降时，称之为规模经济；而当出现相反的情况时，我们称这为规模不经济。因为当平均成本随产出的增加而递减时，增加一单位产出所增加的成本（即边际成本）小于平均成本，因此，如果出现边际成本大于平均成本时，就是出现了规模不经济。规模不经济产生的原因主要是由于可变资本随着产出的增加而递增，例如工资、原材料费用、管理成本等。虽然固定成本随产量的增加而分摊，平均的固定成本下降了，但是随着产出的增加，设备维护、新员工的培训、新设备的更新等生产能力的限制问题出现了，可变资本增加，因此，总的平均成本就会随着产出增加而增大。

3. 要素生产成本和交易成本增加

由于聚集使得城市中收入不断上升和人口日益增加，工资和地价也随之上升。聚集带来了在该城市中进一步发展所需的生产和生活费用明显上升，造成了聚集成本增加。使得城市对我们的吸引力下降，促使城市向外扩散。例如，在一些大城市中，居民不得不支付较高的住房价格以取得生产和生活场所，提高了生产和生活费用。

在大城市内部交易成本增加。一方面，表现为空间距离随着城市规模的扩展而增大，克服空间距离而产生的运输成本、旅途中的时间成本都相应增加，造成交易成本增加；另一方面，随着聚集带来的产业结构的多样化和结构转变，必然出现衰落产业与居民就业的转换，由此带来的产业转换所需的劳动力重新就业的培训费用等交易成本，也会引起交易成本增加。此外，聚集规模扩大和多样性增加带来了公共物品生产和供应成本增大，满足多样性公共需求所带来的公共决策效率降低，也可能增加交易成本。大城市交易成本的增加，会促使一些企业或居民向外迁移，或者说会造成不同地域不同的企业组织形式增长率和人口增长率的差异，形成扩散现象。

二　扩散效应

城市扩散效应是指由于地区规模扩张或结构改善以至提升，一些企业或产业在"外推力"的作用下产生一种离心分散现象，并且改变其组织形式，以应对中心城市发展所产生的流动。

（一）扩散效应的原因

产生扩散效应的主要原因有以下几个方面：

1. 聚集成本

前面提过，所谓的聚集成本就是聚集不经济。它表现为外部不经济、规模不经济、要素生产成本和交易成本增加。

2. 市场容量

中间产品的市场需求数量即市场容量，是一种约束力，限制和促进社会活动的集中程度。中心城市的发展使得一些产业的市场容量扩大，当其达到相当大规模时，会支持产业内一些中间产品供应商成为独立的专业化生产企业，并寻求对其自身更加有利的生产区位和服务区位，向城市外围或其他地区发展。这也称为产能转移。

3. 技术进步

科学技术的进步，极大地改变了生产力的发展水平，也改变了社会的生产方式，对第二、三产业的发展产生重大的影响。①随着专业化生产的进一步分解，生产技术标准化，采用大规模生产方式和标准化技术而进行产品生产的大型企业（或公司），对于土地的要求增加，而在中心城市因地价昂贵，所以它们向郊外或其他规模的城市迁移，形成中心城市发展的扩散效应。②高效运输方式的应用，使得中心城市的内部空间结构发生变动，交通费用减少，改变了整个地区的土地费用，扩大了远离市中心地区的土地利用途径和利用性，降低了中心市区的土地利用上的优势。居民和企业为追求舒适的生活和工作环境外迁，导致空间结构的新变化。③通信技术的改进，使得紧邻中心城市的中小城市因靠近大城市而得到某些好处。例如它们享受着中心城市通信基础设施等公共服务的外溢。因为企业和居民在这里既能够享受到大城市聚集经济的好处，尽管这种好处随距离的增加而减少了，又能够避免大城市中的聚集成本。

4. 范围经济作用

具体地说，范围经济是指随着企业活动的多样化，例如产品生产的多样化，企业能够降低成本。这是因为企业充分利用其内部资本与劳动力资源，进行与其核心产品相关的多样化产品的生产，或与其他不同产品生产企业横向联合，能够突破单一产品的发展规模限制，减少经营风险，使得固定成本在单工厂或多工厂中进行分摊，扩大企业的经济效益。当中心城市规模扩张或结构改善以至提升时，对于那些产品服务需要在多个市场区之间来回运输的特定产业部门（如航空运输、铁路运输、邮电通信等）来说，运输量增加就会产生平均成本核算下降。而当这些产业部门的企业提供多种运输服务产品或通信服务产品时，也会使得平均成本下降，即利用了范围经济。这将推动这些产业扩张其服务网络，以获取更大规模的范围经济，这样也会导致经济活动的扩散。此外，在更大的市场中销售多种产品，使企业能够利用广告费用的分摊，提高交易效率，获得范围经济；或者利用企业在市场中已经建立起的良好声誉，对同一品牌的其他产品进行广告宣传时，成本能够降低，也可以获得范围经济。

（二）扩散效应的空间形式

区域经济扩散在总体上将促进资源、经济要素、企业和经济部门在空间分布上趋于相对均衡，逐步缩小区域间经济水平的差异，有利于相关区域之间经济的协调发展，尤其是对落后区域的经济发展显得十分重要。

区域经济扩散的空间形式有以下几种：

1. 就近全面推进

这是资源、经济要素、企业和经济部门由聚集区域向四周相邻的区域扩散。其主要原因是，周围区域有适宜的区位和较好的区域环境，经济与社会的发展水平虽不及聚集区域，但比偏远区域要好得多。而且，与聚集区域联系方便，便于获取信息，得到聚集区域的支持，因而，既能取得较好的经济效益，又能把握住发展机会。

2. 等级扩散

这种形式是聚集区域经济扩散首先扩散到其他区域的大城市，然后由大城市再扩散到中等城市、小城市，并依托这些城市向广大乡村扩散。其产生的原因，主要是大中小城市之间、城市与乡村之间接受扩散的经济与社会条件存在差异。

3. 跳跃式扩散

这是指接受扩散的区域与聚集区域在空间上不相连。出现这种现象，有两种原因。一是接受扩散的区域虽不与聚集区域相邻，但是其发展水平相对较高，具备接受扩散所需的良好条件，投资效益好，因而，对聚集区域的资源、经济要素、企业或经济部门产生很大的吸引力。二是接受扩散的区域有特殊的资源可供开发（如重要的矿产、劳动力），有较大的市场潜力可以利用，或是有优惠发展环境（如政策）而成为聚集区域进行经济扩散的优选对象。基于上述原因，聚集区域的资源、经济要素、企业和经济部门就可能跳过相邻区域而扩散到空间距离较远，但是各方面更为有利可图的区域。

4. 随机扩散

这主要是由于信息不畅，聚集区域进行经济扩散时的选择范围有限，或者是因某些社会因素（如传统的社会联系）和心理因素（如乡土观念）而产生的不规范、非最佳选择的扩散。这种情况对部分资源、经济要素和企业的扩散是较多见的。

三　整合效应

各种流量要素在达到中心城市后，彼此之间相互作用，达到在数量和质量上都有提高的整合效果，并被核心区域充分吸收。

（一）整合效应的机制

整合指一个系统内各个要素间的相互渗透，使整体达到协调，并使系统中的各个要素发挥出最大效用。流量经济的整合效应指的是在市场经济条件下，以利润最大化为目标，在市场这只"看不见的手"的影响和支配下，通过对区域经济中各种流量要素关联性的挖掘，利用各种流量要素相互影响制约的机制，有效地整合各要素之间的关系，使之实现协调统一，以取得最大的经济利润，各个流量经济主体通过对自身利益的追求，从而也使整个社会的利益达到最大。

由于整合效应需要对各流量经济要素进行整合，因此整合效应发生的场所主要是在中心城市（核心区域），各流量经济要素在此交汇、整合并转化。从表面上来看，对各要素进行整合的主体是各个企业及经济体的管理者；然而，从实际来看，各个企业及经济体的管理者们的经济行为仍受到市场的影响和支配。不仅各个流量要素的流量以及方向要受到市场的影响和支配，各要素的整合方式同样受到市场的影响和支配。在流量要素的整个交互作用中，中心城市起着"搅拌器"的作用，各资源要素通过中心城市的搅拌作用使各个流量经济要素更高效率的重新组合，实现优化配置和功能互补。

这里有必要强调和说明的是，真实的市场是有缺陷的，纯粹的市场经济行为并不存在。在社会生产的大多数领域或行业，市场发挥"看不见的手"的自我调节作用，就已获得较好的经济效果，这些领域或行业的生产也理应由市场去进行自我调节。然而，由于市场机制在个别领域、个别行业可能会出现市场失灵，从而使市场机制可能无法正常发挥其作用，在这些领域及这些行业，政府就应该主动引导，以弥补市场的缺陷。

（二）整合效应的形式

从整合效应的形式及内容来看，可以将整合效应分为要素资源整合、产业整合、市场整合、空间整合。

1. 要素资源整合

要素资源整合是指在市场这只"看不见的手"的影响和支配

下，流量经济各要素根据市场经济规律进行流动与整合，从而实现资源的优化配置。

2. 产业整合

产业整合是指流量经济要素的流动与整合势必会使区域产业结构发生相应变化。

某区域流量经济要素的流动影响该区域相应产业的发展，如人力资源流动会影响区域中的劳动密集型产业的发展，技术流动会影响区域高新产业的发展，资本流动会影响区域内相关的对资本要求较高的企业的竞争力。由此可以看出，某区域流量经济要素的流动会影响该区域产业的选择与结构。

技术流动会影响区域高新技术产业的发展，然而技术的流动性在国内外的表现却很不相同。影响国际技术流动性的主要障碍，体现在各国之间因经济、政治、社会意识形态等因素不同而导致的防范和歧视。例如，发达国家会以国家安全等理由作为限制，向发展中国家特别是意识形态或政治体制不同的国家转移技术。但就一国内部而言，知识和技术的流动性相对较高，知识可以以人才的形式向相应的高技术产业或区域流动。典型的例子就像中国西部地区，既有可能吸引技术要素流入，同时也有可能由于东部强大的竞争力而导致自己现有的技术资源流出。另外，体制机制环境、社会经济文化发展水平、企业家创业精神、对外开放程度，也都是吸引技术要素的重要条件。中国东部地区正以其优越的资金优势、信息优势、区位优势、体制优势，以及由于经济水平较高而具有的对高技术产品消费能力的市场需求优势，和能够吸引高技术人才的社会经济文化的环境优势，吸引着越来越多的高技术要素流向东部，同时越来越多的高技术项目和国际跨国公司落户东部，日益形成以高新技术产业为核心的聚集效应。高新技术产业发展更具有马太效应，即越发达的地区会越来越发达，越落后的地区会越来越落后，一旦形成这样的格局，区域间的差距会进一步加剧。

资金流动影响着区域金融业的竞争力及产业结构。资金具有不受空间位置和空间距离限制的较高的流动性，资金流动的目标是为了追求最大化的利润。因而，倘若某区域政府颁布了较吸引各类资金流进区域内的政策或法规，为企业增加了获得高利润的可能性（诸如更先行的开放可能和市场准入条件，更开放的资源开发政策，更宽松的土地获取条件，更便捷的资本市场，更良好的法制环境等），资金就会向这些区域流动，从而影响到该区域的产业结构发生变化。

3. 市场整合

市场整合是指人才、技术、信息、资金、物资及商品的流动，实现生产力要素的功能互补和优化配置，并使相应要素市场及产品市场相调节。

4. 空间整合

空间整合主要是指流量经济发展对区域空间结构所带来的有利影响。

第三节　流量经济促进欠发达地区经济增长的可能性

从以上两节流量经济运行的机制及其效应上来看，流量经济可以促进区域经济的增长，区域经济增长动力的大小在一定程度上由要素的流动方向、流动数量和增值程度的大小决定。从目前流量经济要素流动的走势看，要素流动的规律明显，欠发达地区流出的一般是自然资源或由自然资源开采而产生的原材料资源。还有就是人力资源（包括高级的和低级的人力资源）。发达地区流出的一般都是具有高技术和资金密集型的要素，当然也包括劳动密集型的产品、产能。从人力资源流动来看，存在着发达和欠发达地区互相流动的现象；从物资流动来看，由欠发达地区（边缘区域）流出的是原材料以及初级生产资料，这些流量要素到较达发达地区后，通过加工再生产，将产生积聚效应和规模效应。较发达地区（核心区域）依靠其优势的生产条件、充足的资本、先进的生产技术，加工出口的是较高附加值产品，而其进口的则是原材料或初级产品，它们是技术创新的发源地，占据了绝大部分由于技术创新所带来的收益，更有可能更进一步的吞蚀欠发达地区（边缘区域）的收益。这就决定欠发达地区（边缘区域）不能消极地、无所作为地等待，而欠发达地区（边缘区域）为了摆脱这种"发展陷阱"，实现整体区域发展的均衡，不仅要采取宏观经济政策，积极引导要素向欠发达地区（边缘区域）流动，还要求欠发达地区（边缘区域）采用各种方式，努力提高本区域要素收益。

当然，在一定条件下，要素在欠发达地区（边缘区域）的收益也有可能大于较发达地区（核心区域）的收益，情形如下：

1. 区域要素的自然禀赋差异以及区域经济的相互依赖性

要素总是在各个区域之间流动，同时一个区域也不可能拥有所有的要素，并且也不可能具备吸引所有要素的条件，要素流动在各个区域之间的流动都会带来一定的收益。因此，能否促进区域流量经济的更好更快发展主要是看要素净流入所产生的收益。欠发达地区（边缘区域）如果具有某种稀缺要素，又能以市场价格予以出售，那么就能获利。比如在中国西部地区，蕴藏着已探明储量中绝大多数的煤炭、石油、天然气等能源资源，中国西部储备着156种矿产中的138种。目前，随着中国西部大开发的又一次开始，人们的目光又一次聚焦西部地区，这也为西部地区依靠资源优势推动其经济发展创造了条件。

2. 区域要素自然禀赋的互补性及多样性

要素在不同区域的自然禀赋显然是不均衡的，在数量及质量上存在着较大差异。某种要素可能在某区域较富裕，而其他地区此种要素可能较匮乏，若以本区域相对富裕的要素所生产的产品，与自己相对匮乏的要素以及和其他区域相对富裕的要素生产的产品相交换，那么能够各自获取收益。显然，各区域应尽可能地多利用自己相对富裕的要素进行生产以和其他区域交换，从而获利。在交换的过程中，欠发达地区（边缘区域）应充分发挥区域的比较优势，利用自身要素上的优势，想方设法实现要素在区域内的增值，只有这样，才能在要素的交换过程中获取更大的收益。

3. 欠发达地区（边缘区域）通过调整区域经济政策增加其要素收益

欠发达地区（边缘区域）在投资促进，吸引外资项目过程中，可以提供给企业土地或者税收等优惠，这相当于政府对企业实行利润补贴，能够在一定程度上吸引企业到该区域投资，从而促进更多的要素流入。同时，政府应通过区域经济政策，加强欠发达地区（边缘区域）的基础设施建设，改善其投资条件，吸引较发达地区的资金、人才等要素流入。

4. 拓展外来资金项目投资领域

一个国家可对欠发达地区（边缘区域）的某些行业（电力、采矿、通信、基础设施等垄断行业）的进入许可适当放宽，这能够促使外部的要素流入，而外部流入的要素一般是资金、先进的技术、管理模式、市场资源等当地短缺不足的要素。

第三章

政策对流量经济的影响

流量经济健康有序的运行，离不开政府的规制与管理，只有在政府政策开放的条件下，流量经济才能发展和更有效地发挥其作用，达到促进经济大范围持续发展的目的。

涉及政府对流量经济发展的政策很多，这里主要谈一下财政政策及行政规制政策制度。

第一节 财政政策在流量经济协调发展中的作用

财政政策是政府调控经济的重要手段和推进流量经济发展的重要杠杆。在特定的区位、特定的资源和流量要素，不同的财政政策下会有不同的发展状况，因此，在同样发展环境和要素存在条件下，制定和实施不同的财政政策不仅有利于本地区流量经济发展，而且由于财政政策的存在，又成为推动流量经济发展的新要素。

一 财政对平衡经济要素流动的功能

财政政策更为重要的是一个地方的财政政策不仅成为本地流量经济发展的促进要素，如果有良好的财政政策的地方又有吸引流量经济要素流入流出的自然条件，那么此地财政政策的特殊性也会为区域与区域之间的互联互通发展起到作用。这其中主要涉及基础设施建设问题。前文已述，形成流量经济的主要原因主要有三个，其中涉及需要财政平衡的有三个：一是区域与区域之间经济发展水平的差异；二是区域与区域之间经济要素分布的差异；三是区域与区域之间自然禀赋条件的差异。经济发展水平高的地区流出的要素将会更多一些，特别是产能的转移、输出是经济发达地区流出的主要内容之一。但促使和保证产能及其他经济要素的流出、流入地的接收条件很重要。比如要素流出地和流入地的交通基础设施如何，特别是流入地的要素流入流出条件决定了要素是否可以流入流出的问题。比如如果是港口城市，要想能吸引和接纳物流要素（主要是进出口货物），就必须具备优良的港口设施，还有四通八达的公路铁路设施及方便程度，否则的话，即使具有自然禀赋的港口条件，但由于交通基础设施不足，甚至没有，那么天然资源就形成浪费，也就无法吸纳流量经济要素流入流出。于是就必须有好的财政政策，优先建设港口设施及公路铁路等交通基础设施，这样就能为港口物流经济的形成创造条件。

从前文对流量经济的阐述和讨论中我们知道，流量经济的发展不是靠单一城市、单一地域、单一国家来发展的，流量经济的发展和形成是以区域与区域之间的发展要素流动、互补、融合等为前提的。没有区域与区域间的经济发展要素流动，就不会形成流量经济，更不会有流量经济发展，而如果现代社会没有流量经济发展，就意味着没有经济要素的流动性，而如果没有经济要素的流动性存在，何谈经济发展？那么怎样实现流量经济要素的相互流动呢？交通基础设施条件具备是先决条件。因为如果没有交通基础设施，就很难，甚至不能实现区域与区域之间的流量经济要素流动。中国以财政资金设立的"丝路基金"就体现了财政政策对流量经济发展的支持，因为"一带一路"沿线国家和地区的发展不平衡，尤其是基础设施的条件不完全具备，所以要实现"一带一路"沿线国家和地区的互联互通，互利互赢，发展要素互补和融合，就必须使得所有"一带一路"沿线国家和地区的交通基础设施完备。"丝路基金"设立的目的就是使"一带一路"沿线国家和地区之间打破流量经济要素流动的障碍。而其实现互联互通的首要方法就是为"一带一路"沿线国家和地区的交通基础设施建设提供资金支持，这就是财政的平衡功能。要实现这样的平衡功能，仅仅靠市场的能力难以做到。

二 财政对流量经济要素配置的功能

流量经济要素在市场体制条件下理论上应当把要素的调控与配置交给市场去解决。理论上，市场是公平的，根据市场的竞争和事物的价值规律原则，市场会自动把流量经济要素配置到需要和可以发挥作用、产生效益的地区。但现实情况是市场机制并不是全效率、全能化的，市场机制经常会出现要素配置不到位，甚至配置相反的情况。这既与市场机制本身的先天性不足有关（市场机制把人们都定性为理性经济人），又与后天的人为操控有关。市场的逐利性原则注定不可能完全以公平正义为效率原则，尤其是新自由主义的自由化市场意识，不仅不会带来效率，反而是反效率。市场往往是披着公平效率的外衣，打着公平效率的旗号，去做既没有效率甚至扼杀公平的事情。在流量经济要素配置问题上，市场机制甚至会做垄断流量经济要素的勾当，而垄断又恰恰是造成市场不公的凶手之一。此外，完全依赖市场机制进行的流量经济要素配置还会造成区域间发展不平衡的扩大。特别是对于国际性、国际区域性的发展问题，如果把流量经济要素交给市场机制去配置，一定会造成发达国家、发达区域越发达，欠发达国家、欠发达区域越落后的局面。因此，从国际视野角度看此问题，就必须建立政府间的流量经济资源要素协调机制，作为市场机制的补充和完善，以更好、更顺畅地实现流量经济资源要素相互间的供给、融合。中国提出的"一带一路"发展战略构想无疑就是基于这样的思维观念，以达到国与国、区域与区域之间互联互通，要素流动，平衡流量经济资源配置，共赢发展的目的。而"丝路基金"的设立必将使"一带一路"沿线国家和区域共同受益。按照"丝路基金"设立的第一构想，就是为"一带一路"沿线国家和区域提供交通基础设施建设的资金支持。而资金支持的方向和重点，必然是由于资金要素短缺而形成交通基础建设的欠发达国家和区域。更值得阐述的是，"丝路基金"是中国政府站在全球视野利用自己的财政资金优势为其他国家和区域提供资金帮助，不仅本身的流动行为就是流量经济现象，更主要的是由于"丝路基金"的非市场化的配置，使得流量经济其他要素的流动性配置规模会更大、更合理。

第二节　行政规制政策制度对于流量经济的影响和作用

制度经济学有个著名的定律叫诺斯定律，诺斯定律认为："国家的存在是经济增长的关键，又是经济衰退的根源。"从诺斯定律中我们应当悟到一个道理，就是：政府的行为对经济发展的影响会是两个方向。做好了、做对了，政府的行为就会推动经济的发展；做坏了、做错了，反而会阻碍经济的发展。这也是个悖论道理。如此说来，既然政府部门对经济发展的影响有两个相反方向的可能性，那么政府行为的方式方法就必须讲究科学性、现代性，而决定政府行为的科学性、现代性的因素是什么呢？政府是靠什么手段工具影响经济发展的呢？就是靠法律法规、政策制度。直接涉及经济发展细胞体企业的政策制度有两个关键点：第一个关键点就是允许企业诞生的政策制度。企业诞生的制度就是有关企业合法合规经营的行政审批制度。我们知道，在社会状态下，特别是在现代社会状态下，企业要从事生产经营活动必须合规合法。比如，你想从事生产经营活动，首先要经审批取得生产经营执照，生产经营开始后，你必须缴税。如果是需要政府提供土地资源要素的，你必须申请生产经营用地等。对企业从事生产经营活动要经过政府审批，这是现代社会管理文化的要求。第二个关键点是有关促进企业生产经营要素流动的政策制度。前文已述，流动才能产生经济，经济是靠流动才产生的。流动的细胞体就是生产经营要素。要素流动越多、流动速度越快，产生的经济规模就会越大。经济流动、经济要素流动，是现代经济发展的现状。随着现代社会生产分工的细分化，随着人们消费文化的个性化、多元化，人们生产经营活动的全球化时代到来了。企业生产经营的市场范围越来越广，生产经营的要素组合性越来越多，这样，就必然会带来生产经营交易频率的增高、增多，带来交易渠道、环节的增多，同时也必然带来交易费用的增高、增多问题。而费用的高低，对企业生产经营活动从积极性到经济效益，都会产生决定性的影响，这是经济学费用不能大于效益的原理决定的。因此，政府在制定政策制度时，必须从两个思路上考量：一个是如何用政策制度促进交易效率提高，也就是要素流动加速；另一个是如何用政策制度尽可能降低交易成本。按照诺斯的观点，交易费用耗费了人们可能从交易中获取的交易剩余，因此，制度变迁的目的在于节约交易费用，从而提高人们相互交易的效率，于是，交易费用就成为了衡量制度效率的标准。追求经济发展，追求发展要素的流动，是政府政策制度制定和实施的目标，而从上述分析中我们应当意识到，要想达到政府政策制度制定和实施的目标，就要千方百计降低经济发展的细胞体企业的交易成本，以提高企业的效益率。作为政府来讲，影响企业交易成本的就是政策制度环境，亦即指企业在政府的政策制度平台上办成一件事所耗费的时间成本和货币成本。其中时间成本最终转化为货币价值。和政策制度相关的时间成本包括两个方面：一方面是政府行政审批、监督监管以及获取政府资源的办事效率。一个地方（包括国家）的政策制度就是规定人们办事程序应当遵守的规则，如果规则科学、简化，行政人员办事效率高，办结时间快，就意味着企业交易时间成本会降低。比如，出口、外贸型企业的通关效率、出口退税效率等就会直接影响企业的交易成本。另一方面是政府规定的政策制度是否方便企业发展要素的输入输出、流入流出。从企业的国际性要素流动效率来讲，最突出的政策制度就是关税壁垒、贸易保护、外汇管理、银行结售汇等，所以一个国家自贸区政策建设实施的目的，也就是为了方便企业生产经营要素的跨境流动，以降低交易成本。自贸区的魅力就是因为政策制度方便企业生产经营的要素流动，可以降低企业的交易成本。

综合上述，哪里的政策制度好，行政办事效率高，使得企业在那里的生产经营活动的交易成本低，哪里就会吸引更多的要素流入、流出，量多、面广。但这只是从政府的政策制度制定的正向效应上来讲的，如果政策制度制定的不科学、不合理，或者不利于要素的流动，或者政策制度之间互有矛盾、政策制度脱离客观现实，代表不了大多数人的共同意识，难以执行，政府行政办事效率又低，那么政策制度就成为要素流动的障碍，成为扩大交易成本的负向因素，如此，就会使企业生产经营增加"摩擦成本"、"风险成本"，这就是政策制度的负向效应。按照诺斯定律原理，就是"经济衰退的根源"。因此，政府为了推动经济发展，利于要素流动，必须科学制定好经济发展的政策制度，发挥好政府的规制能力。按照制度变迁理论，就是努力降低企业交易费用，提高交易效率，同时兼顾好政府行政成本与企业经营成本、政府利益与企业利益的关系，以使全社会公共利益获得满足。

下　篇

"一带一路"是流动性经济
理论的全实践

流量经济涉及的全球共识性的理论主要包括：地域分工理论，区域空间结构理论，区域经济增长理论，区域不平衡发展理论，城市聚散效应及城市圈理论等。这些理论，虽然基本上都是从微观或中观层面的角度提出和存在的，但它们有一个共同的核心特点就是都具有研究要素流动才能发展的维度。本书在上篇中已阐明，流动才有经济发展与存在，要素流动是流动的内容。对微观或中观区域要素流动的研究，在原理上、因果关系上与宏观层面上的要素流动研究是一致的。从具体发展实施上来说，先有微观、中观区域发展的要素流动，才会有宏观层面（大到全球层面）的发展要素流动，基于此，笔者将在下篇中提出两个全新的流量经济发展理论：增长决堤律理论、差序增长极律理论。经笔者充分研究，这些理论，对中国提出的"一带一路"战略构想提供了全支持，而中国提出的"一带一路"的战略思维，也是对这些经济理论的实践印证。

第四章

流量经济理论与地域分工理论

第一节　地域分工理论

流量经济理论追求的既是在核心区域自身的发展基础上带动周围区域的发展，而周围区域的发展又能促进核心区域的发展，又追求区域间互联互通式的共赢发展。在这里我们把区域理解成小到一个国家内的城市与城市之间，大到相邻的国家与国家之间，也包括相邻的国家与国家之间形成的经济联盟区域。

物流、现代信息流、人力资源流、商品流、资金流、人流、技术流、商人流等流量要素在核心区域和周围区域之间的流动，实际上是流量经济发展的最初的动力形态格局，因为，只有流动才会产生流量要素向核心区域的积聚、整合，才会产生流量要素向区域外的流动、辐射、发散。

那么，是什么促使这些流量要素流动呢？是核心区域的生产、技术、人才优势还是区域外丰富的自然资源、便宜的人力资源、广阔的消费需求？其实还应当包括区域间的相互补充，优势联合。

应该说，以上原因都是促使流量经济要素产生流动的动力。实际上，这些原因可以归纳为两方面：核心区域的区位优势、周围区域的联合优势以及区外无界限地区互惠互利需求。

关于地域分工的理论具体包括绝对成本学说、比较成本学说、生产要素禀赋理论等。

一　绝对成本学说

由亚当·斯密提出，其基本观点是：

（一）分工能提高生产效率

由于分工，劳动者专门从事某种操作，这就能提高其熟练程度，增进技巧；避免劳动者由一个工作转向另一个工作所造成的时间损失；比较容易改进操作方法，开展革新和发明活动。这样就能使同等数量的劳动者完成比过去多得多的工作量，增加劳动产品的数量和质量。

（二）分工的直接根源是人类相互交换产品的需要，而这种需要是人类的"利己心"引起的

人类从"利己心"出发，总是致力于一种特定业务，而不亲自生产自己所需要的一切产品，正因为如此，人类便产生互相交换产品的需求。不是分工引起交换，不是生产决定交换，而是人类"利己心"要求交换，交换引起分工，分工的程度受市场大小的制约。

（三）分工原理适于地域分工和国际分工

国际分工是地域分工的最高表现形式。指导国际分工的是优势原则。各国都存在某种绝对有利的自然条件或后来获得的专长，即占有生产条件上的某种绝对优势，因而拥有某些优势商品、优势技术、优势人力资源，等等。主要体现在生产品在价格上占有优势，在国际市场上有相对的竞争力。各国为了本国的利益，都专业化生产具有优势的商品，实行国际分工，并在国际贸易生产中获得自身的利益。

斯密的优势原则有一个前提，即一个国家必须有某种商品在生产上占有绝对优势，才能参与国际分工和国际贸易。如果某国没有这种商品，那么在它面前只有两条路可走，要么就是实行贸易保护主义，限制外国商品进口；要么就是放任外国商品进口，抑制本国生产。斯密是主张自由贸易的，他当然反对实行贸易保护

主义。但是，如果实行放任进口，又会抑制本国生产，不能实现斯密所讲的双方获利。这是斯密绝对成本学说无法回答的问题。

斯密的观点虽然并不完美，但按照这一绝对优势原理，我们可再推论下去，即要想发展自己，首先自己必须有相对优势的条件，又能充分利用对方的条件，以此使各方互联互通、互利互惠的发展方式方法能让各自的经济发展成长要素相互流动。而在互联互通、互惠互利的要素流动中发展自我，就必须努力建立吸引各方要素汇聚到所在的区域内，又可以由区域内流出到区域外的环境条件。这些环境条件就是自己优势的技术、优势的人力资源、优势的资金等，为此必须研发具有优势的技术，培育具有优势的人力资源，汇聚更多的发展资金等。以使本区域、本国在全球化中获取龙头效益。

二　比较成本学说

大卫·李嘉图（David Ricardo）的比较成本学说的基本观点是：假定甲、乙两国（地区）都需要 A、B 两种产品。甲国（地区）生产这两种产品的生产费用都低于乙国（地区）。在这种情况下，甲国（地区）不必要同时大量生产这两种产品，而是在两种产品中优中择优，生产优势更大的那种产品。乙国（地区）这两种产品都处于劣势，但不是两种产品都不生产，它可以生产对自己不利程度小（即具有相对优势）的那种产品，用以和甲国（地区）交换。李嘉图认为，两国（地区）产品的交换，取决于生产这两种产品的比较（或相对）成本，而不是由生产两种商品耗费的绝对成本所决定。李嘉图的比较成本学说回答了斯密绝对成本学说无法回答的问题。

但是，斯密和李嘉图的学说，都包含一个理论假设，即国际分工的专业化生产是各产业部门之间的分工。这种假设排斥生产要素在国际间自由流动。这种假设，在国际经济活动日益扩大，各国生产要素都已渗入国际经济的再生产过程之中的情况下，就显得不合时宜了。国际经济活动的扩大，除了国际贸易得到发展外，还存在国际经济合作。比较利益并不来源于国际贸易本身，而是来源于国际分工。国际贸易只是比较利益借以实现的一种方式。国际经济合作的开展，可以通过生产要素的国际流动来改善一国的要素禀赋，它能直接地获取比较利益。发展中国家可以通过引进先进技术、吸收外国资本，弥补本国技术、资本的缺乏，直接发展自己，以至直接发展较高层次产业，提高生产效益，而不一定只局限于靠自己发展，使得自身的产业始终处在较低层次的产业上。流量经济的发展模式正是基于以己帮外、以外助内，通过不断吸收区外流量经济要素发展自己，再辐射出去。

三　生产要素禀赋理论

赫克歇尔—俄林（Heckscher – Ohlin）提出了生产要素禀赋理论。这个理论被认为是比较成本学说的完整化、现代国际分工理论的开端。它的特点是把国际分工、国际贸易与生产要素（土地、劳动力、资本）联系起来，提出"生产要素禀赋差异"概念，认为国际贸易、地域分工产生的原因是各国"生产要素禀赋差异"，而不是各国劳动生产率差异。这个理论的基本点是：

（一）各个国家（或区域）的生产要素禀赋不同

每个区域或国家的生产要素禀赋各不相同，利用自己相对丰富的生产要素从事商品生产，就处于比较有利的地位；而利用禀赋差、相对稀少的生产要素来生产，就处于比较不利的地位。因此，各区域或国家在国际贸易中，应专门生产具有相对丰富生产要素的那些商品，而少生产禀赋差，生产要素稀少的商品，以发挥各自拥有的生产要素的优势。

（二）生产要素供给不同

这是地域分工与贸易产生的直接原因。它决定了生产要素的价格差异。生产中较多利用比较便宜的生产要素，成本自然会低一些。

（三）国际分工、国际贸易能够更有效地利用各种生产要素

如果各种生产要素能在国际间自由流动，就可以更有效地利用各种生产要素。尽管有些生产要素由于其自然特点和国际间复杂的利害关系，造成某些生产要素不能自由流动，但商品的流动可在一定程度上弥补这一缺陷。也就是说，国际贸易可以减少国际间要素分布不均的缺陷。如甲、乙两国，甲国地多人少，乙国地少人多，甲国虽然不能把土地资源转移到乙国，但两国间的贸易可以使甲国更多地开发利用土地资源，把劳动力转移到农业上去，把多余的农产品输向乙国。乙国则可把劳动力从农业转移到制造业。通过交换，就等于甲国的土地资源使用了乙国的劳动力资源，而乙国的劳动力使用了甲国的土地。

区域经济学家琼斯（Jones）把赫克歇尔－俄林的理论直接运用来从事工业区位的选址。他认为，国内各区域生产要素的相对丰裕程度，产生了资本—劳动比率的差异，这种差异是工业区形成的决定因素。如劳动力资源丰富地区，发展劳动密集型产业有利；资本要素供给比较富裕地区，发展资本密集型产业有利。

对比较成本学说和地域分工理论，学界也有不同的看法。一种观点认为，比较成本学说和地域分工理论纯粹是从发达国家利益出发，维护旧的国际经济秩序、旧的国际分工格局的理论依据。另一种观点认为，它不仅指导西方发达国家的国际分工、国际贸易，也可指导相对不发达国家的对外贸易。此外还有一种观点认为，就这个理论而言，它是为殖民主义对外经济扩张辩护的。它把国际分工看作是不受社会生产方式制约的自然范畴。尽管对此观点有争论，但笔者认为，这个理论有其科学的成分，如生产要素禀赋差异概念，按区域比较利益、比较优势进行分工，两利相权取其重，两害相权取其轻等。这些对各国参与国际分工，安排国内和地区产业结构，在区域间开展横向经济联合，还是有其价值的。虽然不能永久按生产要素禀赋的差异进行国际分工，但由生产要素差异而形成的国际大环境的产业联合，必定会使得欠发

达国家有机会参与进国际大产业格局当中，这就为将来因自身的发展而形成的分工身份的改变提供了前提和可能。

四 区位优势：流量经济要素流动的源动力

笔者认为，"一带一路"促进形成了流量经济发展形态，而区位理论为流量经济理论提供了源动力。简单地说，流量经济流动的最初动力就是区位优势。和区域的概念一样，这里所阐述的区位概念也是大到国家以至相邻国家形成的区域体，小到一个城市以及城市与周边地区形成的区域。

（一）核心区域的区位优势

核心区域，一般应当属于经济相对发达的地区。至少要有着先进的科学技术、便利的交通、充足的资金、发达的工业、高素质的人才等优势，因此，核心区域的发展应充分利用这些优势，比如产业集聚可带来巨大的规模和范围效应，便利的交通等有助于物品的畅通，资金实力可以带来对外投资，先进的技术能带来较高的生产效率等。

因此，核心区域已经不再是从狭隘的产品生产、交换、消费中心的角度来看了，不是说核心区域只生产有绝对或相对优势的产品，而是从更广义的角度确定。比如，便利的交通可增强对区域外物流、人流、商品流等的往来，可以成为商品流或物流聚散地。就港口城市来说，可以就此起到繁荣港口的效果。大量的进出港口的货物为核心区域带来流经性的效益，即货物不为港口地所有，但求从港口地经过。简单地说，整合核心区域的各种优势，以促进流量经济要素的区域内外流动性效率，其目的既是为核心区域带来可持续发展的效果，也是为了服务大局的、更广泛范围的共同发展。

从这个意义上讲，这种区位优势已经不能仅仅用绝对成本、比较成本理论来解释。生产要素理论更贴切些，比如能解释人才的流动等现象，但都不全面。

（二）周围区域对核心区域的形成和发展不可或缺

核心区域的周围环境对核心区域的形成和再发展极其重要，核心区域和周围区域联合起来，要素融合互补会使双方相得益彰，也会使核心区域的辐射范围更远，带动能力更强。就国家与国家来说，核心国家对周边国家的辐射和带动效果会使大区域形成互补效应，共同形成辐射效应。但尽管如此，核心区域和周围区域的作用是不同的，最多具有互补效应。周围区域可以向核心区域提供其生产建设需要的劳动力资源，提供原材料，而核心区域可以把技术、资金、产品等辐射给周围区域，双方各有所需、各取所长，形成合力，达到区域共同繁荣，形成新的、更强大的区域力量。

正是这种区位优势互补带来的巨大的吸引力，才形成了技术、人才等各种要素在核心和周围区域间的流动。而意想不到的是，这些要素在核心区域通过积聚整合，能得到放大的效果，已经不再是各个要素优势的简单相加，而是一个更大的优势。

第二节　区位理论

产业区位理论是研究各产业活动的空间选择及空间配置的理论。按照产业活动的内容不同，又可分为农业区位理论、工业区位理论、商业区位理论、服务业区位论和住宅区位论等。各种产业的区位选择是在一定的行为驱动下形成的，比如有的是追求经济利益最大化，有的是追求社会效益最佳，而有的是寻求自我满足等行为的合理性。总之，产业活动的空间行为是有规律的，是按照一定的法则来进行的。比如工业区位选择的动机一般是追求利润最大化，住宅区位选择的动机主要是追求效用最大化，而服务设施区位通常是追求福利最佳化等。区位理论概念指导下的区位发展模式成功了，才能使区位的辐射、扩散、带动、联动能力存在，因此，区位发展优先于辐射、扩散、带动、联动式发展。

一　农业区位理论

区位论是由德国经济学家杜能提出的思想观点。杜能 (J. H. Von Thunen, 1783 - 1850) 于1826年发表了《孤立国同农业和国民经济的关系》（以下简称《孤立国》）（杜能, 1986）一书, 系统阐述了农业区位理论的含义, 从而奠定了农业区位理论的基础, 标志着区位论的产生, 因此杜能也被后人推崇为区位论的鼻祖。

（一）杜能农业区位的产生背景和理论前提

杜能的《孤立国》不仅作为农学和经济学的经典著作广为人知, 而且是古典经济区位理论发展的基石。为了理解杜能的研究目的和意义, 我们不妨再研究回顾一下当时的德国社会和经济情况。

1. 理论产生背景

杜能著《孤立国》一书的时代是德国农业企业化发展的时期。在工业上, 德国由于导入了机械工业生产早已进入了近代资本主义社会, 但是, 在农业上没有像工业生产方面那样的技术性革命, 仅仅在改变传统的农法上进行了尝试, 不过追求合理的新农法已成为时代的需求。杜能就是在这种状态下, 探索如何能够带来最大收益的农业经营方式的空间组织原理。但杜能《孤立国》研究的直接意图或目的是, 由于当时德国农学家泰尔（A. D. Thaer）提倡在农业相对落后的德国也应普及轮作式农法, 以改变通过休闲来恢复地力的停滞的三圃式农法。杜能为了证明轮作式并非对所有地区都有利的观点, 从地域角度对农业生产的空间组织原理进行了研究。

2. 理论前提条件

杜能对于其假想的"孤立国", 给出了下面6个假设条件：

条件之一, 在富饶的平原中央只有一个城市；

条件之二, 不存在水路交通, 交通工具只有马车；

条件之三，土地是匀质的，任何地点耕种产出都是一样的；

条件之四，城市半径 50 英里以外是荒漠，城市是孤立的、隔绝的；

条件之五，人工产品由城市提供，食物由城市外平原提供；

条件之六，矿山以及食盐矿在城市周边。

在上述前提条件下，他重点分析了下面两个问题：第一，农业将呈现怎样的经营状态在空间上展开；第二，合理的农业生产经营与距离城市的远近存在何种关系。换句话说，为了从土地获得最大的纯收益（地租），农场的经营随着距城市距离的增加将如何变化。

杜能对上述问题的研究是采用了抽象和演绎的方法，他排除其他要素的干扰，像土质条件、土地肥力、河流等，只探讨一个要素即距城市（或市场）的距离不同，农业生产方式的配置是如何变化的。

（二）农业生产方式的空间配置原理

城市外围的平原应按照如下顺序种植：离城市最近的平原应种植运费较高、易腐烂或者体积较大而不宜运输的作物；随着越往外围、越远离城市的平原，应种植相对于作物价值较便宜的作物，或者种植较方便运输的作物。按这种方法种植的作物，会使城市周围的平原呈现出环状结构，即所谓的"杜能环"。"杜能环"是指以城市为中心，由里向外依次为自由式农业、林业、轮作式农业、谷草式农业、三圃式农业、畜牧业等农业圈层结构。

第一圈层——自由式农业圈层。离城市最近的环状圈层，一般种植运费较高、易腐烂或者体积较大而不宜运输的作物，如瓜果蔬菜、牛奶等。

第二圈层——林业圈层。离城市第二近的圈层应种植林业树木，因其供给的主要是城市建筑用材或者生活用柴等，因此该圈层主要种植的是运输较方便、体积较大而运费低于第一圈层的作物。

第三圈层——轮作式农业圈层。在第三圈层上，所有耕地上全种满谷类（如小麦稻子）或者饲料类（土豆）等作物，并以轮作式种植作物，没有休闲耕地。

第四圈层——谷草式农业圈层。在第四圈层上，主要种植谷物（麦类）、牧草等，但同第三圈层不同的是，有一块休闲耕地。

第五圈层——三圃式农业圈层。第五圈层是距离城市最远的农业圈层。主要种植黑麦、大麦，另有一块是休闲耕地，用以轮作。

第六圈层——畜牧业圈层。第六圈层畜牧业圈层是离城市最远的圈层，也是杜能环的最外圈层，会种植一些牧草以供给牲畜食用。

"杜能环"形成的一个重要的因子是农产品的运费，土地的纯收益即地租主要取决于农产品由农场运输到城市的运费。

（三）杜能农业区位的模式化

农业经营的空间结构在按照自然条件进行调整时，经营者的动机是获得利润，即纯收入。而这一问题必将涉及诸如投入要素的价格和产品的价格，以及生产过程中其他费用等对区位选择的作用。杜能理论认为，决定土地利用的主要因素是地租，能够支付最高地租的区位地价也最高，它排斥了其他土地利用方式。美国学者达恩（S. Dunn，1954）把生产单一作物的地租用距离函数表示为：

$$R = E(p - a) - Efk \qquad (4-1)$$

其中，R 为每单位面积土地的地租；k 为距离；E 为每单位面积的产量；p 为每单位农产品的市场价格；a 为每单位农产品的生产费用；f 为农产品每单位重量的运费。

在（4-1）式中，R 是因变量，k 是自变量，其他是常数或参数。在这一前提条件下，地租和距离两变量间的关系可用一次函数来表示。这种函数关系用下图表示的话，其斜率为 $-Ef$，截距为 $E(p-a)$，地租消失的距离为 $k = (p-a)/f$。

决定农业生产区位的因子是经济收益最大化，即利润最大化。对于农业而言，利润最大化也可以说是地租最大化。地租最大化

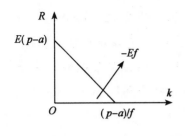

是以固定的市场价格为前提，也就是说倾斜的收入曲线（在这种情况下是指边际地租线）是在一定的市场价格基础上划出来的，是空间抵抗的结果。当产品只有一种时，倾斜的地租线也可看作是边际地租线，横轴可以认为是边际费用线。经济纯收益最大的解是边际地租和边际费用相同时，即 $k = (p - a)/f$ 处。

当存在两种以上作物的区位竞争时，上面的分析思路仍然成立。每种作物的最大利润和生产区位取决于边际地租与边际费用的均衡。

（四）杜能农业区位理论的评述

1. 杜能农业区位理论的意义

杜能农业区位理论的精髓在于是在匀质的平原上，只有单一的市场和唯一的运输方式，研究了农业区位与城市之间的空间距离关系。杜能认为，决定不同区域农业作物种植的核心是地租。而在一定的空间范围内，地租的大小同运费成反比，同时运费又同空间距离成正比。换言之，离城市近的地方运费就低，同时地租较高。因此，离城市越近，越适宜种植作物；离城市越远，作物的种植管理方式越粗放，所种植的作物的价值也应该越低廉，也应该越容易存储。

杜能所提出的农业区位理论具有重要的理论意义：首先，他创新了抽象的孤立法，可以使后人有新的理论思考方法；其次，这一理论不仅应用到农业区位选择，也应用到了城市用地的区位选择问题上。

2. 杜能农业区位理论的局限性

杜能的农业区位论是建立在自然条件的非现实性基础上，因此也曾受到许多学者的批评。另外，"杜能环"是以商品性农业生产为前提，农场追求最大的地租。在现实中，农业生产不完全是商

品性生产，自给性生产同样是一种重要的生产方式。自给性农业
生产一般不一定是以利润最大化为目标，也可能是以产量为目标。
另外，也可能不强调单一品种专业化生产，而强调多品种非多样
化生产，自给性农业经营的存在是导致"杜能环"模式与现实农
业空间生产产生偏离的最大原因之一。

技术发展与交通手段的发达使得杜能理论中起决定性作用的距
离因素的制约变小。在杜能理论中，主要的陆上交通工具是马车，
而现代交通运输手段的发展带来农产品运输费用的缩减，加之冷
冻技术、保鲜技术等的发展，生产地到市场的时间距离缩短，使
得某些农产品的供求范围伸展到数百或上千公里的空间尺度，因
此，在现实中找到杜能所勾画的完整的圈层结构是比较困难的。

二 工业区位理论

韦伯（Alfred Weber, 1909）是德国经济学家，他于 1909 年完
成了《工业区位论》一书，标志着工业区位理论的建立（韦伯，
1997）。韦伯的工业区位理论是最小费用学派的代表。韦伯从费用
角度来分析企业经营者的区位决定，他认为，经营者一般在所有
费用支出总额最小的空间进行布局，也就是说费用最低点即为企
业最佳区位点。

韦伯提出工业区位理论的时代，是德国在工业革命之后，近代
工业有了较快发展，伴随着大规模人口的空间移动，产业与人口
向大城市集中的现象极为显著。在这种背景下，韦伯探索工业生
产活动的区位原理，试图说明与解释人口的地域间大规模移动以
及城市的人口与产业的集聚现象。

（一）概念定义与理论前提

区位因子（Locational Factors）是韦伯工业区位理论中的一个
重要概念。区位因子是指，对收益影响的不同区位选择。区位因
子可以分为一般因子与特殊因子。一般因子指同所有工业均有关
的因子，比如土地、劳动力等；而特殊因子指只有在某些个别行

业有关的因子，比如土地碱性等。在各种区位因子当中，可以使工业企业向某地点聚集的因子，我们称之为地区性因子，地区性因子是逐步形成产业聚集以及工业区位的基本条件。由于企业集聚而产生诸如规模效应或者由于集聚而使生产产能下降的因子，称之为集聚与分散因子。工业企业由于集聚和分散因子的作用，而使地区性因子所决定的区位分布产生某些偏移。

韦伯工业区位理论是建立在以下三个基本的假定条件基础上：假设条件之一，已知原料供给地的地理分布；假设条件之二，已知产品的消费地与生产规模；假设条件之三，劳动力存在于多数的已知地点，且不能移动，各地点的劳动费用水平是固定的，在这种劳动费用水平下可以得到无限的劳动力。

在上述三种假定条件下，韦伯分成三个阶段来逐步构筑其工业区位理论。

第一阶段：假设除运费因子外，任何其他一般因子均一样，并且根据其运费因子，建立基本的区位模型。

第二阶段：引入第二个因子——劳动费用因子，并考虑这两个因子同时存在时，即运费及劳动费用最小时，所发生的区位偏移。

第三阶段：引入集聚和分散因子，探讨因子引入后，对区位的影响。

这种阶段性的理论构建思维是韦伯区位论的一大特色。在第一阶段韦伯仅提出运费指向，其原因是更好地寻找区位空间配置的规律性，而左右这种规律性的主要因子则是克服空间距离所需要的费用，即运费。

（二）运输费用指向论

在已知原料产地以及消费地的情况下，如何使运输费用达到最小，是运输费用指向论所要解决的问题。运输费用考虑的主要因素是货物重量以及空间距离，而其他的诸如运输工具等，均可换算成货物重量以及空间距离来表示。

1. 原料指数和区位重量

按原材料的空间分布情况可以分成遍在原材料和局地原材料。遍在原材料是指几乎任何地方都可以获得的原材料，诸如沙石等；局地原材料是指只有在某些地点才能获得的原材料，诸如矿石等。局地原材料可能由于生产加工时会有重量转换的情况发生，又可以分成纯原材料和损重原材料。

运费指向论主要是通过原料指数（Material Index）来决定工业区位的指向。原料指数的计算方法为产品重量与局地原材料重量之比，即：

$$M_i = \frac{W_m}{W_p} \qquad (4-2)$$

M_i 表示原料指数；W_m 表示局地原料重量；W_p 表示产品重量。

原料指数的大小在理论上决定了工厂的区位选择。通过上式，我们可以发现，原料指数是指，生产 1 个单位重量的产品，所需的局地原材料的重量。而在社会生产过程中，运输的是最终产品与原材料之和。在此，我们用 L_w（locational weight）表示区位重量，即每单位产品需要运送的总重量

$$L_w = \frac{W_m + W_p}{W_p} = M_i + 1 \qquad (4-3)$$

2. 最小运费原理

在消费地和局地原材料地唯一，以及生产技术无法分割的前提下，最小运费原理认为：

（1）只消费遍在原材料时，应当在产品的消费地或者尽量靠近产品消费地建立工业企业，属于消费地指向性区位。

（2）只消费损重原材料时，属于原料地指向性区位。

（3）只消费纯原材料时，在原料地或消费地以及两者之间的任何一点建立工业企业，其运输费用都一致，属于自由指向性区位。

上述的最小运费原理，我们可以通过原料指数（M_i）以及区位重量（L_w）来说明，并可以得到不失一般性的区位法则，即：

当 $M_i > 1$ 且 $L_w > 2$ 时，为原料地指向性区位；

当 $M_i < 1$，$L_w < 2$ 时，为消费地指向性区位；

当 $M_i = 1$，$L_w = 2$ 时，为自由指向性区位。

在生产加工过程中，如果原料地有两个，消费地只有一个，且消费地并不与原材料地重合，这就形成区位三角形（见图4-1）。韦伯通过力学方法"范力农构架"（Vangnnon frame），计算工业区位问题（如图4-2）。现有一问题，假设原料地1（M_1）可以供给3吨原材料，原料地2（M_2）可以供给2吨原材料，而市场（C）需要原材料1吨，我们现在需要解决如何选择工厂区位（P）的问题。由上述理论，我们可以得到运费最小的地点应是 M_1、M_2 和 C 的重力中心（见图4-2）。

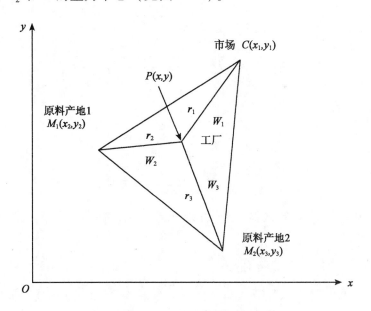

图4-1 区位三角形模式

我们现再用"范力农构架"构建该问题的模型。设 P 点为最优解（即运费最小点），坐标为 (x, y)，P 点与三个原料和消费顶点之间的距离分别为 r_1，r_2，r_3，原料以及产品的重量分别为 a_2、a_3。总运送费可由式4-4表示：

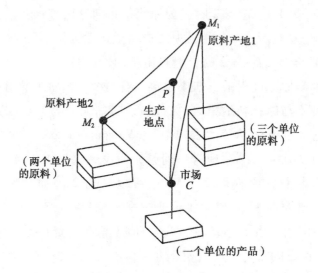

图 4 - 2　范力农构架

$$k = \sum_{i=1}^{n} a_i r_i = \sum_{i=1}^{n} a_i \sqrt{(x - x_i)^2 + (y - y_i)^2}$$

$$(4 - 4)$$

$$\frac{\partial k}{\partial x} = \sum_{i=1}^{n} \frac{a_i}{r_i}(x - x_i) = 0$$

$$\frac{\partial k}{\partial y} = \sum_{i=1}^{n} \frac{a_i}{r_i}(y - y_i) = 0 \qquad (4 - 5)$$

由（4 - 5）式，我们就可以求出最小费用区位点 P 的精确位置。

（三）劳动费用指向论

运输费用与运输的空间距离之间存在着密不可分的关系，然而劳动费用属于地区性差异因子，它会改变由运输费用所形成的区位分布。

我们这里所指的工资并非我们平时所说的月工资等，而是单位产品的工资。这里的劳动费用既反映了工资的不同水平，也反映出了各地区劳动生产率上的巨大差异。

韦伯劳动费用指向论的核心思想是：工业区位由运费指向转为

劳动费用指向仅限于节约的劳动费用大于增加的运费，即在低廉劳动费用地点布局带来的劳动费用节约额比由最小运费点移动产生的运费增加额大时，那么，劳动费用指向就占主导地位。

韦伯提出了"劳动费用指数"用以确定工业区位受劳动费用指向的作用大小，即单位重量产品的劳动力费用。倘若劳动费用指数较大，就表明，工厂区位选择较廉价的劳动费用指向的区位的机会较大；否则，工厂区位就更可能选择运输费用最小的运费指向。而韦伯在此也指出，劳动费用指数只能判断劳动费用指向的机会大小，而并非决定的因素。这是因为，还有该产品的区位重量影响着区位的选择，倘若区位重量较大，工厂区位也不会偏移。因而，韦伯在"劳动费用指数"的基础上又提出了"劳动系数"，即"劳动系数"是指单位区位重量的劳动费用。

劳动系数 = 劳动费用/区位重量

劳动系数越小表明越是最小运费的区位指向；而劳动系数越大则表明可能离最少运费的最优地点越远。换言之，当劳动系数越大时，可能找到劳动费用率越低的可能性越大。

韦伯将影响劳动费用指向的各种因素称为环境条件。在这些环境条件中，人口密度和运费率对劳动费用指向的影响作用较强。显然，人口密度较低的地方，其劳动人口的密度也较高。因此，人口密度较低的区域，其工业区位更趋向于运费指向，而人口密度较大的区域，其工业区位指向更趋向于劳动费用指向。

工业区位的选择由运费指向型转为劳动费用指向型，这主要取决于劳动力费率比运费率相对低的程度。倘若运费率比较低的时候，即便建厂地点远离最优的区位地点，由此所增加的运费可能相对较少，进而就有可能节省相对较高的劳动费率，于是节省整体成本，并最终使工业区位聚集在该劳动供给地。

（四）集聚指向论

集聚因子是指为了使生产、运输或销售成本降低，而将工业区位集聚在某个特殊区域当中。然而，伴随着集聚因子的就是分散因子，它会对这种集聚产生负面影响，进而抵消这种成本的降低。

集聚因子的影响方式有两种。其一是，通过自身企业经营规模的扩大而产生集聚，这是相对于自身企业小规模的一种集聚形式；其二是，通过多个企业在空间区位上的聚集而产生的集聚效果，主要是由集聚企业之间相互合作而产生的。

分散因子的影响是伴随着集聚而产生的，或者说，分散因子就是集聚因子的反作用形式，其主要作用就是为了抵消集聚所带来的相关费用的上涨，比如劳动或土地费用的上升等。

韦伯在此研究基础上，探讨了集聚因子对运费及劳动费用指向的影响。如果集聚因子所节省的资金比由此带来的运费指向或者劳动指向所增加的资金多，那么就会集聚；反之，就不会集聚。并且，他提出了"加工系数"，用以确定集聚的可能性，即单位区位重量的加工价值。换言之，加工系数低的工业区位，集聚的可能性较小；反之，集聚的可能性较大。

三　服务活动区位

随着一个国家或一个城市的经济发展，服务业在整个经济活动中所占的比重不断提高是一种必然的现象。服务业快速发展的趋势将会导致城市内产业结构和产业区位空间结构的新变化，这就同时也给人们提出了一个新的城市发展、产业发展协调与规制的问题。

（一）服务业的类型与区位特征

传统服务业一般不直接进行物质生产，主要是从事信息和管理或服务职能的经济活动。广义的服务业是指不直接进行物质生产的所有经济活动，实际上就相当于第三产业；狭义的服务业是指为个人或企业提供各类服务的行业。根据其性质不同，一般可分为四种类型。

第一类是以个人和家庭为对象，提供日常服务活动的服务业。这类服务业具有零售业的特征，由各种店铺组成，如理发和美容院、洗衣店、照相馆和修理店等。因此，其区位选择也类似于零售业，即尽量接近消费者。

第二类服务业是以企业（或事务所）为对象，提供企业（包括行政机关、医院和教育部门等）活动中产生的服务性需求的经济活动。这类服务业代表性的行业有广告业、设计业、信息服务业、复印和复印机的维修业、计算机软件开发和销售业等。与第一类服务业不同，这类服务业的对象是企业或机关等，因此，在区位选择时，接近消费者的区位因子并不重要。而各种事务所集中的市中心区则一般是这类服务业的最佳区位候选地，在一定程度上也可以说它们的区位选择类似于批发业。

第三种类型是具有办公业性质的服务业。这类服务业主要是从事信息的收集、加工和发送为主的业务，如企业的管理和营业部门以及银行、保险公司和房地产等部门。服务的对象主要以与社会、经济和政治有关的企业和机关等为主，也包括部分个人和家庭。这类服务业的区位特点与第二类具有相似性，也主要在市中心区布局。

第四种类型是公共服务设施。如学校、图书馆、医院和消防局等，这类服务业受行政制约较大，但公平性和效率性应该是此类服务业区位选择的主要因素。公共服务设施包括医院、学校、公共交通设施、邮局、图书馆、清洁公司、供电局、自来水公司、警察局和消防局等机构。对于我们每个公民来说，从出生到死亡，整个人生旅程中几乎每天都离不开公共服务设施，可以说公共服务设施与现代生活密不可分。因此，合理地、高效地、公平地布局公共服务设施不仅能够为公民提供一个舒适的社会环境，同时也能够反映出社会的公平性和效率性。

公共服务设施的区位选择不仅要追求转移费用最小这一效率性，同时也应该考虑所有的公民都能够均等地享受公共服务的权利这一公平性。如消防局最好布局在对任何一个地区来说都尽量近的地点是最佳的区位选择。但是，公共服务设施的区位选择也不能够忽视效率性,特别是对于经济发展水平低的国家和地区来说,因为没有充足的资金修建更多的设施,因此,必须考虑有限的设施建设如何能够更有效地利用。

上述的分类并非是绝对的,有些服务业具有多重性质,特别是近年来新产生的一些服务业其表现形态不固定,也正因为这样,目前对服务业的定义和分类仍不统一,存在诸多说法。

(二)服务业区位选择的因素分析

作为营利性服务企业的经营者,其区位选择一般分为以下三个层次:一是服务企业所在城市的选择;二是在城市内的一个区域或一个类型区位的选择;三是具体地点的确定。

服务业在不同空间层次的布局,所面临的问题和要解决的关键问题也不同,因此,影响区位选择的因素也有所不同。一个服务企业选择在某一个城市布局,作为经营者至少应该考虑以下几个因素:①该城市能够接受该企业服务的规模范围。②服务区的人口数量和消费偏好。③总体消费能力和消费量的分配。④不同服务行业的总体消费潜力。⑤其他竞争者的数量、规模和质量。⑥竞争的程度等。

根据上述因素分析,企业经营者可以进行合理的企业定位,确定要布局企业的规模、服务档次、服务种类、客户群等。在确定了具体的城市,进一步选择城市内部某一个区域或一个类型区位时,企业经营者要分析以下几个因素:①服务区和具体服务设施对顾客的吸引力。②竞争企业的量与质。③到达该服务设施的路线状况。④该区域的居民特性和风俗习惯。⑤该区域的扩展方向。⑥该区域的基本概况等。上述因素分析对确定服务企业在一个城市某个区域布局具有重要的作用,是具有针对性的区位选择分析。

准确确定具体地点是服务企业在空间上的落实,是区位决策的最终阶段。在选择具体地点时要考虑以下几个因素:①经过该地点的交通状况和交通发展潜力。②相邻企业的基本情况。③停车场的充足性。④在该地点布局的综合费用等。

对于大多数服务企业而言，"最佳"区位是在市场潜力较高的地方。交通流量和人口密度等条件对服务业区位选择具有重要的意义，一般消费性服务业趋向于在交叉路口和其他交通便利的地点集聚；在服务区内，小企业依赖大企业创造的交通条件，大企业则依靠已有的交通流吸引顾客。可达性对于生产型服务业也同样重要，因为在交易中也存在距离衰减规律，接近市场仍然是一个很重要的区位因素。

上述考虑的是影响服务业区位选择的一般因素或分析方法，由于服务业的类型多样，分类尚不统一，因此，对于特定服务业区位选择的影响因素也就存在明显的差异。

（三）服务业区位选择的理论

1. 中心地理论

服务活动的最佳区位模型是在中心地理论的基础上建立起来，中心地理论最初是由德国地理学家克里斯·泰勒（ChrisTaller，1933）在20世纪30年代创立，经济学家勒施进一步拓展了该理论。

中心地理论认为，每个企业都需要一个市场门槛来维持它的生存，根据服务或产品的等级，企业有不同的门槛和范围。产品的等级由四个特点来决定：价格、购买率、门槛和范围。高级产品或服务价格比较高，因而购买率或接受服务的比率也较低。因此，这些产品或服务的供应商要求较高的人口门槛。高级产品或服务的市场范围也很大，它们的高售价或高服务费用意味着单位运费较低，因此人们愿意经过长途旅行来购买高级产品或享受高级服务。低级产品或服务正好相反，低廉的价格、较高的购买率和低市场门槛可以维持低级商品的销售商的生存。

总之，与低级产品或服务相比，高级产品或服务要求规模更大的消费或服务市场，受距离衰减规律的限制也较低。低级产品购买率较高，市场范围小，这样的产品在许多地区都销售，销售商之间的距离很近。高级产品销售率低，并不是很多地区都销售这样的产品，销售商之间的距离相对较远。

在中心地理论中，中心地等级取决于商品和服务的等级。一个低级中心地只能供给有限的低级产品，而一个高级中心地，可以供给各种商品和服务。高级中心地实际上存在两个供给市场，一个是相对较小的毗邻市场的低级商品货源地，另一个是较大的但仍然是毗邻市场的高级商品的货源地。任何一个高级中心地除了提供高级商品外，还提供下一级中心地所提供的一切商品。这就意味着低级中心地的消费者有时不得不到高级中心地购物，但高级中心地的消费者没有理由到低级中心地购物。

高级中心地人口必须比低级中心地人口多，因为它所提供的商品和服务要求更高的门槛人口。一个高级中心地的高门槛人口意味着它包括了低级商品和服务所要求的较小的门槛人口。从另一个角度来看，低级中心地之所以是低级的仅仅是因为它们的人口不足以维持供给高级产品的市场。

图 4-3 说明了一个沿线状布局的中心地体系。A—L 的每一个地区都是一个自给自足的低级中心地，周围的地区刚好包含了它的门槛要求。每一个中心地的需求门槛范围决定了它的地方市场，在这种垄断竞争体系下，中心地之间没有空白区。中心地 A 的低级市场直接与 B 的低级市场接界，中心地 B 的市场与中心地 C 的接界，以此类推。图中 12 个中心地只有 6 个是高级中心地（B、D、F、H、J、L）。它们之间的间隔具有一定的规律性，每两个高级中心地间隔一个低级中心地。它们在这条线上的相对位置，使各自有两个可以销售它们的高级产品的低级市场（假设这条线向左向右都无限延伸下去）。例如，中心地 D 的高级产品一方面销售给自己的一个低级市场，另一方面销售给中心地 C 和 E 的各一半低级市场（1 + 1/2 + 1/2 = 2 个市场），这样中心地 D 就拥有两个低级市场。

如图 4-4 所示，一个中心地体系在平面上扩展成为六边形市场区。六边形可以避免市场的重叠，而这种重叠将违背空间垄断

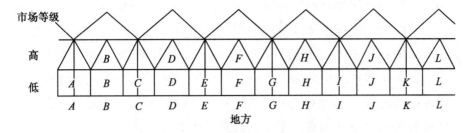

图 4 - 3　中心地等级间关系

原则，并由此妨碍了一个中心地确保自己的需求门槛的能力。六边形市场限定了在它的市场区内到市场中心的旅行距离费用，或从市场中心购买商品的费用。在图 4 - 4 所示的单个中心地体系中，一个高级中心地向它本身和周围六个较低级市场的 1/3 范围提供商品和服务，即总共包括了 3 个低级市场（Hanrnk，1997）。

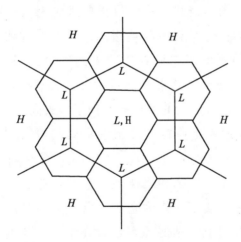

图 4 - 4　中心地体系

中心地理论主要适用于研究城市体系、零售业、集市和以个人为对象的服务业。对于一些大企业（如制造业、金融和保险）的事务所来说，一般总部和分社与城市的等级序列相对应而布局。从这一趋势来看，中心地理论完全也可适用于事务所的区位选择。另外，包含行政职能的中枢管理职能也与都市的等级秩序相关联，如中枢管理职能的核心即国家职能，一般都集中于首都，而其他等级层次的管理职能则布局在与其相对应的城市或聚落内。

城市内部的事务所区位选择也同样具有上述特征，一般在市中心区集聚着一些大企业的总部和高级行政管理职能，而在周边分店、营业所和具体事务部门分布则较多。换言之，服务业的事务所和办公机构与其他中心性职能一样，存在着等级性，不同等级的事务所和办公机构布局于不同等级的中心地。

2. 集聚理论

服务业在空间上的集聚趋势比工业生产活动的空间集聚更明显，特别是一些中枢事务部门大都高度集中于大都市中央商务区（Central Business District，即 CBD）。集聚的类型也类似于工业，既有同种行业的集聚，也有异种行业的集聚。服务业在空间上的集聚主要是追求企业间商务交流和合作的便利性和互补性，以及高度熟练的劳动市场。因此，从区位指向理论来看，服务业在空间上集聚的原则为：一是集聚利益指向，即为了得到外部经济利益和减少不确定因素的影响而在空间上的集聚；二是劳动力指向，在大都市 CBD 具有各种高素质的技术和业务管理人员，因此，为了获得这些人才，事务所的区位多选择于中央商务区。

同类和异类服务企业在空间上的集聚都可得到集聚利益，因此，不论是大企业还是中小企业在空间上的集中都有利于情报和信息的收集和交流。准确和迅速地掌握同行业和相关行业的经营动态是企业决策的关键，作为企业经营决策和具体营业部门的高级管理中心在空间上集聚的原因也就在于此。英国学者亚历山大（Alexander，1979）对伦敦、悉尼、多伦多等城市的事务所调查发现，企业的经营者追求集聚利益的目的为：一是便于与外部组织的接触；二是有利于与政府和诸机关的接触；三是接近于顾客和依赖人；四是接近于关联企业；五是接近于其他服务业；六是决策者集中，等等。

企业管理职能的事务所一般都布局在城市中心位置，原因至少有以下两点：一是这种区位选择可以使情报和信息的输送和收集的距离摩擦费用最小化；二是这类服务业能够支付高额的地租。情报和信息的输送和收集方式多种多样，如有邮寄和电话等手段，但面对面的会谈是达成重要的商业往来的手段，因此，重视易于面对面接触这一接近性的事务所一般都指向大都市 CBD。围绕大都市 CBD 各企业和部门的区位竞争的基础是它们支付地租的能力，大企业一般具有较高的地租支付能力，因此，大都市 CBD 自然也就成为很多大企业管理职能聚集区。

服务业特别是如保险和银行等金融业在特定的地点发展具有历史的偶然性，其形成与城市的发展历史有关。一般保险机构和银行集中的城市大多是贸易港口，如伦敦、纽约、香港、东京、上海等城市在历史上就是主要贸易港口。与航海、远洋运输相关联首先发展起来的是保险业和银行等金融业，因为保险和金融业是海运业发展的保障。

另外，服务业的形成与政治中心的空间迁移也具有密切的关系，作为直接或间接为个人或企业提供服务的行业掌握高层决策信息是至关重要的，因此，政治中心的空间变化也影响着服务业的区位选择。如各大公司的总部和为企业提供信息、咨询服务的事务所大多布局在各大政治中心。

四　住宅区位理论

（一）住宅区位的两个涉及市政规划的理论

在 20 世纪 30 年代初期，伯吉斯（Burgess，1925）归纳并总结出了一种住宅区位理论——同心圆的城市地域结构理论。伯吉斯提出的该理论认为，在芝加哥，靠近市中心的老城区居住的大多是穷人，而富人则较多的居住在远离市中心的郊区。换言之，较富有的人大多会搬离老旧市区，前往郊区的新建住宅区，而穷人则居住在富人搬离的旧市区中。该理论模型并不具有普遍性，而是有一定的特殊性，故而，阿朗索（W. Alonso）将之称为住宅区位的"历史的理论"。

同样，20 世纪 40 年代末，霍伊特（Hoyt，1939）所提出的扇形模型也是住宅区位的经典理论之一。他在扇形模型中认为，居民收入的高低与其所居住的区位的地形和社会历史特征相关。随着城市的不断发展，城市中的高收入者不断向郊区所在的新住宅区迁移，而穷人则住入高收入者搬出的房屋。

但上述的两个经典理论仅仅考虑了人们的收入水平，而没有考虑其他因素，它们都认为高收入者会逐渐迁移出老城区，搬入城市外围的新住宅区。

（二）折衷理论

上述的两个经典住宅区位理论仅从市政角度出发，缺乏经济流动性方面的探究。自 20 世纪 60 年代起，阿朗索（Alonso，1961）和埃文斯（Evans，1973）等学者从城市中的交通系统以及城市内部土地开发利用情况出发，构建了折衷理论（Trade – Off Theory）。折衷理论的假设条件是：

1. 城市中的中央商务区（CBD）看作一个点，而城市中的土地资源，仅可用作建筑住宅使用；

2. 所有的劳动者只能在中央商务区工作以获得收入；

3. 城市的交通系统对于所有居民有相同的效用，交通费用与空间距离成正比；

4. 城市是独立存在的，不与外界相往来。

在以上假设约束下，由于土地在市场的作用下使地租达到了最高，而越远离市中心，市区内的土地租金就越低，但与此同时，市区内的交通费用也在随着距离的增加而增加。如果单纯考虑土地的租金，而忽略交通费用的话，住宅的土地租金同住宅与市中心的空间距离呈负相关关系；如果单纯考虑交通费用，而忽略土地租金的话，交通费用同住宅与市中心的空间距离呈正相关关系。因此，当我们考虑实际问题时，就必须要把土地租金与交通费用综合考量，使两者之和达到最小，如此才是最优的区位。当我们选择远离市中心的区位时，省下的土地租金会抵消交通费用，而当我们选择靠近市中心时，省下的交通费用会被土地租金抵消，因而，该理论我们又称之为相抵消理论。

家庭收入对住宅区位的选择也有很大影响，主要有两点：首先，是必需的居住面积。对于希望居住环境较宽敞的家庭来说，应该选择土地租金较低廉的远离市中心的区位居住，如此可以节省单位土地的租金，因而城市周围是其理想住宅区位。其次，是交通费用，包括直接支付的交通费用，以及时间的机会成本。对于同样面积的住宅，倘若能够将住宅尽量搬向市中心，那么可以节省交通支出。此外，对于一个有较高交通出行数量的家庭来说，理应靠近市中心；而对于家庭中仅有少数人需要交通出行时，应当远离市中心。

随着家庭收入水平的提高，该家庭对住宅面积的要求可能会增加，此时，该家庭或许会选择向远离市中心的方向搬出；但是，当增加空间距离而导致交通费用增加时，又会考虑搬向市中心方向。两者谁起决定性作用，将由住宅面积的大小以及收入增加的负效用之间的比较关系决定，如果需求弹性大于1，富有的家庭会搬向远离城市的方向，贫穷的家庭会相反的搬入市中心；反之，倘若需求弹性接近为0时，贫穷的家庭会搬向郊区，而富有的家庭会留在市中心。

上述的理论，我们探索能通过建立住宅区位理论模型来说明，已经建立了的理论模型虽然在某种程度上面解释了住宅区位的选择，但漏点较多，比较突出的几点是：居民对住宅的选择受到多方面的限制，也就是说，居民对住宅的选择是离散的，而不是连续的过程；忽略了住宅区位的质量与邻里关系等，低密度的住宅区位一般会有较强的外部性，因而地租可能不会随着空间距离的增加而使土地租金减少；交通费用在住宅区位选择中的重要性并不高，往往不如交通便利程度等原因。因此，对住宅区位的理论研究还需要更多地进行，尽管住宅区位涉及的要素流动尚属较微观的范围，但从要素流动层面讲，微观的流动是宏观流动的基础。

第五章

流量经济理论与空间结构理论

前文已述，流动是经济存在与发展的必然状态。任何事物的发生、发展、成长、进步都是靠流动才能实现。而流动是有空间条件的。这里需要指出的是，在流量经济发展当中，人们在空间中的配合是一个必需的行为，但是配合的行为一定是按规则、秩序进行的有机联系，经济学界把这种情况称之为空间结构，流量经济发展因此就必须创造有利于流量经济发展的空间规则与秩序。

区域空间结构反映了区域经济系统中各个系统、各个要素之间的空间组织关系，包括诸要素在空间中的相互位置、相互关联、相互作用、集聚程度和集聚规模以及地区的相对平衡关系等，主要回答诸要素如何在空间中生成、运动和发展，如何结合成生产力的空间整体。

而流量经济理论本身反映了一种特殊的空间结构：以中心区域（比如大中城市）为核心，聚集周围区域的资金流、信息流、商品流等流量要素，然后经过内部整合后再将各种流量向周围区域辐射。可以看到，这种结构里，空间的主体是区域中心和周围区域，它们之间形成了互补互利的关系，而交流就是通过各种流量要素来进行。

因此，有理由把区域空间结构理论作为流量经济的理论根基。

本章介绍了四种典型的区域空间结构理论，比如区域空间结构理论、雁形模式理论、梯度理论、圈层结构理论这几种理论。因为它们和流量经济理论关系非常密切。

比如，流量经济理论认为，圈层结构理论强调由核心区域的发展来带动周围区域的发展。圈层结构理论更深一步将城市圈分为内圈层、中圈层和外圈层，探讨了每个圈层的特点，并研究了集聚和辐射对城市的影响，反映了聚集和扩散的基本思想。因此，可以作为一个区域流量经济建设前期的指导思想，通过它来布置中心区域、外围区域的地理位置以及发展的战略规划。在此基础上，就可以进一步考虑区域内部，如基本设施建设等流量经济平台的建设问题了。

第一节　区域空间结构理论

区域空间结构理论产生于 20 世纪 30—40 年代，以区位论为基础，并且沿用了区位论学者思考问题的方法。与区位论不同，区域空间结构理论不是要求得出各种单个社会经济事物的最佳区位，而是研究各种客体在空间中的相互作用及相互关系，以及反映这种关系的客体和现象的空间集聚规模和集聚程度，因此把一定范围内的有关客体看成了具有一定功能的有机体。在这里，区域、空间，涵盖了国家、国家与国家、一国内部城市在内组成的经济区域形成的空间结构。客体包括国家、城市等经济体。在本书中，区域、空间涵盖了一国内部城市、国家、国家与国家之间等在内组成的经济区域，形成的空间结构。客体包括国家城市等经济体。

依据空间结构理论，区域经济的发展过程在地域空间上也有一个演进过程：任何一个区域的发展，都是先从一些点上开始。这些"点"有城市概念，有国家概念，有相邻国家之间组成的区域经济一体化共同体概念等，然后在各点之间沿着一定的轴线发展，辐射到面，并且交互成经济网络。中国提出的"一带一路"发展战略构想，就是将这些点（圈）、线（轴）、面等连接起来，相互借力，形成互联互通、相互促进发展的格局。

区域发展是一个动态过程，在不同的发展阶段会形成不同的区域空间组织结构。在区域内，增长极随着聚集能力的增强而不断极化，同时扩散效应也在增强，构成了区域经济增长的根本动力，这也是区域空间结构不断演变的动力。这说明，在不同阶段区域空间的演变动力实际上是增长极效应机制的作用结果。

一 区域空间结构理论研究的对象

（一）区域空间结构的演化阶段

区域空间结构的演变一般经历以下四个阶段：

1. 平衡封闭式结构；

2. 单核极化型结构；

3. 多核扩散型结构；

4. 均衡网络型结构。

不同国家的不同发展阶段，区域极化效应和扩散效应的强度以及对比关系都存在着差异，各区域具有不同的空间结构特征，即使在同一国家的经济发展阶段的不同区域的空间结构也不是完全相同的。因此，探讨区域空间结构演变的原因，分析不同区域发展阶段的空间结构特征，对于更好地把握区域空间结构的演化方向都是很有帮助的。

（二）区域空间组织结构和功能分析

对区域空间组织结构和功能的研究有以下内容：

1. 空间形态分析：通过对区域内经济区位中心，包括中心国家、中心城市和城镇的空间分布形状、分布状态进行研究，寻找中心经济体在地域空间上的分布规律，从而在整体上把握中心经济体在空间范围内的动态演变规律。

2. 网络流通性分析：分析区域内网络中节点的通达性和结合性，以及终点涨落规律，从而找到区域的空间特征；互补性、通达性和中介性是区域空间结构形成的三个基本条件。这三个条件相互配合，可以促进区域空间相互作用和联系的加强，使区域内部形成一个有机的整体。

3. 城市经济体在空间上的规模组合：探讨区域经济体规模结构在空间上的协调性，可以提示出区域在空间演变的机制和趋势，比如最佳的企业规模、居民点规模、城镇规模和城镇体系。

4. 产业聚集程度及空间功能分析：通过分析区域中各经济客体在空间上的集聚程度以及产业的空间分布状态，可以探索地理空间的构造及其各地理现象的分类和分区，并能确定各城市经济体的功能范围。

5. 空间行为分析：通过区域间人类活动的空间行为分析，可以提示人类空间行为与地理环境之间的相互关联特征，调控区域空间结构的演化方向。

（三）空间相互作用分析

空间的相互作用分析是对两个以上的不同地理要素相互关系的研究。区域间和区域的空间相互作用又是以物流、人力资源流、资金流、商人流、人流、技术流、信息流等空间传递为内容的，多种形式的空间传递体现了区域之间的联系的实质性内容。对空间相互作用分析主要研究以下内容：

1. 空间相互作用条件：互补性、通达性和中介性是区域空间结构形成的三个基本条件；

2. 经济体与经济体之间相互作用强度及相互作用结构的分析：经济体之间相互作用强度是区域空间结构中最内在的、最本质的联系，也是区域空间结构特征的最重要的反映；

3. 空间流分析：通过对空间流的流入、内部交换、分配到输出的连续动态过程的分析，对空间流的研究提示了空间结构发展的内在动力；

4. 经济体空间作用腹地的空间格局：一个经济体空间作用腹地的格局体现了各个不同经济体与其经济影响范围的经济区域的点线面结合关系，反映出区域内部各经济体，经济体内部次级经济体之间经济上的相互作用、空间结构和等级从属关系，并可以此为依据划分出以各级经济体为中心的经济区域范围。

二 空间结构要素

空间结构是由节点、网络、域面、要素流等组成的要素集合。空间结构理论所研究的各个内容都要通过空间结构要素来实现。

空间结构要素可具体分为以下几种类型：①一定区域范围经济活动内极化而成的中心或称之为节点；②受经济中心吸引和辐射影响的经济腹地称为域面，是各种经济活动的地域依托；③要素流，包括物流、人力资源流、资金流、商人流、人流、技术流、信息流等；④由交通通信等线状基础设施组成的经济网络；⑤空间要素的规模等级体系。借鉴纯几何学或拓扑学的研究方法，空间结构要素可抽象为具有某种内涵和意义的符号及其他表现形式，如点线面等多维向量集合等。

（一）点要素分析

1. 点的基本特点。当要素本身的大小与其存在的空间相比可不予考虑时，即可抽象为点。点要素是区位要素中的最基本形式，是组成"线"和"面"的基础，也是空间经济结构和区域规划工作中的研究重点。

空间结构中的节点要素，一般是空间经济活动最密集、最活跃的地方，即经济体是经济活动的空间"聚集点"或"制高点"。节点以城镇为载体，或为单一城镇，或为城镇群，但其基本形态若反映在图上，则为点状模式。节点以其自身的功能在各个方向上构成一个空间吸引域，即节点区域。节点之间的空间相互作用关系可概括为以下五种类型：①从属关系。体现为低级节点对高级节点在社会职能方面的隶属关系。②互补关系。体现为经济体之间资源要素的差异化而形成的相互依存、取长补短、互联互通、共同发展的关系。③松散关系。无论是国家经济体，还是某一国家内部各经济体，它们之间的关系是没有法律规定确定关系的。它们之间的随机性变化是常态。当有利益点时，它们会紧密结合在一起，没有利益点或利益点丧失时，它们之间的关系就很难再保持。④排斥关系。表现为节点为争原料或争市场而发生某种利益冲突。⑤依附关系。当经济体与经济体之间具有互补性后，资源要素的有机组合会使双方利益共赢，这就使双方的依附关系增强，如卫星城对于中心城。

2. 点的区位属性。区位包括两种类型含义，一是绝对区位（Site）。它是指地理因素和现象在三维的地球表面的空间位置，可由纬度、经度和海拔高度加以精确的测定。绝对区位的基本特点是固定性，不随社会经济条件的改变而发生变化。它提示了地理因素和现象的某些重要的自然特征，如气候和地形条件等。这就是所谓的地理分布的地带性（水平）差异和海拔（垂直）差异。应该说，绝对区位从大尺度上控制了经济地理现象的分布特征和规律。二是相对区位（Situation）。它是指一特定地理因素或现象在地理空间中与其他地理事物的相对位置关系和空间联系，可用空间距离、交通运输的难易程度，以及经济、政治、社会联系来衡量。与绝对区位相反，相对区位并非一成不变，而是经常发生变化。随着技术进步、交通运输条件的改善，以及政治经济和社会联系的加强，甚至政策的变化，一个原先条件较差的地理区位会得到很大的改善而成为重要的经济区位。例如，中国沿边地区在20世纪80年代之前被视为具有最差的区位条件，但80年代对外开放后，成为对外开放的最前沿，相对区位条件发生了根本性的变化。

比较而言，相对区位远比绝对区位重要，其作用和意义主要表现为以下几个方面：①地域分工的形成和发展与具有某种相对优势的区位因素密切相关。比如，某个经济体的崛起或某些大海港的发展，往往可以从它们的相对区位中寻找答案。②一个地区的发展潜力在很大程度上也依赖于它的相对位置，而不仅仅是它的自然条件。③某一活动在某一区位的发展可以通过乘数效应带动周围区位相关活动的发展。

相对区位具有比绝对区位丰富得多的经济地理内涵，因而更多地被经济地理学家所采用。例如，中国上海位于中国东部沿海中段的长江三角洲上，这一相对区位意味着上海占据着条件极为优越的经济发展和交通运输位置。它面对太平洋，具有海运和国际通商之利，同时又背靠中国广大的内陆腹地，占长江河运之便。因此它的先天性特色的区位优势无可替代，注定要成为经济流动的发源点、集中点。初始级点一般初始发挥作用时，在相对狭小的区域内聚集力强，但范围不会太大，因此惯例上称小区域为点。当点作为增长极发挥作用后，周边区域就纳入点的扩散和影响范围之内，通常人们称之为区域。其实这时由点与周边受影响的地区形成的区域仍应当称为点，与初始点不同的是点变大了，可以叫作圈，事实上圈就是小点的扩大，因此，点和圈是一致的，只不过范围大小不同而已。

（二）线要素分析

作为空间实体的区位线要素，是指在地域空间上具有确定线段的交通线路、动力和水源供应线。其中，交通线路起着最为重要的作用。它是空间经济活动的基础和空间经济活动横向拓宽的先决条件。现代交通线路包括铁路、高速公路、公路和航道等。作为交通线路，必须具有一定的长度、方向和起始点，并由此规定了它们在空间所处的位置，同时还具备一定的质量标准。根据线路的自然、技术装备状况以及经济运量等，各种交通线路又可分为若干等级。

线的作用结果会在沿线形成彼此相连的点（圈）点（圈）相连。当这种点点连接紧密无缝隙时，就形成横向相连的经济带，因此，"线"和"带"是同一的，就如同"点"和"圈"是同一的一样。带只是线的扩张、伸展、加宽而已。

（三）面要素分析

面要素又称域面要素。域面是点和线要素赖以存在的空间基础，具有确定的空间范围。如果认为域面是指区域空间结构内除去节点与线网之外的所有地域，这就是"经济腹地"的概念。域面作为各项空间经济活动"场所"，其空间范围及其内部要素的密集程度等都随着它们与节点的相互作用和影响的状态而变，域面上若出现新的节点，则其经济实力就会增强，从而逐渐变为结节区域，域面的"宽广"程度也随着提高。否则，域面经济活动稀疏，活动半径狭小，即沦为衰落或不发达区域。

面的视域有很大的伸缩性。一个区域也可称为"面"，几个区域联合起来也可称为是"面"。全球一体化，也可称为是"面"。

（四）空间结构要素的组合模式

如果对点、线、面要素进行组合分析，就可得到很多空间结构要素的组合类型，如表 5－1 所示：

表 5－1　　　　　　　　空间结构要素的组合模式

区位要素及其组合	空间子系统	空间组合类型
点—点	节点系统	经济体与经济体连接系统
点—圈	节点扩散系统	中心经济体体系
点（圈）—线	经济枢纽系统	交通枢纽、产业链条枢纽
点（圈）—面	城市—国内区域系统	国际聚集区、城市经济区
线—线	网络设施系统	交通通信网络、资金网络
线—带	线路均衡发展系统	多点互联互通互助链接
线（带）—面	产业区域系统	作物带、工矿带、工业走廊
面—面	宏观经济地域系统	基本经济区、经济地带
点（圈）—线（带）—面	空间经济一体化系统	全球经济等级规模体系

第二节　雁行模式理论

"雁行"（Flying Geese）模式是日本经济学家赤松要先生在 20 世纪 30 年代提出，用以说明当时日本的工业成长模式的，赤松要先生发现日本的产业通常经历了进口新产品、进口替代、出口和重新进口四个阶段的周期，在图表上呈现倒"V"形，酷似飞行中的雁阵，故而取名。60 年代以后，该模式被应用并引申于说明东亚国家国际产业分工和结构变化的情况。根据该模式，产业依照科技的复杂程度，从低到高分为劳动和资源密集、资金密集、技术和知识密集三个梯级。一个国家或地区在经济发展中往往经历以上三个梯级。随着它工业化程度的提高和人均收入的增加，某些产品逐渐失去优势，因而将其转移至低一个梯级的国家或地区，自己再上一个梯级。而今，在这雁阵中日本居先，是领头雁，亚洲"四小龙"居中，东盟诸国在后。

近年来，"雁行模式"又有新的发展，例如将领头单雁（日本）演化为双雁（日本、美国），把它看成是东亚的经济发展模式。扩展雁阵以包括中国和南亚国家等。尤其引人注意的是，1993年日本又公开打出"雁行模式"。

"雁行模式"被认为是一种"追赶模式"，即落后者追赶先进者的模式。日本知名人士也强调，"本地区作为一个整体，可以凭追随领头国家而得到发展"。很明显，这一模式突出领头雁的先导作用和其他雁只的尾随行为，而不设想后来者超越的可能。这种静止的模式是与经济发展不平衡规律相抵触的。不可否认，20世纪60年代美国的确是亚太地区的领头雁。在该年代中，日本的大发展主要依靠美国的资金、技术甚至市场。如果机械搬用"雁行模式"，日本今天就绝不会享有世界最大的债权国地位，而美国却沦为最大的债务国。日本的经济发展也没有完全依照循序渐进的法则。以决定生产力发展的科技而言，60年代日本共直接引进7295项外国技术（其中57%来自美国），跳过了自己试验开发的阶段，从而实现了科技水平的飞跃发展。日本直到1981年才明确提出"科技立国"的主张。

"雁行模式"可以适用于东亚中小国家和地区，不一定能适用于发展中大国。在发展中国家和地区中，"雁行模式"的最大受益者是"四小龙"和东盟国家。这一点从它们在20世纪七八十年代中的迅速发展可以得到证明。它们的经济活力较大，适应性较强，很大程度上是由于经济规模较小和以出口导向为主，便于产业转型。对于经济规模较大，以国内市场为主的发展中大国来说，情况就不尽然。以劳动密集型产业为例，"四小龙"从大规模输入和转出这些产业只用了十余年时间，而像中国这样的发展中大国，可以预计劳动密集型产业将存在很长一段时间。劳动密集型产业目前也是它们在国际分工中的最大优势。如果按照"雁行模式"，只有等待劳动密集型产业优势丧失和转移他国以后，才能产业升级，它们什么时候才能跟上时代前进的步伐？

"雁行模式"是一个特定历史时期的产物。它所揭示的产业规律在一段历史时期内有一定的参考价值。但是历史不是一成不变的。"四小龙"和东盟国家得以成功有其特定的历史背景。中国这样的发展中大国是否适合"雁行模式"，怎样按"雁行模式"发展，还需要一个讨论的过程。就目前而言，中国已经成为世界第二大经济体，虽然在核心技术上与发达先进国家尚有一定的差距，但中国在创新能力、创新人才、资金实力上，以及一些基础产业、基础设施建设上，已经具有一定的优势，可以成为某一领域的"领头雁"，进而上一较高的梯级。

美国经济学家查·皮尔逊（Pearson）提出了一种"梯子模式"。根据该模式，亚太国家分别站在技术密集、资金密集和劳动密集三个梯级上。日本和美国在第一梯级上竞争，"四小龙"正迅速地爬越第二梯级，而东盟国家已在第三梯级上站稳脚跟。这种模式远较"雁行"灵活，它最大的特点就是：不固定尾随的次序，被注入竞争意识。无论是"雁行模式"，还是"梯子模式"，都有它发展的成功性和合理性，二者的组合模式会成为今天以及未来的新模式。中国的"一带一路"模式，即有此效用和效率。

第三节　梯度推移理论

一　梯度推移理论概述

（一）梯度推移理论的内容

梯度推移理论是关于新技术、新生产力的梯度转移在区域开发中的运用研究，它与工业的生命周期理论相联系。借鉴其他学者的相关观点，经笔者再略加重新归纳和理解，其理论要点主要是：

1. 一个经济体、一个区域经济的盛衰主要取决于它的产业结构的优劣，而产业结构的优劣又取决于地区经济部门，特别是主导专业化部门在工业生产循环中所处的阶段。如果一个区域的主导专业化部门主要是由处在创新阶段的兴旺部门所组成，则不但说明它现在具有经济发展的雄厚实力，而且也预示着它在今后一个时期内仍然可以保持旺盛的发展势头，这种地区被列入高梯度区。相反，如果一个地区的主导专业化部门都是由那些处在成熟阶段后期或衰老阶段的衰退部门所组成，则地区经济必然会出现增长缓慢、失业率上升等问题，甚至会陷入严重的经济危机，这种地区属于低梯度区。

2. 新产业部门、新产品、新技术、新的生产管理与组织方法等大都发源于高梯度地区，然后随着时间的推移，它处在成熟、衰退过程中，按顺序逐步由高梯度地区向低梯度地区转移，这样，高梯度地区承载的部门及技术等不断增加、拥挤，于是低梯度地区便不断地接纳、吸收相对低层次的产业技术。

3. 梯度转移主要是先通过某经济体、某经济区体系拓展能量和要素实现的。因不同地区及不同规模的经济体、城市体，其产业结构及职能存有很大差异，但相互间的协作互补性又必须很强，于是，连续的经济技术形势、状态就注定了产业技术等转移的必须和可能。

梯度推移理论可用于世界范围经济发展的动态分析。例如，在产业革命初期，纺织、钢铁、造船等行业正处于创新阶段，它们是当时经济发展水平最高的英国的主要经济支柱。当这些行业进入发展阶段以后，它们的发展重点逐渐转移到法国、美国、日本等当时还处在第二梯度上的国家。到了 20 世纪 60 年代以后，这些行业在发达国家的增长已经终止，并开始出现下降的趋势，而中国香港、新加坡、韩国、巴西、印度等国家与地区则在这些行业上取而代之。

（二）梯度推移机制的内在因素

这种有序的梯度推移机制是由影响区域经济发展和生产布局的内在因素决定的，具体如下：

1. 处于创新阶段的工业部门大都布局在少数科技力量强、产业结构好、经济实力强的经济体及经济体内的大城市。这些城市具有创新和接受创新成果的能力和优势。

2. 处于发展阶段（在布局上称为扩展阶段）的工业部门需要由发达经济体或区域向在第二梯度上的一些条件具备的经济体或区域推移，谋求扩大市场。

3. 处于成熟阶段与衰退阶段的工业行业，由于经过长期生产，产品已经成熟，技术易于掌握，生产已经完全标准化。他们的生产已由技术密集型逐步转变成简单劳动密集型。在高梯度地区这类产品的市场已趋饱和，而一些发展中地区或落后地区由于地价低、工资低、原材料价格低和税率的优惠，于是出现了这些部门向低梯度地区的推移。

（三）梯度推移中的动态效应

著名的"累积因果论"认为，梯度发展中同时起作用的有三种效应，即极化效应、扩散效应和回程效应。按笔者的理解，这三种效应的作用应为：极化效应的作用结果会使生产向其周围的低梯度地区扩散；扩散效应的作用是极点对外埠地区的要素流出；回程效应的作用则是削弱低梯度地区，促使高梯度地区进一步发展。中国的"一带一路"无疑具有这多种效应，"一带一路"会使低梯度、高梯度地区同时发展。

1. 极化效应。一个地区只要它的经济发展达到一定水平，超过了起飞阶段，就会具有一种自我发展的能力，可以不断地积累有利因素，为自己进一步发展创造有利条件。在市场机制的自发作用下，发达地区越富，则落后地区越穷，造成了两极分化。其形成的原因有：①经济发达的高梯度地区在经济发展中积累了巨大优势，如强大的科技力量、便捷的交通通信系统、完备的基础设施等，更进一步突出了发达地区的优势；②一个地区的经济发展水平越高，就越有可能从规模经济和集聚经济中获得利益，从而提高自己在市场上的竞争能力；③乘数效应进一步促使生产分布的极化。由于产业集聚，势必要求一些为它服务的生产性及非生产性服务业在该地区相应发展，这就引起了该地区人口的增长，而人口的增长又推动了服务行业的加速发展。

2. 扩散效应。极化效应的对偶效应是扩散效应。一个地区经济发展梯度的上升，就会产生对周围及其他地区经济发展的带动作用。扩散效应主要表现在：①经济不发达的低梯度地区的初级产品、初级产业发展。随着高梯度地区的发展会扩大对经济不发达低梯度地区的原材料与初级产品的购买量，高梯度地区的产业为自己建立原材料与初级产品基地，常常会进行相应的投资与技术转移。这种投资与转移随着高梯度地区的经济发展与资本积累的充裕而增加，因此，高梯度地区产业的发展会促使经济不发达的低梯度地区的相应发展。②丧失比较效益或因过度集聚而不经济的产业会逐步向经济不发达的低梯度地区转移。如：简单劳动密集型产业向外扩散。随着高梯度地区的产业部门由创新阶段演进为成熟和衰退阶段，便由技术密集型转为劳动密集型，并向低梯度地区转移，产生所谓"外流"现象。③高梯度地区税收增加，国家通过税收支持落后地区发展。④经济不发达的低梯度地区的旅游业等第三产业发展。⑤一些污染严重的产业"外流"或分散到经济不发达的低梯度地区。

扩散效应首先在一些条件相对较好的交通线上或点上起作用，形成一批中小城镇。它们达到一定规模之后，在规模经济、集聚经济及乘数效应的作用下也会不断扩大，甚至有形成新经济体的可能。

3. 回程效应。回程效应是扩散效应的对立物，是一种对扩散效应的负作用。主要表现在：①阻碍不发达经济体的资本积累。

发达经济体向不发达经济体投放了大量的资本，如果不发达地区未能改善投资环境，未能消化吸收转移技术，这时就会有大量资本回流到发达经济体。②人力流到发达经济体，使不发达经济体缺乏人才。③不发达经济体竞争能力无法与发达经济体抗衡。

（四）梯度转移与区域差距的变化

在区域全局的发展过程中，经济不发达的低梯度地区获得的发展机会归根到底取决于"极化效应"、"扩散效应"、"回程效应"在该地区综合作用的大小。一般认为，在经济发展初期，区域间的极化效应、回程效应远远大于扩展效应，而随着时间的推移，极化效应、回程效应趋于下降，扩展效应则迅速增强。经过这一转折点后，梯度转移的净效果将大于零并继续加大，不发达经济体从区域间相互作用中获得的好处远大于损失，自身发展开始加速，区域间差距随之缩小（见图5-1）。这是由于：

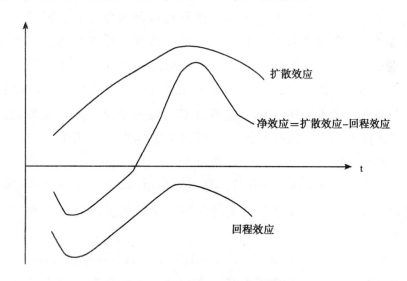

图5-1 不发达地区梯度转移

1. 发达的高梯度地区在不断积累有利因素，为自己进一步发展创造有利条件的同时，也为自己积累了制约因素，如：①集聚效益收益递减。在经济发展初期，由于集聚效益作用，发展势头向发达区域及区域内经济中心集中，极化作用很强，但这种积累性集中不会无限制进行，因为无论是规模经济还是外部经济都有限度。一旦集中过度，就会产生规模不经济和外部不经济，促使产业向外扩散。②地域范围的有限性。发达地区的空间容量、环境容量和经济容量是有限的。于是必定推动本身向外扩容，拓展发展新空间。

2. 在不发达区域的经济准备期与发达区域经济结构急剧变动期相对应时，极化作用最强；而发达区域进入成熟期，不发达区域经济发展进入加速发展时，扩散效应最强。

上述内容中的"地区"与"地区"之间的梯度推移同样也适合国家与国家之间。

二 反梯度推移模式

反梯度推移理论认为现代技术转移有两个特点：其一，技术转移按现有生产力发展水平转移，这是常规的梯度推移；其二，以超越现有生产力发展水平转移，这是非常规的梯度推移。只要经济发展需要，又具备必要的条件，就可以引进先进技术，进行经济开发，而不管这一地区处于哪个发展梯度。落后的低梯度地区可根据自己的实际情况，直接引进采用世界最新技术，发展自己的高新技术，实行超越发展，然后向二级梯度、一级梯度地区进行反梯度推移。

这种反梯度推移，在世界经济发展中也不乏其例，如落后的英国赶上并超过了西班牙、葡萄牙；相对落后的德国赶上并超过了英国。

在中国改革开放中，一些落后的中小城镇，通过引进国（境）外先进技术，在很短时间内赶上和超过了高梯度的大城市的实例也屡见不鲜，以致整个中国成为世界第二大经济体。但梯度推移既有其内在的特殊原因，又有其外在的客观环境，而仅从区域经济发展总体趋势看，梯度推移顺序仍是主体。

三　梯度推移理论在中国的应用案例

20 世纪 70 年代末 80 年代初，梯度推移理论被引入中国的总体布局与区域经济研究中。这种理论的基本观点是：无论在世界范围内，还是在一国范围内，经济技术的发展是不平衡的，客观上已形成一种技术梯度，有梯度就有空间推移。生产力的空间推移要从梯度的实际情况出发，首先让有条件的高梯度地区引进、掌握先进生产技术，然后逐步向处于二、三级梯度的地区推移。随着经济的发展，推移速度加快，也就可逐步缩小地区间的差距，实现经济分布的相对均衡。

这一观点引起了一些争论，提出一些新的空间推移理论，如反梯度推移式、跳跃式、混合式等，但多数学者认为起主导作用的还是梯度推移方式。主要理论根据是：推移之所以能够进行，一方面是因为扩散有其内在动力和外在压力；另一方面是由于接受地区存在着接受扩散的引力场，推移方向的选择，主要看接受地区引力场的状况。接受地区的引力场主要有劳动力场、资源场、区位场。落后地区一般缺乏资金和技术，主要靠上述三个场的引入吸引高梯度地区的新产业、新产品、新技术扩散到本地区去。

中国国内技术转移的梯度理论核心观点是中国东、中、西三大经济地带客观存在着由高到低的技术梯度，在实行对外开放的过程中，应由东部沿海首先消化、吸收先进的技术，承接发达国家的产业扩散，然后依次转移到中、西部地带。其实，这种观点是片面的和不完善的。因为，并不是说所有东部地带的地区和产业都比中、西部地带有更高的生产力和技术水平，因此，不应否定中国中西部地带中某些地区、某些行业直接引进国（境）外"非指向性技术"的可能性和可行性。而且这一理论违背了中国迎接新技术革命挑战的战略思想。中国国内技术转移梯度理论否定了其国内落后地区直接采用国外先进技术超越发展的可能性。鉴于其国内技术转移梯度理论的上述缺陷，所以，它无法作为中国制定科技发展战略的指导思想。制定区域科技发展战略的指导思想应该是技术向适宜地区转移；地区应引进适用技术，是梯度推移还是跳跃引进应根据特定的技术和特定的地区来确定。所谓适宜地区和适用技术应达到四个标准：如果采用一项技术能更好地利用本地区现有的技术力量（包括人与物）；能够推动企业的技术改造并使生产组织形式按现代化大生产的要求发生变革；能够扩大产品销路，满足市场需要，提高产品的出口创汇能力；能够降低消耗，减少环境污染，促进生态平衡，那么这项技术就是适用技术，这个地区就是适宜地区。

中国国内生产力布局的梯度推移理论的核心观点是：中国地区经济发展水平客观存在"东部—中部—西部"的梯度分布；为了使"增长"和"均衡"两方面都得到兼顾，今后，应将充分利用这一梯度势差，因势利导，生产力布局的重点也应将遵循"东部—中部—西部"的顺序，实行梯度开发。

中国对国内生产布局的梯度推移理论自提出后，在20世纪80年代成为中国区域政策理论与实践的主流，这一时期中国区域经济发展的非均衡发展战略的制定就是以这一理论为支撑的。随着中国经济发展和经济研究的深化，生产力布局的梯度推移理论也或多或少暴露出其局限性，集中表现在：由于这一理论主要是依据现状顺序确定生产力布局的重点，因而往往只注意了发挥发达地区现有优势，而忽视了待开发地区的发展。中国的中、西部地区在新中国成立后其国内生产力布局西移过程中已经形成强大的生产能力和相当的工业基础，且中、西部某些地区或产业的发展水平已呈发达的或较发达的状态，在这种情况下，简单推行"梯度理论"，势必不利于中国已有相当基础和资源优势的中、西部地区的发展，势必进一步拉大地区差距，甚至会限制东部地区进一步发展，削弱中国经济长远发展的后劲。因此，自90年代初期开始，中国实行的是非均衡协调发展战略，提出要在大力促进东部地区现代化的同时，加快中、西部地区发展，实施西部大开发战略，以及实行振兴东北老工业基地战略。

第四节　圈层结构理论

早在 160 多年以前，德国的农业经济学家冯·杜能（Von Thünen）在其《孤立国》一书中就已经指出，城市郊区的农业经济活动，农业的布局会呈圈层式分布，将会以城市为中心，围绕城市呈向心环状分布。从中心向外，分别为自由农作区、林业区、轮作农业区、谷草农作区、三圃农作区和畜牧业区。这种圈层空间结构模式被誉为"杜能环"。

美国芝加哥大学社会学教授 E. W. 伯吉斯（E. W. Burgess）在1925 年对城市用地功能区的布局研究后指出，城市五大功能区是按同心圆法则，自城市中心向外缘有序配置的，并认为这是城市土地利用结构的理想模式。这种模式的空间结构是从中心向外，分别是中心商业区、过渡性地区、工人阶级住宅区、中产阶层住宅区、高级人士住宅区，呈现出有序的圈层状态。

日本学者狄更生和木内信藏于 20 世纪 50 年代对欧洲和日本的城市进行了研究，提出了近似的城市地域三地带学说，认为大城市圈层是由中心地域、城市的周边地域和市郊外缘的广阔腹地三大部分组成，它们从市中心向外有序排列。1979 年木内信藏在《都市地理学》书中对城市三个地带作了进一步说明，中心地域是城市活动的核心；周边地域是与市中心有着上班、电话、购物等密切联系的日常生活圈；市郊外缘是城市中心和周边地域向外延伸的广大地区或远郊区。

中国的"一带一路"战略以中国为某些经济要素的起点，结合中国区域规划实践的经验，深化和发展了经济活动圈层式空间结构理论，建立了颇具中国特色的发展理论和模式，也等于把微观类的城市圈发展理论、发展模式扩展到了更广大的"一带一路"的地区和范围，其原理是同一的。

一 圈层结构理论的内涵

城市是一个不断变动着的区域实体。从外表形态来说，它是指有相当非农业人口规模的社会经济活动的实际范围。城市空间大体上可分为两大部分：一部分是建成区；另一部分是正在城市化的、与市区有频繁联系的郊区。城市与周围地区有密切的联系，由建成区至外围，由城市的核心至郊外，各种生活方式、经济活动、用地方式都是有规律变化的，如土地利用性质、建筑密度、建筑式样、人口密度、土地等级、地租价格、职业构成、产业结构、道路密度、社会文化生活方式、公共服务设施等，都从中心向外围呈现出有规则的变化。

城市作为区域发展的核心区域，对周围区域起着经济中心的作用，发挥着吸引和辐射功能，但城市对区域各个地方的吸引和辐射的强度是不相等的，如不考虑自然因素的障碍，其最主要的制约因素是离城的距离。城市对区域的作用受空间相互作用的"距离衰减律"法则的制约，这样就必然导致区域形成以建成区为核心的集聚和扩散的圈层状的空间分布结构。

城市与周围区域的发展可以应用圈层结构理论来规划，实际上也是利用了点轴开发的思想。因为城市的扩大，不是建成区扩展前沿的简单延伸，而是呈线状或点状逐步向外扩大，形成不连续的土地利用方式。在城市边缘区，城市居住用地、公共绿地、商业用地、工业用地与农业用地犬牙交错，城市社会经济文化与乡村社会经济文化互相过渡和交叉。边缘区域向建成区的转化实际就是乡村向城市的转向。这种转化过程在空间上反映出一定的层次性，但并非是几何图形上的同心圆式。所以城市边缘区域圈层划分的依据应该是城市及其腹地生产力水平、经济结构、社会生活方式、人口就业构成、与核心建成区的距离、农业活动与非农业活动的地域差异的大小等。

虽然圈层结构是以城市为主体要素流动扩展模式的理论，但放

大到城市与城市、国与国之间是同样原理，因为从发展来讲，都
是经济体流动和扩张发展原理。

二 圈层结构的基本特征

所谓"圈"，实际上意味着"向心性"，"层"则体现了"层
次分异"的客观特征。圈层结构反映着城市的社会经济景观由核
心向外围呈规则性的向心空间层次分化。圈层结构中，城市是圈
层构造的主体，由此便可得到如下几点认识：

一是各个城镇有各自的圈层状态；

二是在城市密集区，圈层会产生交错叠置现象；

三是每个城镇都有较明显的直接腹地，故各个城市对周围圈层
的影响范围都是有限的；

四是圈层的大小与城市规模、城市对外交通的便利程度（易
达性）、城市对外辐射强度成正比例；

五是因城市客观存在着等级系统，故各个以城市为核心的圈层
也有相应的等级层次系统。

纵观世界城市和其周围区域，从内到外基本都可按三个圈层划
分，即内圈层、中圈层和外圈层，各圈层都有各自的特征：

（一）内圈层的特点

内圈层，可称为中心城区、城市核心区，它是完全城市化了的
地区，基本上没有大的种植业和其他农业活动，以第三产业为主，
人口和建筑密度都较高，地价较贵，商业、金融、服务业高度密
集。内圈层是地区经济最核心部分，也是城市向外扩散的源地。
核心区也有两种地域类型：一是结节地域；二是均质地域。结节
地域是指结节点（具有集聚性能的特殊地段）与结节吸引区（各
种不同规模集聚中心的有效服务区域）组合的区域。均质地域是
指具有成片性专门职能的连续地段，即与周围毗邻地域存在明显
职能差异的连续地段。

（二）中圈层的特点

中间圈，可称为城市边缘区，它是中心城区向乡村过渡地带，

是城市轮廓向外扩展的前缘。边缘区既不同于核心建成区，也不同于一般的乡村，或者说边缘区既具有城市的某些特征，又还保留着乡村的某些景观，呈半城市、半乡村状态。

城市边缘是城与乡的结合部。所谓城乡结合，主要体现在四个方面：

1. 在功能上，具有城乡二重性，发生着由乡村向城市的逐渐转变的过程。这些地方是城市对外交通站、场、港口、机场等的重要场所，也是城乡物资交流最适宜的地方，建设有大量的集贸市场、批发商品市场、中转仓库等，因此是城乡客源汇集地带和物资交换地带。这一圈层的原有公路逐步转变为城市道路，并参考城市道路断面进行设计和建设。经济结构表现出综合性、多样性，但第一产业已不占重要地位，以生产禽、畜、蛋、奶、蔬菜、水产为主。工业发展快，起点高。与城区的联系十分密切。

2. 在社会文化上，是城乡社会习俗、生活方式、思想观念相互交错和衔接的地带。边缘区人口构成复杂，既有城市人口，又有农村人口，还有大量外来暂住居民。农村人口基本上以第二、第三产业为主要职业。这些地方就业机会广，谋生手段多，人均收入高，生活方式与城市居民已无显著差别。随着收入的增多，生活方式的改变，固有的乡村思想、文化观念受到冲击，原有居民的居住、饮食、穿着打扮、消费时尚与城市居民已无二致，但在言谈举止、崇尚迷信、环境卫生等方面却保留着较多的农民本色。

3. 在位置上，处于建成区外围，是城镇与乡村的衔接地带，这里有邻近城市发展经济的区位优势，有较低廉的土地价格，劳动力相对费用低，且有乡村风景等，对城市扩展有强大的吸引力，因此，城市工业区、新的住宅区、科研和文教区、公园、苗圃和垃圾处理场、污水处理厂、墓园等非集约性用地，不断在边缘区出现。

4. 在空间景观上，是变乡村景观为城市景观。农业土地利用方式大量变为城市土地利用方式，农业居民点和村庄虽然保留，但范围逐步缩小，甚至被街区包围，出现城市中的"村庄"。城市道路和各种基础设施延伸进入村庄，城市型建筑物越来越多。许多原来低矮的农房被周围市民使用的高楼大厦包围起来。

对城市边缘区，按照城乡相似性程度，可以进一步分为内边缘区和外边缘区两个层次。内边缘区的土地利用已处于农村转变为城市的高级阶段，多数土地已被城市建设使用，但土地利用的冲突较多，即城市的平面膨胀与郊区农用地保留之间的矛盾问题较多。外边缘区城乡过渡的特色更加明显，更近似农村，许多地方仍以农业土地利用为主要景观。

（三）外圈层的特点

外圈层又称为城市影响区。在这个区域，土地利用以农业为主，农业活动在经济中占绝对优势，与城市景观有明显差别，居民点密度低，建筑密度小。许多地方，外圈层是城市的水源保护区、动力供应基地、假日休闲旅游之地。外圈层中也许会产生城市工业区、新居住区的"飞地"，并且一般在远郊区都有城市卫星镇或农村集镇或中小城市。

三　城市圈层扩展的周期性

城市圈层对外扩展常常以周期性为特征，这与经济增长周期性波动现象密切相关。经济活动的周期性波动使城市的圈层扩张出现相应的周期性变动，形成加速、停滞、稳定等变化状态。在经济高速增长时期，城市工业投资增加，居民住宅、工业小区和道路建设大规模展开，边缘区土地被征用，改变为工业、商业、文化、娱乐、城市住宅和基础设施等建设用地，城市建成区规模迅速扩大。在经济萎缩时期，基本建设项目少，大建设项目停建或缓建，投资减少，就业率下降，失业人员增多，厂商、生产企业和消费者都出现悲观情绪，城市人口规模停止增长甚至减少，城市圈层扩展基本上就停止下来，处在稳定状态。当经济走上复苏阶段，是城市社会经济从萎缩转向增长的转折点，城市建设主要在原有圈层内进行结构调整，边缘区向外圈层扩展的能力极为有限。只有当经济再次进入高速增长时期，城市圈层结构才会产生变动，产生扩大、向外延伸等新的阶段。

城市圈层式扩展是在城市聚集和对外围地区辐射的作用下进行的。城市聚集力和对外辐射力在核心和周围区域各个方向是不均等的，在城市对外交通干线方向上，引力最大，张力最强，因此使城市圈层式扩展具有明显的方向性。城市联系广大腹地的地域性交通干线，交通便利，商业区位较好，人流、车流、货流、信息流集中，对城市向外扩展有较强的导向能力，对工业、商业、服务业和住宅建设的吸引力也较大，所以区域性的交通干线往往也成为城市对外扩展的伸展轴线，使城市圈层式扩展沿交通干线逐步向外蔓延。

圈层结构理论的诞生，源于城市与乡村之间形成的发展差序，但这一理论原理放大到国际间的国与国互联互通、共同发展范围同样适用。如此国际视野，按圈层结构发展原理，核心区就是指发达国家和区域发展要素集中地区，外层就是要素流出流入国家和地区。

四　圈层结构理论的应用

圈层结构理论在实践中可应用到卫星城镇的规划、建设上。卫星城镇的建设和发展是第二次世界大战后出现的普遍现象。卫星城镇的布局具有很强的向心性空间层次分化特征，一般是围绕中心城按照圈状来建设卧城、工业城、城市疏散点等，以解决特大城市过分拥挤的种种弊端。比较突出并可借鉴的例子是第二次世界大战后日本的城市发展规划。日本把圈层结构理论作为国土综合规划的指导思想，并进一步提出了大城市经济圈构造理论，远远超出了城市圈层结构概念，转化为大区域经济圈模式。1987 年日本制定的《第四次全国综合性开发计划》提出了多极化开发方案，将全国划分为 7 个经济圈：中央部分 3 个，即以东京市的区域为中心的东京圈，以京都市、大阪市、神户市为中心的关西圈，以名古屋市为中心的名古屋圈；周围 4 个地方经济圈，即以札幌为中心的北海道圈，以仙台为中心的东北圈，以广岛为中心的濑户内海圈，以福冈为中心的九州圈。日本全国性的综合开发计划对各个经济圈都提出了开发与建设的基本方向，提出了开发与建设的政策措施。

圈层式空间结构理论所阐述和描述的，不仅仅是以某一城市为中心的圈层概念，它的另一个应用是在城市圈和区域圈中的研究。由城市圈到区域圈，由区域圈到区域与区域圈，这使得圈层理论具有了更大的流动性特点，我们既可以将圈层理论应用于经济区的宏观研究，也可以将圈层理论应用于区域与区域间的互联互通研究，比如南中国海经济圈、东亚经济圈、环太平洋经济圈等圈层结构模式。

第六章

流量经济理论与区域经济增长理论

　　前面提到了流量经济的新概念。按照流量经济的新论概念，流量经济是指经济领域中各种依靠要素或生产物的流动而带来经济效益与发展的经济存在形态的总称。流量经济分两种存在形态：一种是站在某一区域（包括国家或地区）发展的视野，以区域自身相应的平台或条件吸引外埠的物资、资金、人力、技术、信息、商人等经济发展要素向区域内集聚，通过各种资源要素在区域内的重组，提升式的有限期滞留，借助式的经过等，来促进和带动区域内发展，再通过区域内的资源要素向外埠的输出、流动等，既使本区域得到发展，又带动和服务外区域的经济发展所形成的经济现象。另一种是站在区域（包括国家或地区）与区域之间发展的全方位视野，通过推动和促进经济要素或生产物的相互流动，因经济要素或生产物重组、互补等产生经济效益，从而使各区域间协同发展所形成的经济现象。

　　从流量经济的新论概念来看，流量经济要素的流动首先是从促进核心增长极地区及其周边地区经济增长开始的，然后才是促进区域与区域之间联动联合、互联互通的发展。因此我们的研究必须先从区域经济增长的研究开始，但在理论模型上，目前世界上还没有更多、更全面的关于要素流动对区域经济增长作用的专门分析，以及各个要素间的相互作用等都没有模型来阐述。相比起已经成熟的区域经济增长理论，流量经济还只是一个现代经济发展运行的现象，还没有自己完善的理论模型体系，尽管笔者在2000年初曾经对此进行过探讨，但成熟度显然欠缺，因此，这是一个有待学者们进一步深入探讨和挖掘的领域。

本书为了探索建立流量经济的理论机制模型，拟首先借鉴西方相应成熟的各种区域经济增长模型来进行研究，以及对流量经济及流量经济理论进行验证。

第一节　区域经济增长模型理论

区域经济增长理论大多是西方动态经济学在区域问题上的延伸。这些理论力图阐明区域经济是由哪些生产要素决定的，以及这些生产要素在经济增长中的作用和影响。经济学家建立了一些模型来描述生产要素和经济增长之间的关系，常见的区域经济增长模型包括哈罗德—多马经济增长模型、索洛模型、新剑桥经济增长与收入分配模型、经济增长因素分析模型等。

一　凯恩斯框架下的区域经济增长理论

按照凯恩斯（Keynes）的宏观经济理论及其经济分析方法理解，若保持一个区域的经济可持续发展，对区域的资本积累、劳动力就业、技术创新与进步、消费偏好、国民收入、产业结构演进、进出口贸易等要给予重大关注。无论以什么方法通过推动要素的流动达到可持续增长的目标，总之这些要素对增长与发展的敏感性是不容置疑的。以哈罗德—多马的"动态经济学"为例。

（一）哈罗德—多马模型

1948年，英国经济学家罗伊-哈罗德（Roy Forbes Harrod）在《动态经济学导论》一书中，美国经济学家埃弗塞·多马（Evsey David Domar）在《资本扩张、增长和就业》、《扩张和就业》两文中分别提出了类似的一国经济增长的理论与模型，因此，后人将这两种类似的模型合称为哈罗德—多马模式。

1. 哈罗德—多马增长模型的基本假定

（1）全社会生产的产品只有一种，该产品既可作个人消费，又可作生产要素投入生产；

（2）生产单位产出所需要的资本和劳动量是唯一给定的；

（3）只有劳动力与资本这两种生产要素，劳动力按由外部因素决定的不变速度增长；

（4）不存在技术进步或只有中性技术进步。

2. 哈罗德的经济增长模型

哈罗德的经济增长模型的基本形式由以下三个变量组成：经济增长率 G、储蓄率 S 和资本—产出比率 V，它们组成基本方程式为：$G = S/V$

式中，资本—产出比率 V 被定义为同一单位时间内的资本增量与这个时间内生产出来的货物的增量之比。

在此基础上，哈罗德提出了三种意义上的经济增长率：实际增长率 G，有保证的增长率 G_w 和自然增长率 G_n。实际增长率由实际发生的储蓄率 S 和资本—产出比率 V 来决定的。有保证的增长率由一定收入水平下人们所愿意进行的储蓄率 S_d 以及厂商满意的资本—产出比率 V_r 所决定，其基本方程式为：

$$G_w = \frac{S_d}{V_r}$$

自然增长率是一个国家所能实现的最大的增长率，因而是一种"社会最适宜的增长率"，其决定因素是劳动人口增长和技术进步，基本方程式为：

$$G_n = \frac{S_0}{V_r}$$

式中，S_0 为最适宜的储蓄率。

哈罗德的经济增长理论就是围绕这三个增长率的关系展开的。这一理论提示了一国经济处于最理想的均衡增长状态所需的条件是：

$$G = G_w = G_n$$

哈罗德认为，三种增长率取得一致性，能够充分发挥生产能力，实现充分就业，并能避免通货膨胀。然而，不管理论上的分析还是实际中的经验，都表明这样一种一致性是极难达到的。因此，哈罗德进一步分析了三种增长率互相偏离的情况。他认为，一旦 G 和 G_w 发生了偏离，就会连续出现经济扩张或经济收缩。当 $G > G_w$，意味着实际投资过度，需求增加，将导致经济进一步扩张，使 G 进一步大于 G_w。当 $G < G_w$，意味着投资不足，将引起需求不足而导致产出缩减和就业减少，出现累积性经济收缩，使 G 进一步小于 G_w。一旦 G_n 和 G_w 发生了偏差，将使一个社会处于长期停滞或长期高涨的状况。当 $G_n < G_w$，表明储蓄和投资的增长超过了劳动力的增长率，必须减少投资，以致 $G < G_w$，使社会处于一种长期停滞或长期萧条的状态。当 $G_w < G_n$，表明现存资本设备处于极为充分利用状态，从而进一步刺激投资，使 $G > G_w$。这样，经济将处于长期高涨或长期兴旺的状态，甚至出现持续的通货膨胀现象。

3. 多马的经济增长模型

多马认为，投资具有二重性，即投资既可创造收入，增加总需求，又可提高生产能力，增加总供给。投资的二重性从理论上为经济增长方程式提供了供给和需求两边。方程式的一边代表收入的增加，即需求的增加，为投资增量（ΔI）与储蓄倾向（S）的比率，以 $\Delta I/S$ 表示。方程的另一边代表生产能力的增加，即供给的增加，为投资存量（I）与资本产率（δ）之积。他认为，当经济处于稳定的充分就业均衡状态时，供给等于需求，即

$$\Delta I/S = I \times \delta$$
$$\Delta I/S = S \times \delta$$

上式就是多马的经济增长模型。

4. 哈罗德—多马模型简评

（1）哈罗德—多马模型是现代经济增长理论的出发点，为经

济增长理论向动态化、长期化、定量化、实用化方向发展提出了基础性的前提。

（2）从资本、劳动等生产要素对区域经济增长的作用来看，哈罗德—多马模型强调资本增加对区域经济增长的作用。V 或 δ 不变，经济增长率只由 S 决定，与经济增长受多变量影响的现实不符，应用起来困难较多，且不能说明地区结构的问题。

（二）需求决定的区域经济增长理论

在哈罗德—多马模型里，最初的发展不存在国际贸易，每个国家或地区都是彼此孤立的，更不涉及区域因素和区域系统。哈特曼和斯科特（1967）从标准的收入等式出发，运用时间分析，把凯恩斯经济学的短期宏观经济模型扩展为动态的增长模型，并把区域系统纳入到经济增长中来。他们提出的经济增长公式为：

$$Y_t = C_t + I_t + X_t - M_t^c - M_t^k \qquad (6-1)$$

其中，Y 代表收入，C 表示消费，I 表示投资，X 表示出口，M^c 表示消费品的进口，M^k 表示资本品的进口，下标 t 表示时期。

在这个模型里，一个国家或地区的经济增长取决于资本积累，未来资本存量的区域分布取决于初始的资本存量的区际分布和模型的结构参数（各个地区的储蓄倾向、资本—产出比率以及储蓄的区际流动等）。每个地区的经济增长率都将不同于封闭经济状态下的增长路径。由于乘数原理和加速数原理的作用，该模型同样不存在稳态的增长路径。由此决定了封闭、孤立的发展必将被开放、扩散、系统性的增长与发展所取代。

该模型假定关键参数固定不变，他们把区际系统看作是一组没有空间的点，而区域发展的许多问题隐含着参数的变化和不连续性。这是区域经济的特点之一，而区域经济为块状经济，块状经济的最大特征就是经济现象的非连续性和间断性，表现在模型中就是经济变量在空间维度上的差异。另外，空间经济中的引致投资效益远比简单的总资本—产出关系复杂，它尤其要求分析个体投资对基础设施投资的空间集中的反应。而且，该理论在成熟效应上也没有考虑空间上的差异及其对投资增长的间接影响。因此，需要把该理论进行调整和扩展，或者对该理论在实践中进行灵活应用、添加。

二　新古典的区域经济增长理论

（一）索洛模型

1. 总量生产函数

索洛（Solow）论述了一个长期增长模型，该模型接受了除固定比例以外的所有哈罗德—多马假定。

假定总产量 Y 是由两种要素——资本和劳动生产出来的，总量生产函数可以写成：

$$Y = F(K, L) \qquad (6-2)$$

其中，K 是资本，L 是劳动。

生产函数（1）具有规模收益不变的特点，这意味着该生产函数可以写成

$$y = f(k) \qquad (6-3)$$

其中，$y = \dfrac{Y}{L}$，$k = \dfrac{K}{L}$，$f(k) = F(k, l)$

2. 资本积累

资本存量的变化可能有两个原因：投资增加了资本存量，或折旧减少了资本存量。

人均投资量是人均产出量的一部分，即 sy。将 y 用生产函数代换，人均投资量可以表示为人均资本存量的函数：

$$i = s \times f(k)$$

为了将折旧引入模型，假定每年资本存量都有 δ 部分磨损（δ 即折旧率）。因此，每年折旧的数量是 δk。

投资和折旧对资本存量的影响可以表述为资本存量的变动 = 投资 - 折旧，即

$$\Delta k = i - \delta k$$

因为投资＝储蓄，资本存量的变动也可以写成

$$\Delta k = s \times f(k) - \delta k$$

图6-1画出了在资本存量 k 的不同水平上，投资和折旧的数量。资本存量越大，产量和投资也越大，但同时折旧量也越大。图6-1表明，存在一个唯一的资本存量水平，在这一存量水平上投资与折旧量相等。也就是说，在这一资本存量水平上，$\Delta k = 0$。这一资本存量水平被称为资本的稳态水平，以 k^* 表示。

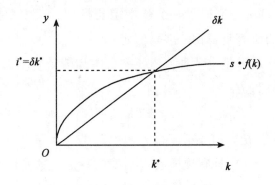

图6-1　投资、折旧和稳态

稳态代表了经济的长期均衡。不论经济的初始水平如何，终究它要走向稳态。假如资本存量初始水平低于稳态水平，投资大于折旧。随着时间的推移，资本存量会增加，与产量一同增长，直至达到稳态水平。反过来，如果资本存量的初始水平高于稳态水平，投资小于折旧，资本存量会减少，同样会走向稳态。一旦资本存量达到稳态水平，投资等于折旧，资本存量水平既不上升也不下降。

索洛模型表明储蓄率是稳态资本存量水平的一个决定性因素，也是储存量水平的一个决定性因素。如果储蓄率高，经济将有较大的资本存量和较高的产量水平，那么储蓄将导致较快的增长。

分析了储蓄率与稳态资本水平和收入水平的关系，现在可以讨论什么数量的资本积累是最优的。假定政策制定者可以选择储蓄率和稳态。选择稳态时，政策制定者的目标是使社会各成员的经济福利最大化。社会各成员关心的只是他们能够消费的产品和服务数量。

因此，意图提高经济福利水平的政策制定者会选择有最高消费水平的稳态，这被称为资本积累的黄金律水平，用 k^{**} 表示。

为找出黄金律稳态，由国民收入核算的恒等式 $y = c + i$ 得

$$c = y - i$$

将产量和投资用各自在的稳态值代换，可得

$$c^* = f(k^*) - \delta k^*$$

这一方程表明稳态消费量是稳态产量和稳态折旧量的差额，它表明增加的资本存量对稳态消费有两种影响：使产量增加，但更多的产量必须用来更新折旧资本。

图 6 - 2 表明存在着一种资本存量水平—黄金律水平 k^{**}，它使消费最大化。

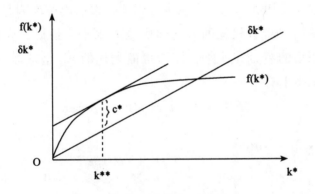

图 6 - 2　稳态折旧量和稳态产量

当稳态资本存量处于 k^{**} 水平时，资本的边际产品量等于折旧率，即 $MPK = \delta$ 或 $MPK - \delta = 0$。这也就是黄金律的条件。

3. 人口增长因素

上述分析表明，仅仅靠资本积累本身不能解释持续的经济增长，还需要考虑影响经济增长的其他要素，先来考虑人口增长这一因素。

假定人口和劳动力以固定增长率 n 增长。人口增长会如何影响稳态？

资本积累的增量可以表示为

$$\Delta k = i - \delta k - nk$$

方程右端分别表示新增投资、折旧和人口增长对人均资本存量的影响。新增投资使 K 增加，折旧和人口增长使 K 减少，用 $s \times f(k)$ 代换 i，得

$$\Delta k = s \times f(k) - (\delta + n)k$$

$(\delta + n)k$ 是使人均资本存量不变所必需的投资量。在稳态中，$\Delta k = 0$，$i^* = (\delta + n) k^*$。

人口增长在三个方面影响了前面的分析。在有人口增长的稳态中，人均资本和人均产量不发生变化，由于工人数按 n 的速度增长，总资本量和总产量也按 n 的速度增长。其次，人口增长解释为什么一些国家富裕，另一些国家贫穷。图 6－3 表明人口增长率从 n_1 提高到 n_2 时，人均资本的稳态水平从 k_1^* 减少到 k_2^*，由于 $y^* = f(k^*)$，人口产出水平 y^* 也减少。因此，索洛模型推测有较高人口增长率的国家将有较低的人均国民收入水平。最后，人口增加影响资本积累的黄金律水平，使消费最大化的 k^* 是这样一种水平，在这一水平上有

$$MPK = \delta + n \text{ 或 } MPK - \delta = n$$

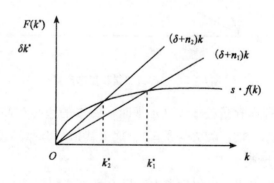

图 6－3 人口增长因素的影响

4. 技术进步因素

为了纳入技术进步因素，需将生产函数写成

$$Y = F(K, AL)$$

其中 A 是一个新变量，称为劳动效率。劳动效率决定于劳动力

的健康、教育、技能和知识。AL 是以效率单位计算的劳动量（简称为效率劳动），它考虑了工人的数目 L 和每个工人的效率 A 。

关于技术进步最简单的假设是技术进步造成劳动效率以某种固定速度增长，这一类技术进步被称为劳动放大型技术进步，劳动效率增长的速度（用 λ 表明）被称作劳动放大型技术进步的速度。由于劳动力的增长速度是 n ，每单位劳动的效率收放的速度增长，效率劳动的增长率是 $n + \lambda$ 。

将技术进步表示成劳动放大型，令 $k = \dfrac{K}{AL}$ ，表示每单位效率劳动的人均资本量，$y = \dfrac{Y}{AL}$ ，表示每单位效率劳动的产量，则仍有

$$y = f(k)$$
$$\Delta k = s \times f(k) - (\delta + n + \lambda)k$$

技术进步的引入并没有在实质上改变我们关于稳态的分析，存在着 k 的某一水平，k^* 在这一水平上，每单位效率劳动的资本和每单位效率劳动的产量是常数，经济将进入长期均衡。技术进步对经济增长的影响如表 6 – 1 所示。

每单位效率劳动的资本量 k 在稳态下是常数。由于 $y = f(k)$，每单位效率劳动的产出量也是常数。然而，人均产出量以 λ 的速度增长，总产量以 $n + \lambda$ 的速度增长。这表明技术进步能导致人均产量的持续增长。储蓄率的提高只能使经济在进入稳态之前以高速度增长，一旦经济进入稳态，人均产量的增长率便只决定于技术进步的速度。

表 6 – 1　　　　含技术进步因素的索洛模型的稳态增长率

变量	符号	增长率
每单位效率劳动的资本量	$k = K/AL$	0
每单位效率劳动的产量	$y = Y/AL = f(k)$	0
工人人均产量	$Y/L = Ay$	λ
总产量	$Y = AL \times y$	$n + \lambda$

（二）完全竞争下的新古典区域经济增长理论

20世纪60年代，许多区域经济学家，如博茨（Borts，1960）、博茨和斯坦（Borts & stein，1964）、罗曼斯（Romans，1965）、希伯特（Hiebert，1969）等，把区际系统的开放度纳入到标准的新古典经济增长理论中来，构建了多个区域经济增长模型，为当时一些地区出现的人均收入区际收敛现象的解释提供了理论基础。

新古典区域经济增长理论假定市场完全竞争、规模收益不便，一个地区的经济增长源于资本、劳动力和技术进步这三种生产要素的区内供给和区际流动。其数学表达式为：

$$y_i = a_i k_i + (1 - a_i) l_i + t_i \qquad (6-4)$$

其中：$k_i = \dfrac{s_i}{v_i} \pm \sum_j k_{ij}$，$l_i = n_i \pm \sum_j m_{ij}$，$k_{ij} = f(r_i - r_j)$，$m_{ij} = f(w_i - w_j)$。

在这个模型中，下标 i 和 j 表示不同的区域，y、k、l 和 t 分别表示一个区域某一时期内的产出增长率、资本供给增长率、劳动供给增长率和技术进步系数，a 表示资本对收入的弹性系数，s 表示储蓄占收入的比率，v 表示资本—产出比，n 表示本地劳动供给的增长率，k_{ij} 表示一定时期内从区域 j 转移到区域 i 的净资本数量占区域 i 资本存量的比例，m_{ij} 表示一定时期内从区域 j 迁移到区域 i 的净人口数量占区域 i 总人口的比例，r 和 w 分别表示资本收益率和工资率。

新古典区域经济增长和新古典经济增长理论的一个很大区别在于，它把生产要素的区际流动作为驱动经济增长的一个关键因素。新古典区域增长理论能够很容易地适用于国家的情形。该模型把经济增长和生产要素的区际流动结合起来，把经济增长的解释变量（资本、劳动力和技术）从本国或本地区的自身积累扩展到自身积累和外部流入。然而，这一模型在解释区域的现实经济增长时，也存在一些问题：一方面，该模型仍然没有考虑空间聚集经济和规模经济，更没有考虑到现实经济的块状特征；另一方面，它也没有说明生产要素区际流动的机制。

（三）垄断竞争下的新古典区域经济增长理论——资本创造理论

前面所介绍的新古典经济增长理论和新古典区域经济增长理论，是在完全竞争和规模收益递减（或不变）的框架下进行讨论的。然而，许多区域经济现象都涉及规模经济和垄断竞争的市场结构。20世纪末，鲍德温（Baldwin，1999）基于迪克希特—斯蒂格利茨（Dixit – Stiglitz）的垄断竞争和规模报酬递增的框架，根据克鲁格曼（Krugman）的核心—边缘模型，提出了区域经济增长的资本创造理论。

1. 资本创造理论的基本逻辑和假设

资本创造理论引入了资本创造和资本折旧这两种变量，这里不存在资本的区际流动。在该理论中，资本增加是区域经济增长的关键，但是，资本在区域间是不流动的，一个国家或地区的经济是增长还是衰退，取决于该国或地区资本创造是快于还是慢于资本的损耗。经济发达的区域可以较好地吸引资本，并进行资本积累；而欠发达的区域则与此相反。对资本吸引力强的区域会不断吸引资本，并凭借这些资本去创造新的资本；而对资本吸引力交叉的区域，则会因为没有资本增加，并且随着时间，资本会逐渐折旧，而丧失殆尽。由于资本的不断创造和折旧，市场份额也会发生转移。换言之，资本的空间转移，会引起市场份额的空间转移；而市场份额的空间转移又会反过来影响资本区域收益率的差异，而这种收益率的空间差异又对资本份额的空间配置产生影响。这样就出现了所谓的需求关联的循环累积因果关系。也就是说，发达地区的资本会越来越多，而且欠发达的地区的资本会逐渐萎靡。

资本创造理论假定一个经济系统有2个区域（南部和北部），3个部门（农业部分、工业部门和资本创造部门）和2种生产要素（物质资本和劳动力资本）。2个区域初始状态是对称的，资源禀赋和劳动力份额都相等，消费者的偏好以及生产技术都相同。农业部门和资产创造部门以完全竞争和规模收益不变为特征，工业部门以垄断竞争和规模收益递增为特征。农产品都是同质的，其生产只使用劳动力一种生产要素，农产品在区内和区级的交易都没有成本。各种异质工业品的生产需要 1 单位的物质资本（固定成本）和 a_M 单位的劳动力（可变成本），其成本函数为 $\pi + w_L a_M x$，其中 π 表示物质资本 K 的报酬，w_L 表示工人的工资率；工业品的区内交易没有成本，区际交易遵循"冰山交易成本"。资本创造部门只使用劳动要素来生产资本，单位资本的生产需要 a_L 单位的劳动。假设资本的折旧率为 δ，t 期的 1 单位资本在 $t + n$ 期仍可使用的部分为 $\exp(-\delta n)$。资本和劳动都不能跨区流动。此时，由于每期资本都会减少 δ 部分，相应地，为了弥补折旧的资本，资本生产的速度也等于 δ。

2. 资本创造理论的主要内容

资本创造模型的长期均衡由托宾的资产重置理论来决定，如果用托宾 q 值来表示资本价值与资本成本的比值，则当 $q \geq 1$ 时，资本的价值大于资本的成本，存在继续生产资本的动力；当 $q < 1$ 时，资本的价值小于资本的成本，资本生产停止。

由于假设资本生产部门是完全竞争的，因而，任意两个区域为了创造资本所承担的资本是一致的。假设当前资本的收益率 π 与未来的资本收益率相等，我们就可以用贴现率 ρ 将未来每期的收益贴现为当期的收益。最后，由于每期资本都会折旧，我们也就能够得到初始单位资本的实际价值 v。

托宾 q 值越大，资本生产的速度就越快，生产的资本也就越多。由于假定每个企业以单位资本作为固定成本，因此，资本越多，企业数量也就越多，资本增加的过程就是企业数量增加的过程。企业数量的增加，必然导致企业之间争夺消费者的竞争，也就是"市场拥挤效应"。这种拥挤效应必然降低资本收益，进而降低资本价值。如果，随着资本的扩张，q 值不断降低，当 q 值降到 1

时达到长期均衡。此时，资本总量不再变化，资本生产速度为 δ，正好等于资本折旧速度。

（1）经济系统内资本存量的决定。在经济系统实现长期均衡时，可以确定该经济系统的总资本存量、产业的空间分布以及消费的空间分布问题。长期均衡时整个经济系统的资本存量由（6-5）式确定：

$$K^w = \frac{\beta L^w}{(1-\beta)\rho a_I}, E^w = \frac{L^w}{1-\beta}, \beta = \frac{b\rho}{\rho+\delta} \quad (6-5)$$

其中：K^w 和 L^w 分别表示经济系统内的总资本存量和总劳动力数量；β 表示长期均衡时的资本净收益（即扣除折旧后的收益）与经济的总支出的比率；a_I 表示单位资本生产成本；ρ 表示折现率、从（6-5）式可知，整个经济系统的资本存量由劳动力禀赋、资本的净收益、单位资本的生产成本和折现率决定；劳动力数量越大、资本净收益越大、经济系统的资本存量就越大；单位资本生产成本越小、折现率越小，资本存量就越大。而经济系统的总支出是由劳动力禀赋和资本净收益内生决定的，劳动力数量越大、资本的净收益越大、经济系统的支出规模也就越大。

（2）长期均衡时的市场份额。长期均衡时北部地区的支出份额由（6-6）式确定：

$$S_E = \frac{1}{2} + \beta\left(S_n - \frac{1}{2}\right) + (1-\beta)\left(S_L - \frac{1}{2}\right) \quad (6-6)$$

其中：S_E、S_n 和 S_L 分别表示北部的支出份额、产业份额（也就是资本份额）和劳动力份额。从（6-6）式可以看出，北部支出份额与支出对称分布的偏离量，就是北部资本份额和北部劳动份额与对称分布的偏离量的加权平均值，在这里，S_E 成为一个内生变量，可以看出 S_E 和 S_n 相关，这意味着生产的转移将导致支出份额的转移。

（3）长期均衡时的产业分布。长期均衡时北部地区的产业分布由（6-7）式确定：

$$S_n = \frac{1}{2} + \frac{(1+\phi)(1-\beta)}{(1-\phi)+(1+\phi)\beta}\left(S_L - \frac{1}{2}\right) \quad (6-7)$$

其中：S_n 和 S_L 分别表示北部的产业份额（资本份额）和劳动力份额（对称时，南北劳动力份额各为1/2）；ϕ 表示两个地区之间的市场开放度。从（6-7）式可以看出，如果劳动力的空间分布是对称的，那么产业份额的对称分布是一个长期均衡，但这个长期均衡不一定是稳定的（这里不讨论对称均衡时的稳定性问题）。由（6-7）式给出的是长期均衡情况下的产业空间分布。

（4）市场份额（支出份额）对产业分布的影响。在前面，我们已经讨论过，北部市场份额（支出份额）的扩大就会提高资本收益，资本收益的提高使得北部不断地生产资本，资本的不断生产使得北部的资本份额不断扩大。那么市场份额与资本份额之间的关系到底如何？尽管（6-7）式表明了长期均衡情况下产业的空间分布问题，但在实际中，为了更好地说明问题，需要找出产业的空间分布与市场规模（或者说市场份额）的相对大小之间的关系。根据长期均衡条件，有：

$$S_n = \frac{1}{2} + \frac{1+\phi}{1-\phi}\left(S_E - \frac{1}{2}\right) \quad (6-8)$$

从（6-8）式可以看出，在 $S_E \in [0, \phi/(1+\phi)]$ 时，$S_n = 0$；在 $S_E \in (1/(1+\phi), 1]$ 时，$S_n = 1$。这说明，市场份额的取值范围为 $S_E \in [0, \phi/(1+\phi)]$ 时，工业生产将全部集中在北部。如果北部市场份额的取值范围为 $S_E \in (1/(1+\phi), 1]$ 时，北部将不会再进行生产。并且，我们可以发现，系数 $(1+\phi)/(1-\phi)$ 总大于1，这表明在市场规模相同的条件下，市场开放程度的不断提高，将更加放大本地的市场作用，故而产业的份额也就越来越大。如此，我们就可以得到如下这个结论：即某一区域的产业份额（资本份额）主要取决于该区域的市场规模（支出规模），市场规模越大，则该区域的产业份额（资本份额）也就越大。当市场规模不变时，市场开放度越大，则放大本地市场效应，产业份额（资本份额）就越大。

3. 资本创造理论的基本结论

前述我们已经讨论过流量经济的一些基本特征，而通过资本创造模型的讨论，我们进一步加深了对这种特征的理解。借鉴资本创造模型，流量经济应当具有如下几种特征：一是本地市场放大效应，也就是说，一个国家或地区市场规模（支出份额）的变化会导致其生产份额更大比例的变化；同时，随着市场开放度的提高，本地市场放大效应进一步得到加强。二是循环累积因果关系，各个地区资本价值的短期差异会引起资本积累的空间差异，从而导致产业份额的空间转移，产业的空间转移又引起市场规模的空间变化，市场规模的空间变化进而影响资本的收益。三是内生的非对称性，即初始状况相同或相似的两个区域，随着市场开放度达到某一临界值，产业分布会出现非对称现象，资本（或产业）向某一个地区集中。四是突发性聚集，由于资本创造模型中，能够维持产业聚集在某一区域的市场开放度的临界值和产业对称分布打破时的市场开放度的临界值相同，在市场开放度达到该临界值时，产业的分布形式会发生突发性变动。如果原有产业分布模式是对称的产业分布模式，或者原有经济增长模式是均衡增长模式，在市场开放度达到此临界值时，产业空间分布就会变成非对称的产业分布模式，或者发生均衡增长模式向非均衡增长模式转变，其中有量变和质变的原理。五是区位黏性，也就是通常所说的路径依赖，一旦确定了某种产业分布模式或经济增长模式，则空间分布模式或经济增长模式具有很强的路径依赖特征，经济系统的外部冲击很难改变这种路径。六是驼峰状聚集租金，也就是当出现核心—边缘结构时，核心区和边缘区的资本收益率差距将随着市场开放度的增加而呈现出驼峰状。这些特征说明：只要在模型中包含空间维并且在不完全竞争的情况下，就具有上述特征。

由于该模型不存在内生的资本创造过程，与完全竞争框架下的新古典区域经济增长理论一样，区域的经济增长过程都是外生的。资本创造理论表明，当两个区域实现均衡时，这两个地区的托宾 q

值相等且都等于1，其资本创造成本与资本的折旧和折现相等，这样，资本的创造过程停止，该经济系统的资本增长率为零。在这种情况下，要使经济系统重新创造资本，就不得不借助于经济系统外在的推动力。流量经济正是将资本的内生力与外在力进行互联互通的黏合而形成内外结合的发展力。不过在经济增长和经济区位的关系和经济一体化等方面，资本创造理论包含了不同于传统的经济增长理论的一些新的含义。

（1）经济增长强化区位优势。人均资本增值主要来自资本积累。在资本创造模型中存在资本积累过程，因此市场开放度足够大时，对称均衡将遭到破坏，形成核心—边缘均衡。由（6-7）式可以看出，经济系统的资本存量是内生决定的，并随着 β 的变化而变化，而 β 反映了资本的净收益与经济系统总收入的比率，因此这一比率越大，资本存量就越大，越有利于资本积累。同时，β 越大，则出现核心—边缘结构时的市场开放度就越小，越容易发生资本在某一区域的聚集。由于某一区域经济增长的主要指标之一为资本积累成，资本积累越多，区域经济增长也就越快。因此，资本积累影响经济区位，也就是说，某一区域的经济开始增长，则该区域的区位优势得到增强，反过来吸引外部的企业向该区位聚集，这说明经济增长本身就是一种聚集力。这告诉我们，某些外生的比较优势对某一区位的经济优势起很重要的作用，但更重要的是内生的比较优势。按流量经济原理，内生在先，有内生条件才有外生要素流入。流入越多，流出的可能越大，流量规模也越大。

（2）资本流动促进区域经济增长，但改变原有格局。如果资本不能流动，那么单就某一区域来讲，原有经济格局是稳定的，但由此却会使区域整体经济增长率降低。初始对称的区域，如果区际市场开放度足够低，则这种对称结构是稳定的。但由于市场开放度足够大，那么这种对称结构是很不稳定的。假设一个区域发生某种有利于 A 点的外生冲击，那么 A 点经济较早发生发展性的变化，会成为资本兴趣区。在这种过程中，A 点的资本收益率相对高而 B 点的资本收益率相对低，原有的对称结构会变得不稳定。当 A 点的资本收益率更高时，存在一种激励使得 A、B 居民都纷纷进行投资，投资额度远远超出保持原有资本存量所需的额度，这就是聚集诱致的投资拉动型经济增长。A 点投资率的提高，会推动资本劳动比的上升，进而提高了人均收入与人均产出。随之，A 点的市场规模扩大，而市场规模的扩大会使 A 点能量膨胀性过剩，于是会刺激 A 点对 B 点的投资。这样，A 点成了区域经济增长的"增长极"，而 B 点的经济会由"塌陷区"变成新增长区。

其实，上述过程可以用循环累积因果关系来进行解释。经济增长地区的支出份额较大，因而市场规模较大，而人们愿意在市场规模较大的地区投资，这种高投资率反过来又推动整体市场规模的上升。B 点便由较低的资本收益率导致消费和储蓄率的下降，变成区域内新的要素流入区。这种由平衡到不平衡再到新的平衡的循环，就是得益于经济要素流动的结果。循环的结果最终形成繁荣区和萧条区，也就是"增长极"和"塌陷区"的共发展。而当该区域发展到一定能量程度时，就会以一个区域的能量再向区外放大、辐射，亦即再形成另一种发展要素流出、流入。把目光放到全球，"一带一路"即是促使形成正效应的战略手段。

（3）永久的区际收入差异。资本创造模型告诉我们，区际人均实际收入的差异，既使在区际市场开放度很高的情况下也不会消失，而且繁荣区与萧条区居民之间还存在名义收入上的差异，繁荣区的名义收入占经济系统总名义收入的比例要大于萧条区。由于区际人口分布是对称的，因此两个区域名义收入的比值也是繁荣区与萧条区人均名义收入的比值。再则，由于大部分工业活动都集中在繁荣区，繁荣区生产的产品种类和数量很多，输入的产品种类和数量较少，因而所支付的贸易成本也较少，萧条区正好相反，因此繁荣区与萧条区居民的人均实际收入差异会更大。随着市场开放度的提高，贸易成本的影响减弱，实际收入的差异在缩小，但名义收入的差异不会随着贸易成本的变化而变化，因此即使在贸易是完全自由的情况下，区际人均实际收入差异也不会消失。这与新古典的观点完全不同，赫克歇尔—俄林定理告诉我们，随着交易成本的逐渐降低，最终导致密集使用本国相对丰富的资源进行生产的产业部门的专业化。斯托尔帕—萨缪尔森定理告诉我们，交易成本下降为零时，某一具有相对优势的专业部门的实际工资下降。这样，根据新古典理论，可流动性生产要素都具有转移趋势，使得区域间要素供给相对均等化，经济流动自由化使得区域间初始的非对称逐渐走向区域间的对称，经济发展差距也逐渐缩小。其实，区际收入差距在美国等发达国家也会经常看到，尽管美国是世界上最发达、经济总量最大的国家，但其国内仍存在区际差异，如美国东北部的阿巴拉契亚山地仍是比较落后的地区。

（4）经济一体化。区域经济一体化主要指区际交易成本的降低和要素流动性的增强，而市场开放度的提高，不仅会降低区际贸易成本，还能强化包括资本、劳动力以及技术和知识资本等要素的流动性。资本创造模型告诉我们的是两个区域资本收益率的差异导致两个区域资本积累的差异，而资本积累的差异影响区域经济增长，但该模型没有要素的直接流动。因此，在资本创造模型中讨论经济一体化，则降低资本生产成本是实现经济一体化的主要途径，故该模型在经济一体化体制的解释方面存在欠缺。

三　新剑桥增长与收入分配模型

以琼·罗宾逊（Joan. Robinson）、卡尔多（Kaldor）等人为代表的新剑桥学派的经济学家认为，主流经济学的发展是对凯恩斯理论的曲解，主张放弃以边际生产力理论为基础的微观分配理论，重新回到李嘉图（Ricardo）的宏观分配理论上去。围绕着经济增长理论，新剑桥学派和位于"美国剑桥城"的麻省理工学院经济系教授萨缪尔森（Samuelson）、索洛等人进行了长达二十余年的论战，即著名的"两个剑桥的争论"。新剑桥学派的增长理论是和其收入分配理论密切相关的，显著特点在于模型建立在"古典的储蓄函数"的基础之上，区别了劳动者和资本家的消费和储蓄行为。

（一）新剑桥增长模型

新剑桥增长模型是以哈罗德—多马模型为基础，是一个关于可变储蓄率的增长模型，其基本假设有三：（1）资本—产出比率或资本生产率不变，即 $\delta = 1/V =$ 常数；（2）资本家的储蓄倾向（S_n）与劳动者的储蓄倾向（S_w）均为常数且 $S_n > S_w$；（3）增长的均衡条件为储蓄等于投资，即 $I = S$。

假定充分就业的总产量或总收入（Y）不变，资本家的收入即利润（P）和劳动者的收入即工资（W）在总收入中所占的比例分别为 π 和 $1 - \pi$，即

$$Y = P + W$$

$$P = \pi Y$$

$$W = (1 - \pi)Y$$

并假定劳动者和资本家的储蓄分别为 T_w 和 T_n。总储蓄为 S，则：

$$S = T_w + T_n$$

$$T_w = S_w \times W = S_w(1 - \pi)Y$$

$$T_n = S_n \times P = S_n\pi Y$$

所以，总储蓄率 $S_y = S/Y = (S_n - S_w)\pi + S_w$。这说明整体经济的储蓄率为不同收入阶层各自储蓄率的加权和。根据哈罗德—多马增长模型 $G = S/V = \delta S$，新剑桥学派的增长公式可以表示为：

$$G = \delta S_y = \delta[(S_n - S_w)\pi + S_w]$$

哈罗德—多马模型的一致性条件被修正为：

$$V_n = (S_n - S_w)\pi + S_w$$

其中，n 为劳动的增长率，V 为资本—产出比率。

新剑桥增长模式表明，经济增长率不仅取决于资本生产率或资本—产出比率，而且还取决于各收入阶层的储蓄率及其在总收入

中所占的比率。给定劳动者和资本家各自的储蓄 S_w、S_n 和资本生产率的条件下，收入分配结构的变化导致总储蓄率的变化，从而导致经济增长率的变化。可变的储蓄率（指经济整体的储蓄率 S_y）可以避免哈罗德—多马模型的 "刃锋" 增长路径的特点，消除模型的不稳定性。这也是新剑桥增长模型与哈罗德—多马模型的主要区别。收入分配结构与经济增长率关系由下式给出：

$$DG_\pi = S_n - S_w$$

由于 $S_n > S_w$，所以 G 是 π 的增函数，即利润在总收入中的比重 π 越大，经济增长率越高，反之，经济增长率将会下降。经济增长是以收入分配的差异程度的扩大为前提的，通过经济政策提高资本家的收入比重可以促进经济加速增长，利用分配政策改变收入分配结构可以保证经济长期稳定的增长。新剑桥增长模型的调节机制的解释涉及卡尔多的收入分配模型。

（二）卡尔多收入分配模型

由上面的假定，$S = S_w W + S_n P$，将 $Y = P + W$ 代入该式，得到：

$$S = (S_n - S_w)P + S_w Y$$

等式两边同除以 Y，且以 I 代替 S 则有：

$$I/Y = (S_n - S_w)P/Y + S_w$$

变换后得：

$$\frac{P}{Y} = \frac{1}{(S_n - S_w)} \times \frac{I}{Y} - \frac{S_w}{(S_n - S_w)}$$

卡尔多收入分配模型表明，利润占总收入的份额 P/Y 是投资—产出比例 I/Y 的函数。两者正相关。如果 I/Y 增大，P/Y 也必然增大。充分就业状态下的价格水平决定了总需求。如果增加了投资，也就是增加了总需求，从而提高了价格，利润率也随着增加，降低了真实工资和真实消费。反之，则呈现出相反的变化。这样，价格的调节机制将保证充分就业的稳定状态。

（三）新剑桥增长模型的稳定性

新剑桥增长模型的内生可变储蓄率消除了哈罗德—多马模型的

不稳定性，表明了经济长期均衡增长的稳定状态特征。该模型的稳定性的基础在于投资、价格、收入分配和储蓄等变量之间的内在调节机制。其稳定性可从两个方面进行说明：

1. 增长的长期波动和稳定性。假定有保证的增长率大于自然增长率。由于劳动需求大于劳动供给，工资水平将上升。上升的工资水平降低了利润的总收入中所占的份额，导致储蓄率和投资率、有保证的增长率将随之下降，直至和自然增长率一致。反之，当有保证的增长率低于自然增长率时，相反的调节过程会发生直至提高到有保证的增长率和自然增长率二者一致时为止。可见，长期波动通过劳动价格的调节可以保证长期增长的稳定性。

2. 增长的短期波动及其稳定性。假定实际增长率大于有保证的增长率，因投资大于储蓄而扩大的总需求导致价格的上升，根据卡尔多收入分配模型，这将导致利润的增加，提高利润在总收入中的份额，下降的储蓄水平因此而提高，即提高了有保证的增长率，这意味着供给能力的扩大，从而消除了供求之间的矛盾。相反，当实际增长率低于有保证的增长率时，投资不足引起总需求下降。随价值水平的下降而导致的利润及其在总收入中所占份额的下降最终会使总储蓄率下降和有保证的增长率的下降，这意味着供给能力的收缩，从而消除供求缺口。总之，通过价格机制而变化的收入分配结构将熨平短期波动，恢复稳定增长。

四　经济增长因素分析模型

在新古典经济增长模型中，不仅包含了技术进步本身，而且包含了其他因素。为此，丹尼森、库兹涅茨、乔根森等经济学家详尽地研究了各增长因素的贡献率问题。这里，重点介绍一下乔根森的方法。

美国经济学家戴尔·W. 乔根森等人在 1987 年出版的《生产率与美国经济增长》一书中，将部门水平的中间产品、资本和劳动投入与整个美国经济增长的分析结合起来，从而把美国经济的增长归结到各个产业水平上的增长变化。乔根森利用超越对数生产函数模型测算了1948—1979年美国45个产业部门产出和总量产出、投入和全要素生产率等的增长率，并将资本和劳动投入的贡献分为投入的数量增长和投入的质量增长两个方面，从中得出影响美国经济增长的各种因素的贡献。该模型的数学表达形式为：

$$V = \exp\Big[a_0 + a_K \ln K + a_L \ln L + a_T \ln T + \frac{1}{2}\beta_{KK}\ln^2 K + \beta_{KL}\ln K\ln L +$$

$$\beta_{KT}(\ln K)T + \frac{1}{2}\beta_{LL}\ln^2 L + \beta_{LT}(\ln L)T + \frac{1}{2}\beta_{TT}T^2 \Big]$$

式中，V是产出，K是资本投入，L是劳动投入，T是时间，a_0、a_K、a_L、a_T、β_{KK}、β_{KL}、β_{KT}、β_{LL}、β_{LT}、β_{TT}为待定参数。

超越对数生产函数模型是从各个经济量、时间相对变化的角度来研究增长与投入要素、生产率增长的关系。它是描述投入要素、时间、产出与生产率变动关系的数学模型。

使用超越对数生产函数，其假设前提是：

函数具有规模效益不变的特性。在规模报酬不变的假设下，有：

$$a_K + a_L = 0$$

$$\beta_{KK} + \beta_{KL} = 0$$

$$\beta_{KL} + \beta_{LL} = 0$$

$$\beta_{KK} + \beta_{LL} = 0$$

$$\beta_{KT} + \beta_{LT} = 0$$

满足生产者平衡的条件：生产产出 = 资本投入量 + 劳动投入量。

在上述条件下，依据逐年的历史数据，使用计量经济方法可无偏估计出模型中的参数。由此可计算某一周期$T_1 - T_0$间生产率的平均增长率V_T，

$$V_T = \frac{\partial \ln V(K, L, T)}{\partial \ln T} = a_T + \beta_{KT}\ln K + \beta_{LT}\ln L + \beta_{TT}T$$

然而，上述生产函数过于复杂，实际应用不便。其引进二次项

的目的，也只是为提高参数估计的精度。而在实际应用中，一般只分析相邻两年 T 和 $T-1$ ，或短周期内的生产率平均增长率，因此在超越对数生产函数中可略去二次项，如下：

$$V = \exp(a + a_K \ln K + a_L \ln L) = e^a K^{a_K} L^{a_L}$$

式中 a 是生产率增长系数，a_K、a_L 则分别为资本和劳动投入对产出的弹性。该函数形式才是人们经常运用到的超越对数生产函数。

依据超越对数生产函数的前提假定条件，可以证明 T 年对 $T-1$ 年的生产率增长 V_T ，

$$V_T = a(T) - a(T-1) = \ln V(T) - \ln V(T-1) -$$

$$V_K[\ln K(T) - \ln K(T-1)] - V_L[\ln L(T) - \ln L(T-1)]$$

式中：$V_K[a_K(T) + a_K(T-1)]/2$ 为相邻两年资本对产出弹性的平均值；

$V_L[a_L(T) + a_L(T-1)]/2$ 为相邻两年劳动对产出弹性的平均值；

$$a_K(T) + a_L(T) = 1$$

$a_K(T)$ = T 年资本存量/T 年总量产出；

$a_L(T)$ = T 年劳动投入量/T 年总量产出；

$\ln V(T) - \ln V(T-1)$ 为产出增长率；

$\ln L(T) - \ln L(T-1)$ 为劳动投入增长率；

$\ln K(T) - \ln K(T-1)$ 为资金投入增长率；

$V_L[\ln L(T) - \ln L(T-1)]$ 为劳动投入对产出增长的贡献；

$V_K[\ln K(T) - \ln K(T-1)]$ 为资金投入对产出增长的贡献；

同理，对于 n 年短周期 $(T_1 - T_n)$ 间生产率平均增长率，则可用下述公式计算，即

$$V_T = \frac{1}{n}[\ln L(T-n) - \ln L(T-1)] - \frac{V_K}{n}[\ln K(T-n) - \ln K(T-1)] -$$

$$\frac{V_L}{n}[\ln L(T-n) - \ln L(T-1)]$$

式中，

$$V_L = \frac{1}{n+1}\left[a_L(T-n) + a_L(T-n-1) + \cdots + a_L(T-1)\right]$$

$$V_K = \frac{1}{n+1}\left[a_K(T-n) + a_K(T-n-1) + \cdots + a_K(T-1)\right]$$

$$V_K + V_L = 1$$

据此，便能求出生产率增长对经济增长的贡献和劳动投入和资金投入对经济增长的贡献。其数学表达式为：生产率增长对产出增长的贡献 Ea。为：

$$E_a = \frac{V_T}{\ln V(T) - \ln V(T-1)} \times 100\%$$

劳动投入对产出增长的贡献率为

$$E_L = \frac{V_L[\ln V(T) - \ln V(T-1)]}{\ln V(T) - \ln V(T-1)} \times 100\%$$

资金投入对产出增长的贡献率为

$$E_K = \frac{V_K[\ln V(T) - \ln V(T-1)]}{\ln V(T) - \ln V(T-1)} \times 100\%$$

$$E_a + E_K + E_L = 1$$

依据 E_a、E_K、E_L 便能判断区域经济增长是建立在大量的资源投入和采用粗放经营方式之上的，还是建立在主要依靠科技进步，依靠人员素质和全要素生产率的提高之上的。由于该方法计算相当简单，现已广泛应用于区域经济增长的因素分析。

五 新增长理论

新增长理论的核心思想在于，由于报酬递增保证了长期增长成为可能，当资本存量增加时，其边际生产率不会减少为零。此外，新增长理论还认为，在报酬递增的前提下，企业不再处于完全竞争的市场中。所以说，新增长理论强调两种机制的作用：第一是马歇尔（A. Marshall）所说的外部性；第二是产品的多样性，即不完全竞争。这样，新增长理论关于经济增长的内在及时的研究就集中于知识外溢。边干边学、人力资本积累、研究与开发（R&D）、国际贸易、劳动分工和专业化等产生报酬递增和市场垄断等主题，试图阐释不同国家和地区在经济增长和人均收入方面的广泛而持久的差异。

与新古典增长理论不同，新增长理论并非是一种达成共识的理论，而是包含了多种观点和模型的集合体。我们可以将各种新增长理论模型分为两个方面的研究思路：知识外溢和报酬递增的内生增长模型及内生技术变动增长模型。

（一）外溢和报酬递增的内生增长模型

1986 年，罗默在《政治经济学》期刊上发表了《报酬递增和长期增长》一文，提出了一个由外部性、产出生产中的报酬递减和新知识生产中的报酬三个要素共同构成的竞争性均衡模型，开辟了知识外溢和报酬递增的内生增长思路的研究（Romer, 1986）。1988 年，卢卡斯又发表了《论经济发展的机制》一文，主要讨论了人力资本在整个经济范围的外部性影响，以及物质资本和人力资本的相互作用关系（Lucas, 1988）。

这一内生增长模型的特点和重要性主要表现在：

1. 这些模型都强调"外部性"在经济增长过程中的重要作用。他们认为知识和人力资本本身就是"增长的发动机"。知识和人力资本本身就是生产投入要素。一方面，它是投资的副产品，每一家厂商的资本存量的增加会相应提高其知识存量；另一方面，知识和人力资本具有外溢效应，个人或厂商的新的资本积累对其他人或其他厂商的资本生产率也有贡献。因此每一家厂商的知识水平与整个经济中的学习过程，进而与全行业积累的总投资成比例。

2. 外部性的存在使总量生产函数呈现规模报酬递增。通过知识和人力资本的外溢作用，广义资本（包括物质和人力资本）的私人边际产品就会持久地高于贴现率，使产出产生递增报酬。因此，随着知识和人力资本投入的不断积累，增长从知识的扩散和人力资本的外部收益中获得了持续下去的动力。

228

3. 外部性条件下的内生增长模型能够较好地解释一些经济增长事实。新古典增长理论无法解释各国经济增长和收入水平的广泛差异，而在内生增长理论中，由于被积累的生产要素不再服从报酬递减，那么稳态增长率将受到生产要素积累率的影响。若各国的积累率不同，稳态增长率也不相同，各种增长率可能存在持久的差异。

4. 在外部性条件下的内生增长模型中，整个经济的基本技术水平能影响到长期人均增长率；而政府的政策和经济活动，比如提供基础设施服务、保护产权和对经济活动的征税，都会影响到技术水平，进而影响长期增长率。

为了表现以上内生增长模型的特点，我们可以考虑一个简单的理论模型，其中生产仍使用实物资本和劳动；现实中有一些企业，每个企业按以下的生产函数生产产品，即

$$Y(T) = E(T)K(T)^{\alpha}L(T)^{1-\alpha} \qquad (6-9)$$

其中，$Y(t)$、$E(t)$、$K(t)$ 和 $L(t)$ 分别是时期 t 的产出、技术水平、资本和劳动，$E(t)$ 是对经济中所有企业都相同的变量。

在本模型中，技术水平 $E(t)$ 不是外生给定的，而是经济中所有企业的共同资本积累所产生的外部性，即每个企业的资本积累可能出于自利的目的，但积累过程本身将对其他企业产生正的外部影响，这可以对其用 $E(t)$ 的影响表现出来。我们用 $K^{*}(T)$ 表示经济中的平均资本存量，技术水平与平均资本存量有以下关系：

$$E(T) = \alpha K^{*}(T)^{\beta} \qquad (6-10)$$

其中，α 和 β 分别为正的常数，将公式（6-10）带入公式（6-9），我们可以得到：

$$Y(T) = \alpha K^{*}(T)^{\beta}K(T)^{\alpha}L(T)^{1-\alpha} \qquad (6-11)$$

我们可以看出，在企业层面上规模是报酬不变的，与整个经济层面上的规模报酬递增同时存在。这是由于资本积累所产生的外部效应，从而产生规模报酬递增的宏观生产函数。为简单起见，假设每个企业相同，$K(T) = K^{*}(T)$，整个经济的生产函数为：

$$Y = \alpha K(T)^{\alpha+\beta} L(T)^{1-\alpha} \qquad (6-12)$$

公式（6-12）表现出规模报酬递增的特点，在这种情况下，经济增长不仅为正，而且从长期看，整个经济趋向于加速。

（二）内生技术变化增长模型

外部性条件下的内生增长模型完全将技术进步或经济增长归结于外溢效应是不完全符合经济现实的，况且，仅仅靠资本积累（即便是包括了知识和人力资本的广义资本）最终必然会碰到报酬率降低的现实，仍不足以支撑长期的经济增长。这暗示着为了摆脱长期的报酬递减，我们不得不求助于技术进步，包括生产方法和产品种类的以及质量上的连续进步。

事实上，包括各种创新和发明的技术进步往往与一些人类有意识的经济活动有关，如研究与开发（R&D）活动。大量的创新和发明是企业有目的的投资的产物，必须赋予这些创新者和发明者市场垄断力量。否则，任何个人或企业都不愿意再提出新的创意和从事新的发明。所以，为了更好地促进技术的产生机制形成，需要假设个人或企业的发明创造不会立即扩散到其他人或其他企业，市场将处于不完全竞争之中。

内生技术变化增长模型的主要贡献在于将外生技术进步率 $\Delta A/A$ 进行了内生化，并将技术进步视为企业有目的研究与开发（R&D）的结果。因此，这类模型被视为新增长理论中最为成熟的模型。另外，内生技术变化理论也有很强的政策含义：若政府采取某些旨在促进知识创新和新技术发明的政策，如投资税收优惠和财政补贴，将提高长期增长率。但是，这类模型本身还存在一些缺陷。首先，模型不能很好地解释各国之间技术进步率为何不同。例如，内生技术变化理论，隐含着人均增长上的"规模效应"（Scale Effect），即国家或区域越大，经济增长的业绩也越好，因为大的国家和区域才花得起更多的固定创新的成本（假设在一国之内以非竞争的方式利用创新）。但是，实证分析却难以证明"规模效应"的存在。研究表明，美国从事 R&D 活动的工程师和科学家

230

的数目与美国的全要素生产率增长不存在明显的相关关系；在 OECD 国家中，即便投资份额急速增加，也未出现增长的持久加速 （Jones，1995）。

下面，我们可以用一个简单的 AK 模型来描述内生增长模型。

AK 模型的生产函数为：

$$Y = AK \qquad (6-13)$$

其中，Y 是产出，K 是资本存量；而 A 是一个常数，反映技术水平。生产函数没有反映出资本报酬递减的性质，这也是与索洛—斯旺模型的关键区别。

假设收入中的一个比例 s 用于储蓄和投资，资本积累过程可以用下面的方程描述：

$$\Delta K = sY - \delta K \qquad (6-14)$$

公式（6-14）表明，资本存量的变动 ΔK 等于投资 sY 减去折旧 δK。将这个公式与生产函数 $Y = AK$ 结合，调整之后可以得到：

$$\Delta Y/Y = \Delta K/K = sA - \delta \qquad (6-15)$$

从公式（6-15）可以看出，只要 $sA > \delta$，即便没有外生技术进步的假设，经济增长也仍将持续。因此，生产函数的简单变动可以从根本上改变对经济增长的长期预测。在索洛—斯旺模型中，储蓄率的提高只引起增长率的暂时上升，但资本的报酬递减最终迫使经济达到取决于外生计数率的均衡增长路径或稳态。与此相反，内生增长 AK 模型中，储蓄率越高，产出增长率越高，储蓄和投资会引起长期增长。

但放弃资本报酬递减是否合理？这取决于我们如何解释生产函数 $Y = AK$ 中的资本存量 K。如果 K 是包含了知识和人力资本的广义的资本存量，那么由于知识和人力资本的外溢效应，边际报酬不变的假设也就具有说服力。因此，作为一种能产生长期增长的机制而言，知识和人力资本的生产是技术进步的一个间接替代。

六 区域经济增长阶段理论

（一）胡佛—费歇尔阶段论

1949 年，胡佛和费歇尔（Hoover & Fisher）在《区域经济成长之研究》一文中，论述了他们关于区域经济发展阶段的理论观点，他们认为一个区域的经济发展一般要经历五个发展阶段：

1. 自给自足阶段

这一阶段的经济成分主要以农业为主，人口几乎都是农业人口，劳动力也主要从事自给自足的农业，区域间的产品交换和其他经济联系很少。经济活动主要随农业生产条件而在区域内呈分散性分布。

2. 乡村工业崛起阶段

农业经济发展到一定阶段以后，开始在农业经济活动集中的地方兴起农副产品的加工业，由于这些加工业的原料、市场和劳动力均来源于这些农业活动集中的地区，使这些乡村加工业在空间上的分布，与农业人口和农业经济活动集中的地区相一致。

3. 农业生产结构变迁阶段

随着加工业的兴起与发展，区域之间的贸易活动逐渐增加，这时农业生产也开始形成了农业内部的专业分工，比如出现园艺、果菜、粮食等专业生产，粗放型农业由此开始转向集约型农业。

4. 工业化阶段

这一工业化阶段一般又可分为两个时期，第一个时期主要以农、林、矿产的加工为主，包括食品加工、木材加工以及前期的纺织业等；第二个时期则发展到以炼钢、石油冶炼、机械制造和化学工业等为主。

5. 服务业输出阶段（成熟阶段）

这是区域经济发展的最后阶段，此时区域经济以资本、技术以及专业性服务等服务业的输出为主。

（二）罗斯托阶段论

美国经济家罗斯托（Rostow），在他 1953 年出版的《经济成长的过程》一书中首次提出自己的经济发展阶段说，并在后来发表的另一部著作《政治和成长的阶段》中对其理论加以补充和完善，他按照科学技术、工业发展水平、产业结构和主导部门的演变特征，将一个区域、一个国家，甚至整个世界的经济发展历史划分为六个阶段：

1. 传统社会阶段

通常是指牛顿力学面世以前即近代科学产生以前的社会，其产业结构的主体是农业，其地域范围包括古代的中国、中东和地中海及中古欧洲在内的整个世界，而在牛顿力学面世以后但不具备以现代技术为标志的现代文明的社会也应归为传统社会之列。传统社会发展阶段的特征是：生产技术落后，生产力水平十分低下；家庭和氏族在社会生产组织中占统治地位；原始农业是唯一的经营产业；人均国民收入极低。

2. 为起飞创造前提条件阶段

指由传统社会向"起飞"阶段过渡的时期，相当于西欧的 17 世纪末和 18 世纪初。这个阶段的特征是：世界市场不断扩大，争夺世界市场成为推动经济增长的原动力；近代科学出现并迅速发展，科学和技术开始应用于农业，农业劳动生产率得到极大提高，能提供充足的粮食，供迅速增长的城市人口消费；家庭手工业、商业和交通业逐渐发展起来，生产规模不断扩大；成立了中央政府和地方政府，建立了金融、法律和社会化的生产组织管理制度；经济由自给自足扩大到跨地域发展，出现了专业化和分工协作。

3. 起飞阶段

它标志着近代社会生活的开始，这个阶段的特征是：以内燃机的发明为标志的产业革命引起生产方式的剧烈变革，使区域彻底挣脱了经济成长的桎梏，打破了传统的经济停滞状态；近代工业开始萌芽，并迅速地、大规模地发展起来，工业成为产业体系的主体；人均国民收入开始急剧地持续地增长。起飞阶段持续 20—30 年。

罗斯托认为，区域经济要想实现"起飞"，必须具备三个条件：

（1）生产性投资率有较大提高，它占国民收入的比例约为 10%；

　　（2）建立以制造业为代表的主导专业化部门；

　　（3）缔造能确保经济"起飞"的政治、社会和制度环境。

　　4. 成熟阶段

　　这一阶段的特征有：一系列现代技术广泛地应用于经济领域；工业朝多样化方向发展，产业结构的工业化和服务化趋势日渐显露，主导产业由煤炭、纺织等部门转为钢铁、机械、化工等重工业；生产性投资率进一步提高，占国民收入的 10%—20%；生产和人口出现双增长，前者的增长速度超过后者，农业人口比重有较大降低，由起飞阶段结束时的 40% 降至 20%；教育事业迅速发展，劳动者的受教育程度和专业技能得到提高；社会结构中出现了企业家阶层。成熟阶段大约持续 60 年，是一个虽有波动但仍持续增长的时期。

　　5. 高额消费阶段

　　指高度发达的工业社会。这一阶段的特征是：人均国民收入大幅度增长，消费水平明显提高，人均实际收入已能使人们在满足衣、食、住、行及其他消费品需求之外，转向对耐用消费品的需求；服务业得到广泛发展，工业结构由重化工型转为耐用消费品生产型；企业竞争日益激烈，垄断开始出现，生产能力超过消费能力，政府通过财政、金融、税收等政策干预经济发展。

　　6. 追求生活质量阶段

　　指工业化后社会。这一阶段的特征是人均国民收入进一步提高，人们由满足基本生活需要转向追求文化娱乐、环境质量等精神生活需求，服务业在产业结构中跃居首位，包括公共教育、卫生保健设施、市政建设、住宅、社会福利、文化娱乐、旅游等部门，不仅种类繁多，而且规模巨大，成为新的主导产业。这类产业不是生产有形的物质产品，而是为人们提供各种各样的服务。

　　罗斯托认为，在区域经济发展的上述六个阶段中，起飞阶段和追求生活质量阶段是区域经济发展进程中的两次飞跃。主导产业的更替和科学技术的进步是决定区域经济发展处于哪个阶段的主要因素，但他忽略了生产关系变革对社会经济发展所起的重要作用，因此，其理论有一定的局限性。

（三）笔者提出的现代性经济增长阶段理论

按照笔者对区域经济增长理论的理解，人类的现代性增长和进步不可能同时、整体性地均衡增长，它一定要经过从点到圈、从圈到线、从线到带、从带到面的过程。

第二节　"一带一路"引出现代经济增长阶段理论
——差序增长极律理论

人类主义的基本内涵是，人类的一切生产、生活活动要以全人类的共同价值、利益、秩序、命运为根本，强调个体、集团、国家以至地区主义对社会发展方案制度的设计，首先要考虑人类总体格局和共同存在，主张人类要相互融合、统一、同一，要避免个体主义、集团主义、国家主义，以至地区主义狭隘利益思想行为。

人类社会进入经济真正高速增长期始于工业化社会。当人类从农业社会进入到工业化社会之后，现代产业的出现，现代生产工具与生产制造技术的发明创造，使得人类社会的经济增长形成日益加速的状态。虽然人类社会的经济加速增长现象是从工业化社会之后开始起步，但人类的现代性经济增长不可能同时普遍性呈现于世，其增长的地理位置点在空间范围内具有发生、发展的形成过程。而经济增长在地理空间范围内的发生、发展与形成路径都是差序化的。纵观过去到现在，并预设未来，人类在地理空间范围内的经济增长差序基本上都符合"点—圈—线—带—面"的阶段路径。按照法国经济学家佩鲁（Perroux）的增长极理论，就是一个国家和地区的经济增长不可能均衡地在所有地点同时发生。参照佩鲁的观点，观察和研究人类经济增长的现象，笔者认为，人类的经济增长具有差序化增长路径，以此形成了笔者的差序增长极律理论概念。

所谓差序增长极律，是指人类社会在发展经济的过程当中，其增长极点呈现着由小变大、由大变多、由多变长、由长变宽、由宽变阔、由阔到地球全覆盖的现象次序。这种现象次序的产生是由于地区与地区之间的差异性形成的。于是，"点"就成为增长发展的初始极，"圈"就成了扩大了的初始极。然后再到城市群，再到国家经济体，再到国家与国家之间的经济联盟体，直到全球一体化联盟。

差序增长极律理论的最终目标是符合人类主义观点内涵的。中国提出的"一带一路"发展战略构想是开启笔者思想理论形成的金钥匙。如果按照"一带一路"的发展战略构想思路走下去，再扩大化，就会实现人类主义利益相融、价值共同的目标。

差序增长极律理论的具体表现行程有如下五个阶段：

1. 以城市为主体的经济增长极阶段

参考佩鲁的增长极理论，笔者进一步理解形成的观点是：初始级不可能表现为平均、平面式的增长状态，会呈现出发展的差序化格局特征。所谓差序化格局，就是先有一个增长极点，再逐渐向外扩展局面。由此说来，增长首先应当会出现一个力量、能量点。由差序格局中的力量、能量点开始扩散增长能量、能极。那么，所谓力量、能量点从哪里开始呢？按照佩鲁的观点就是在一些条件较好的地点率先开始。笔者认为，率先开始增长的地点就是通过集聚增长要素而发展为一个力量、能量主体，此主体的初始极就是城市主体。当城市的初始增长主体形成后，便开始了人类共同增长发展的现代化历程。因此，研究城市化发展问题才成为当今全世界格外重视、关注的问题。尽管对城市化发展的利弊和含义人们说法不一，包括笔者也有不同的看法，但城市作为增长极点的作用和含义是不容置疑的。还有就是城市具有增长要素的流入集中地也是不容置疑的，城市有增长的弊端（人口膨胀、环境污染、交通拥挤、生活不便等）同样是不容置疑的。

任何事物的成长和发展都会有一定的度，不可能一直永远保持增大、增高、增多的膨胀状态。当发展到一定程度时，或者物极必反，或者释放能量。好比拦河筑坝建水库一样。当水量积累到一定程度时，势必会对大坝造成压力。水量积累越多，大坝的压力就会越大，这时候，就必须开闸放水，否则，就会出现大坝决堤的危险。此为城市的发展规律、规则、效应。亦即笔者提出的"增长决堤律"。此也为区域、国家为主体的发展规律、规则、效应。

2. 以中心城市为主体形成的区域及城市圈增长阶段

当以某一城市为增长资源要素聚集地而使城市发展起来后，该城市便会越来越扩大与周边地区的差距，当这种差距变得越来越大时，该城市便成为中心城市。为此，笔者曾把传统中心城市概念重新做了定义，笔者的中心城市新定义为：中心城市是指在全球化社会、信息化社会中，城市在城市体系中所扮演的角色开始出现分化，于是出现了城市影响城市，城市通过非政府行为的经济、科技、文化等手段"领导"周边地区和其他城市的现象，这一现象就是"中心城市"现象，主导这种现象的城市就是中心城市。产生这种现象的原因是城市间"能力"差异所形成的结果。这里又涉及笔者的另一个新概念提法，即"城市能力"问题。什么叫"城市能力"呢？为此，笔者再行作了定义——所谓"城市能力"，是指一个城市在一定区域范围内通过非政府行为的经济、科技、文化等手段，对其他城市及周边地区的组织协调水平和影响程度。

就中心城市发展规律问题，以美国经济学家赫希曼为代表的经济学家们都从各自不同的角度进行过研究并提出过相应的理论，他们的研究观点基本都是认为，经济增长都是由不平衡发展开始，到围绕着经济增长点（中心城市）集中资源要素，增长点发展到一定程度，会产生"聚集不经济"，然后出现增长点产业再向周围扩散。而笔者认为，增长点从最初吸引资源要素（流量经济要素）

向其集中，集中到一定程度再向周围扩散，并不是完全出于增长点操作当中人格化的主观意识。从某种角度上讲，更多的是由于增长点发展到一定程度的客观原因使然，亦即人格化的增长点不得不将自身的发展能量转移扩散出去，否则，就会出现"增长决堤"现象。于是，在增长极中心城市就会发生由当初聚集资源要素而向周边地区再扩散资源要素的现象，也就是流量经济现象。扩散的结果，就是形成以中心城市为主体的区域经济及城市圈增长体系。城市圈增长体系再扩展出去，就是城市群增长体系。

3. 以国家为主体的经济增长阶段

当一个国家以城市为核心的增长极形成能力后，继而再形成区域主体城市圈、城市群，当城市圈、城市群数量足够多，发展规模足够大时，就开始成为国家实力。所以各国都在努力推动城市化发展，目的就是拉动以国家为主体的经济增长。这样，一个国家的经济发展能力、实力和水平，就主要取决于各城市主体增长极的数量有多少，每个城市增长极的规模体量有多大，也就是国家的城市化水平有多高，经济实力有多强，经济规模有多大。这阶段的增长主要是以国家为主体的增长。一个国家所考虑的，就是如何培育和吸纳更多的经济要素，培育更多的实体企业，这时候各个国家的发展思维基本上都是自我意识，而不顾其他，尽可能地把经济要素吸引进本国内，以提高本国的经济，增强本国的经济实力。

4. 相邻国家形成的跨境性区域经济增长阶段

要形成经济要素的全球性流动，让所有的国家和地区一步就跨入全球性大范围联合发展之中，形成全球性经济体是不可能的。这和前述的一个城市的增长极发展规律，一个城市圈形成的发展规律一样。当一个国家的经济增长到足够规模，不仅总供给大于总需求，而且生产的发展超出了自然、社会的承载力时，这个国家就必须将经济增长要素输出、扩散出去。而输出、扩散要素的首选地点会是"近水楼台先得月"的周边国家和地区。按照不平衡发展原理，周边国家和地区一定会积极吸收增长极国家的产能和发展要素的。增长极国家发展能量的扩散过程就是流量经济要素的流动，主要体现为资金流、技术流、商品流、人力资源流等。而相邻国家和地区为了达到贸易便利化、投资便利化的目的，便会结成经济发展联盟或经济共同体。为了实现有机联盟、有机共同体，还会破除一些不利于跨国境要素流动的障碍，比如关税壁垒的破除等。还会制定和实施一些特殊的政策措施，比如自贸区政策等，因此而形成的国际间经济发展要素跨国境融合现象，就是流量经济的现象表现。于是，在国家与国家层面便成立了诸多的特殊区域。在全球最具有影响和代表性的有欧盟自由贸易区、北美自由贸易区、中国—东盟自由贸易区、东亚共同体、欧洲经济共同体，等等。形成相邻国家和地区经济联盟的原因很多，但基本的原因主要是：第一，交通方便。地理空间距离在国际经济活动中是决定性的因素。因为地理位置的远近首先影响运输成本和人员交流的方便。因此，相对发达或有经济实力的国家要想释放经济能量，一般都是先向周边国家释放，相对欠发达或经济实力相对较弱的国家一般也都会先获得相邻强国扩散的经济要素。第二，文化相通。一般来说，相邻国家的文化差异会相对较小，习俗接近，心理认同感就不容易偏离。比如欧洲经济共同体、欧盟自贸区、东盟自贸区等。因此，在形成更大范围、地域更远的跨国、跨区域全球经济一体化之前，以相邻国家共同建立跨国境区域经济增长是全球经济共同增长的前奏和必经阶段。

5. 全球经济一体化是人类发展的大趋势

世界经济同增长、共利益是人类主义发展思想的期待。尽管为实现这一目标人类已经走过了漫长的历史，实现这一目标的道路充满艰难曲折，但最终实现这一人类宏伟目标是必需的，也是必然的。对近现代全球发生的种种事件，用人类需要互联互通交往才能获得共同发展的角度进行观察与思考，其实全球经济一体化趋势已经初露端倪，偶现端倪，甚至包括似乎负向的人类行为也从某种角度证明了实现互联互通一体化是人类有史以来的共同观点和愿望。从中国古代的丝绸之路、郑和下西洋、张骞通西域、班超通西域、玄奘西天取经、鉴真东渡，到欧洲的哥伦布发现美洲新大陆、马可·波罗东方游、麦哲伦环球航行、迪亚士探险非洲好望角、达·伽马开辟印度新航线、英国五月花号航船在美设立首个殖民地区，甚至从 15 世纪开始的欧洲诸国用殖民主义手法开辟地球新航路等，仅从人类经济增长的一体化、要素流动性原理上讲，这些人类行为都具有全球化经济融合、资源互补、要素流动的特征。中国古代的郑和下西洋是中国与外部世界联系的一种国家愿望。当时中国的广州等沿海地区发展繁荣，发展海外交通和海外贸易的愿望十分迫切。中国当时的丝织品、瓷器等很受欧洲诸国消费者青睐。其时中国的造船业、航海技术等也较发达，对外移民也多。有学者对郑和下西洋进行了这样的解读："郑和时代的中国，郑和下西洋的行为，代表了一个文明大国对人类的责任。强大却不称霸，播仁爱于友邦，宣昭颁赏，厚往薄来。"郑和下西洋访问了 30 多个国家，把中国当时诸多的先进技术、文化输出推广至西方，西方诸国也纷纷回访，亦带来诸多外国洋物洋品。

从上述历史中人类全球交往的事件可以看出，为了人类共同的发展，全球性的资源流动、交往是人类文明的体现，不可逆转。如今人类已经到了 21 世纪，经济要素全球化流动已成为现代化的商业模式。人们说，21 世纪最重要的商业法则就是：开放、对等、共享、全球运作。但这一模式的形成是在以城市为主体的经济增长、以城市圈为主体的区域经济增长、以国家为主体的经济增长、以相邻相近国家形成的国际区域性经济增长这几个阶段之后才能呈现的。当前，世界经济一体化已开始从双边自由贸易发展到多边全球性自由贸易阶段。原来的双边贸易是经济区域化的阶段物，而多边贸易是经济全球化的显现形成。

总之，按差序增长极律理论，人类文化的最终目标就是全球经济一体化。中国提出的"一带一路"发展战略构想正符合人类主义发展的最终目标。"一带一路"无疑将成为促进世界经济一体化的战略设计样板，无疑将成为全人类实现生产、生活共同进步，实现全人类价值、利益、秩序、命运统一、同一的推动工具。

第七章

流量经济理论与区域不平衡发展理论

区域不平衡发展理论又称区域不平衡增长理论，这种理论与平衡发展理论相对立。该理论的核心观点是：发展中国家或某一地区不具备全面增长的资本和其他资源，平衡增长是不可能的。投资只能有选择地在若干部门或区域进行，其他部门或地区通过利用这些部门或区域的投资带来的外部经济而逐步得到发展。而在不平衡增长的相对落后地区如何获得外部经济要素才能得到发展呢？不平衡增长的相对发达地区又如何扩散自己的发展能量，比如转移产能，又如何获得相对不发达地区的廉价资源要素为己所用呢？通过要素的流动机制就能解决这些问题，带来由不平衡到平衡的发展过程，由区域与区域之间的互动而形成的经济，就是流量经济。流量经济是促进区域间平衡发展的元叙事经济现象。

在介绍区域发展不平衡理论之前，我们首先介绍区域平衡发展理论，区域平衡发展理论与流量经济发展理论具有同一性。流量经济理论既与区域平衡发展理论兼容，也与区域不平衡发展理论兼容。

第一节　区域平衡发展理论

区域平衡发展理论又称"大推动增长"理论。区域平衡发展理论的支持者主张全面投资，均衡地发展国民经济各部门。这种理论观点以罗森斯坦·罗丹（Rosenstein Rodan）的"大推动增长"

理论和拉格勒·纳克斯（R. Nurkse）的"贫困恶性循环"理论为代表。

20世纪40年代初，当时执教于英国伦敦大学的罗森斯坦·罗丹受东欧工业托拉斯之托，开始研究东欧和东南欧比较落后地区如何在战后进行工业化的问题。1943年，罗森斯坦·罗丹发表了他的研究成果《东欧和东南欧国家的工业化问题》，系统地阐述了他的平衡增长理论。

罗森斯坦·罗丹认为，由于发展中国家长期以来被贫穷所困，工业落后，基础设施不健全，收入水平及消费水平低，劳动生产率低，市场容量小，因而小量的投资无法从根本上解决问题，只有由政府部门提出一揽子计划，在确定各部门发展比例的基础上，实行均衡、全面、大规模的投资，包括基础设施部门的投资。发展中国家要从根本上解决贫穷落后问题，关键在于实现工业化。要实现工业化，必须增加资本投资，促进资本形成。通过这种投资的大推动，冲破市场狭小的束缚，实现工业化，才能达到经济发展的目的。

罗森斯坦·罗丹强调指出，之所以要在各个工业部门全面地、大规模地进行投资，是因为发展中国家经济中存在着"不可分性"。这种不可分性表现在以下三个方面：

1. 储蓄的不可分性

投资来自储蓄，大规模投资需要大量的储蓄，但储蓄并不完全是随着收入的增长而同比例增长的，它的增长是有阶段性的。当收入增长到某一限度之前，为了保证一定的生活标准，储蓄数额是有限的，只有当收入的增长越过某一限度以后，储蓄才会急剧上升，因此，为保证投资来源，每一阶段的投资规模和经济发展水平必须大于足以保证收入的增长超过一定限度，使储蓄能够迅速增加。

2. 需求的不可分性

市场需求也具有不可分性。如果投资集中于某一部门或某一行业，则必须有充分的国内市场或有保证的国际市场，使这个部门或行业的产出有相应的有效需求，否则，该部门或行业的产出的大部分将因无人购买使投资失败。因此，只有一次注入大量资本，在各个工业部门之间全面地、按同一比例进行投资，使各工业部门之间协调发展，比例均衡，才能相互创造市场需求，以避免一些工业发展过快，出现产品过剩，影响销路。

3. 社会固定资本的不可分性

社会固定资本又称为社会分摊资本或基础设施，包括动力、交通运输、通信、学校、医院等。这些项目规模宏大，对它们的投资必须达到相当的规模，才能形成生产能力，从而对经济增长起到真正的促进作用。

20 世纪 50 年代，哥伦比亚大学的拉格勒·纳克斯也对均衡发展理论作了大量的研究。他认为，发展中国家存在着贫困的恶性循环。在供给方面，低收入意味着低储蓄能力，低储蓄能力引起资本形成不足，资本形成不足使生产率难以提高，低生产率又导致低收入。要打破这种贫困恶性循环，必须进行大规模、全面的投资，实施全面增长的投资计划。通过同时在许多工业部门之间相互提供投资"引诱"，使各部门的投资有利可图，资本形成就能实现，恶性循环就能摆脱。纳克斯强调，制定投资计划时，各部门的生产和投资应同时但不一定按同一比率进行，因为各部门产品的需求价格弹性和收入弹性大小不同，各部门投资比率应根据各部门产品的需求价格弹性和收入弹性的大小来确定。

平衡发展理论强调重视基础设施建设，为经济发展创造良好的外部经济环境。强调通过国家制定统一的经济发展规划，均衡地按照一定比例在国民经济各部门进行全面投资，以相互创造需求，拓展市场空间，进而提高生产效率和扩大生产规模等，这些都是对发展中国家经济发展很有意义的见解。加之纳克斯的论证和宣传，使其在 50 年代成为一种很有影响的理论，并被当成发展中国家的经济发展模式而推广应用。

平衡发展理论也有诸多不足,具体如下:

(1)平衡发展战略需要巨大的资金来保证实施。而对发展中国家来讲,资本不足恰恰是最难克服的障碍。

(2)平衡发展战略强调的是在短期内建立强大的工业部门,而没有考虑到落后国家的现代化是一个渐进的历史过程。在这个过程中必然会伴随着城乡生活费的变动、人口的迁移、体制的变革及人们思想文化、生活方式的相应改变,不可能一步到位,这就必然使均衡发展战略的实践遇到更多的障碍而难以实施。

(3)平衡发展战略一般采用高度集中的计划手段来实施,计划手段的运用会阻碍市场的自由度,使市场僵化等。

(4)平衡发展战略要求政府具有较高的计划和管理水平,能够对整个经济发展过程进行全面的组织、协调和控制,而发展中国家在这方面也显然能力不足。

需要指出的是,尽管经济学家们对均衡增长战略否定较多,但这种发展战略对于创建新的经济开发区具有明显的借鉴意义。因为,新的经济开发区原有产业基础十分薄弱,只要能够筹措到足够数量的资本,就可以采用一步到位的方式来构造新的产业结构。这样,新的经济开发区既可以在较短时间内建立起具有足够高度的产业结构,又不至于和旧的产业结构产生尖锐冲突。

第二节　区域不平衡发展理论

一　"一带一路"引出区域不平衡发展新理论——增长决堤律理论

增长决堤律是笔者在综合研究了若干区域经济增长和发展理论,并观察和研究了近些年全球经济发展中出现的要素大规模流动现象,特别是结合中国提出的"一带一路"发展战略构想后,自主提出来的一个理论。

（一）概念

增长决堤律是指用拦河大坝的蓄水、开闸放水原理来对一个地方经济增长发生扩散的原因进行的解释。所谓经济增长决堤律，是指一个地方在发展经济的过程当中，通过建设有利于经济增长的环境条件，来促进增长要素的生成、吸纳，以达到蓄积增长能量的目的。而当其经济要素过度集中，生产能力过度增大，集中、增大到超出其对经济能量的承载力后，便会引起劳动力资源不足、劳动成本上升，生产能力过剩、物质资料闲置，自然资源浪费、短缺、耗尽，生态环境破坏严重等现象，当这种现象严重到一定程度时，便会形成增长的危机，我们称这一规律性的现象为增长决堤律。而要想避免这一增长决堤律现象的发生，其中一个通行的办法就是释放要素和转移产能，亦即增长极扩散效应。因此，从增长决堤律原理来说，增长极扩散现象的形成和出现，是一个地方经济增长规律的必然表现和结果。

（二）增长决堤律原理

按照拦河大坝的蓄、水开闸放水的原理，修堤坝的目的就是蓄水，但当所蓄的水量超过水坝拦截区域的容量和水坝的承受力时，就会发生水坝决堤事故。而要避免水坝决堤事故的发生，其中一个办法就是开闸放水，将一部分蓄水流放出去。尽管蓄水池的水量会暂时减少，但减少存量一是为了保住基本的存量，二是为了保持增量的可持续。这样既减轻了水坝的压力，又可以保持新的水源流入，也使水的质量不断提高。具体到经济增长极扩散效应形成的过程就是，一个地方为了发展经济，实现增长，将通过建设有利于经济增长的环境和条件，搭建有利于增长要素流入流出的平台，来培育和吸引更多的经济发展要素集聚到该地区，形成产业集中地。但当该地区的经济增长达到相当的规模和体量时，必然会出现前面所说的劳动力成本上升，生产能力过剩，劳动力资源不足，自然资源短缺、耗尽，以致开始出现企业效益低下的现象等问题。此时，该地区就必须转移产能，扩散经济要素，调整经济增长方式，以保持经济的健康可持续增长以及人们生产、生活内容和环境的改善。归纳起来，其实区域经济发展的扩散效应和回流效应的产生，皆是基于增长决堤律原理。

（三）增长决堤律涉及的主体产业对象

增长决堤律涉及的主体产业是第二产业。我们知道，第二产业包括两个产业：一是工业，二是建筑业。这两个产业的形成和发展都有一个共同的特点，那就是皆以自然资源的消耗或形态改变为方向，也就是说，第二产业存在的基本前提和条件主要都是建立在自然资源要素供给基础上的。

1. 工业

工业分传统工业和现代工业两部分：传统工业主要包括钢铁、矿业、机械、化工、纺织行业等；现代工业主要就是指电子信息、通信设备等现代化技术装备产业。但无论是传统工业，还是现代工业，决定它们发展的要素都离不开以下三个：一是自然资源形成的原材料；二是土地自然资源的占有；三是大量的劳动力资源使用。特别是传统工业企业带有明显的自然资源、劳动力资源指向性，即自然资源密集型、劳动力密集型。而正因为此，发展工业产业可能带来的社会问题就是自然资源的消耗、能源的消耗、人员集中度的攀高、环境的污染和遭到破坏等。工业发展带来的这些社会问题积累到一定程度，不仅会对社会环境、社会自然环境造成伤害，而且对工业企业本身的再发展也会带来负面影响。久而久之，企业所需原材料、劳动力等便会由价格升高到出现短缺，于是，将会使企业发展变得困难。

2. 建筑业

众所周知，建筑业是专门从事土木工程、房屋和设备安装，以及勘探、设计的生产部门。建筑业生产是指人们利用相应的机械工具，按事先的设计要求，对劳动对象进行加工制作而生产出相应的产品。建筑业的一个突出特点就是离不开土地资源，离不开利用自然资源生产出的产品原材料，尤以钢铁、水泥、木材等的需求为标志。由此可以看出，建筑业同样也是自然资源消耗的大户。建筑业的过度发展，一定会给当地自然资源、环境造成伤害。

（四）增长决堤律理论的现实执行

1. 促进产能转移。将超出当地环境承载力，超出当地市场所需，超出当地生产要素供给能力的部分转移出去，转移产能是避免增长决堤的主要措施。

2. 扩大市场覆盖面，挖掘外埠市场潜力。为保持区域内的生产可持续能力，在转移产能的同时，也要努力开拓外埠市场。

3. 注重资源的集约使用，减少资源的损失浪费。资源的集约使用既包括人力资源的集约使用，也包括自然资源的集约使用。人力资源的集约使用是为了减少人力资源的过度集中规模。

4. 调整产业结构。为保持当地的经济发展，在转移产能的同时，可以在产业结构优化上再做些文章，扩大不以消耗自然资源为要素的产业发展。

5. 扩大对外投资规模。企业虽然受当地要素供给、市场环境、社会环境的制约影响了自身的发展，让发展的萎缩性增强，但是，企业经过长期的增长与发展，毕竟已经积累了相当的再生产能量，包括资金、技术、市场等资源，在当地扩大再生产环境、条件不足的情况下，为了有效利用好存量生产经营要素，企业可以采取"走出去"的方式进行跨区、跨境的投资，这样，不仅对企业本身的再发展有好处，对所在地和投资地也都有好处。

二　不平衡增长理论

汉斯·辛格（Hans W. Singer）认为平衡发展理论有致命的缺陷，他的观点是：平衡增长理论工农并重，忽视了经济发展的关键是将人力资源从生产力低的农业部门转移到生产力较高的工业部门，工业发展固然有赖于农业的协助，但尽管如此，经济发展仍然要完成转移人力使用的目的。要达到这一目的，平衡增长战略无能为力。他认为，实施平衡增长战略要考虑过去的情况。如果过去的发展并非均衡地发展，为了使失去的均衡逐渐恢复，则有必要采取平衡的战略。我们比较一国经济在不同单项的成就，也许会发现各方面都已取得了一些进步。事实上在整个过程的某一个短暂的期间，经济内各个部门的发展速度并不相同。整个经济发展在这段时间内，通常是由少数发展带动的。长期考察各方面取得的进步，这实际上是一系列不均衡发展所造成的结果。

辛格的上述观点得到了美国经济学家艾伯特·赫希曼（A. O. Hirschman）的大力支持。他在1958年出版的《经济发展战略》一书中，从主要稀缺资源应得到充分利用的认识出发，系统地论述了不平衡增长的理论和战略。赫希曼着重从现有资源的稀缺和企业家的缺乏等方面，批评均衡增长论者为强调国民经济各部门均衡发展和各种产品的广大市场全面形成，过低估计了建设项目可能难于建成，而建成后生产缺乏效率的情况，指出均衡增长战略的不可行性。

作为发展中国家，其主要稀缺资源是资本，很难坚持实行一揽子投资。他指出，发展的路程好比一条"不均衡的链条"，从主导部门通向其他部门，从一个产业通向另一个产业，从一个企业通向另一个企业。经济发展通常采取跷跷板的推进形式，从一种不平衡走向新的不平衡。因此，发展政策的任务不是取消而是要维护紧张、不成比例和不均衡，使不均衡的链条保持活力。不发达经济取得经济增长的最有效途径是采取精心设计的不平衡增长战略，其关键是正确选择主导产业部门。只有把那些与其他产业部门有密切联系的部门确定为主导产业部门并给予集中投资，才能使非均衡增长战略收效。所以应首先集中投资于直接生产部门，通过生产的先行发展来刺激基础设施的相应发展，这样经济发展反而会快些。

赫尔希曼认为，社会基础设施投资与直接生产投资具有不同作用：前者为后者创造了外部经济，前者具有发散的性质，后者具有收敛的性质。社会基础设施的投资使直接生产部门的投资变得节省，从而减少了这些部门的生产成本。但由于社会基础设施投资额大，建设周期长，一般的私人资本不愿投资。因此，政府往往把对基础设施等社会公共投资视为己任。社会公共投资是鼓励私人投资所必需的，是私人直接投资的前提条件。政治压力通常使政府投资流向直接生产部门。这种政府投资的双重目标往往使政府陷入困境。因此，事实上存在两种发展途径：社会基础设施短缺条件下的发展以及社会基础设施过剩条件下的发展。后一条发展途径更连贯、更平衡，赫尔希曼把它称为"自我推进"的发展途径并加以提倡。但无论哪一条发展途径，投资在社会基础设施部门和直接生产部门都是交叉进行、蛙跳式前进的。

关于不平衡增长的过程，赫希曼提出了"关联效应"进行了解释。"关联效应"，包括"前向关联"和"后向关联"。所谓关联效应，是指在国民经济中，各产业部门之间相互影响、相互依存的联系。经济发展是一个渐进的过程，发展中国家在经济发展中必须集中力量，把有限的资源和资本投入到产业关联效应比较大的部门使之超前增长，人为地在产业部门之间造成不均衡。由于产业关联效应的作用，超前发展的产业部门向关联的其他产业部门提出需求，而那些缺乏相应发展的关联产业部门就成为经济发展中的"瓶颈"，需求的扩张会刺激企业家在瓶颈部门投资。经过一定时期的发展，瓶颈部门得到扩张，供求的不均衡得以缓解。与此同时，需求结构的变化又会造成新的瓶颈，引起新的不均衡，整个经济会在这种不均衡的关联反应中被带动起来，获得全面增长。

三　输出基础理论

输出基础理论是美国经济学家诺思（D. C. North）于 1955 年首先提出的，后经蒂博特、罗曼斯、波洛夫以及博尔顿等人发展完善。它的基本思想是：区域外生产需求的扩大是区域经济增长的主要动力，区域经济的增长取决于其输出产业的增长。因而，增加区域的输出基础即区域所有的输出产业和服务，将启动一个乘数过程，其乘数值等于区域输出产业与非输出活动的收入或就业量之比。也就是说，一方面，一个区域对外输出（包括产品和服务）的总额越大，其输出产业的收入就越多。这部分收入除了补偿输出产业的生产费用外，可以用于满足区域内需要的产品的生产和服务业，以及扩大进口。另一方面，输出产业的生产活动需要许多区域非输出产业的配合和协作。输出产业越发达，区域内的生产和服务业会得到更大程度的发展。因此，输出生产和输出总额越大，区域经济的规模和相应的收入就越大。

诺思认为，区域输出基础是"一个区域所生产的可供输出的商品的总和"，其中"可供输出的商品"主要是指第二、第三产业生产的输出产品。相反，区域非输出基础是指为输出产业提供服务和配套协作的、产品在区域销售的，或是为区域内生产、生活服务的产业。他指出，输出产业的产生和发展是影响区域经济增长的决定性因素。因为输出产业的发展既决定着区域绝对收入和人均收入的水平，也决定着区域将要发展的地方性产业的规模和数量。一个区域只有当输出基础主要是由最终消费品或最终生产制成品所组成时，那这个区域就实现了工业化。

这一理论表明，任何区域的经济发展都应当追求扩大输出产品的生产。这一理论也暗示：倘若输出收入除用于简单再生产和居民生活消费外，其余部分用来扩大输出基础和非输出基础的生产，那么它们最终收入可能是输出收入和可能是输出收入的一倍甚至数倍以上。这就是"输出乘数理论"，这种过程被称为区域经济发展的外部循环过程。

四 循环累积因果理论

循环累积因果理论（Cumulative Causaton Model）是在瑞典著名经济学家、诺贝尔经济学奖获得者缪尔达尔的循环因果原理的基础上，经卡尔多等完善而成的。缪尔达尔认为社会经济制度是一个不断演进的过程，这种演进是由技术的进步以及社会、经济、政治和文化等因素的演变造成的。在一个动态的社会经济过程中，社会经济的各种因素是互相联系、互相影响、互为因果的。社会经济诸因素之间的关系不是守恒或趋于均衡，而是以循环的方式运动，但不是简单的循环流转，而是具有积累效果的。某一社会经济因素的变化会引起另一社会性经济因素的变化，而第二级的变化会反过来推动最初的那个变化，导致社会经济过程沿着最初变化的方向发展。比如，增加了发展中国家的贫穷大众的收入，就会改善他们的营养状况；营养状况的改善，可提高劳动生产率；而劳动生产率的提高，反过来又能增加他们的收入。从最初的收入的增加，到收入的进一步增加，这是一个因果循环，这种循环是上升的循环运动。当然，还存在着下降的循环运动。比如，低收入阶层劳动者的健康状况的恶化，就会降低其劳动生产率，从而减少他们的工资收入，并降低其生活水平，这种状况反过来又进一步使他们的健康状况恶化。缪尔达尔在因果循环理论中，强调了三个环节，即起始的变化，第二级的强化运动，最后的上升或下降过程。

卡尔多继承并发展了缪尔达尔的思想，同时提出了相对效率工资（Relative Efficiency Wags）的概念。所谓相对效率工资是指货币工资（W）与生产增长率（U）的比值（W/U）。W/U 可以决定一区域在全国市场中所占的份额，W/U 值越低，表明该区域的产出增长率越高。卡尔多认为，在一国范围内，由于制度的同质性，每个区域的货币工资水平及其增长率都是相同的。因此，在发达区域，由于聚集经济而使规模报酬递增，因而产出增长率和生产力增长率提高，使相对效率工资下降；反过来，相对效率工资的下降又导致区域产出增长率的进一步提高。这种循环累积的利益将使发达区域经济以更快的速度增长。

五　回流及扩散效应理论

缪尔达尔的这一理论是揭示由区域外部因素引起的不利于区域

经济发展和扩张变化的一种理论。

缪尔达尔提出了回流效应（Back Wash Effect）和扩散效应（Spread Effect）。回流效应指地区外部因素引起的不利于该地区经济发展和扩张的变化。扩散效应是指经济扩张和发展中心对周围地区经济发展的有利影响。缪尔达尔认为，强大的回流效应和弱小的扩散效应是经济发展不平衡的重要原因。再归纳起来，"循环累积因果"主要产生两种似乎对立性的效应：一是"回流效应"。效应表现出的形式是经济发展要素从发展相对落后区域向相对发展先进区域流动，使区域间不平衡性差异增大。二是"扩散效应"。效应表现出的形式是经济发展要素从相对发展先进区域向发展相对落后区域流动，使区域平衡性增强。

赖宾斯坦·内尔森（Nelson）等人的"低收入均衡陷阱"是缪尔达尔的回流效应的逻辑前提，即经济不发达是一个循环累积的过程，它制约着经济系统的良性运行。

回流效应首先是制度方面的原因。缪尔达尔认为，资本主义是以利润为生产目的的，对利润的追求必然导致利润高的地区成为发达地区而其他地区处于不发达状态。市场力量的作用不是削弱而是加强了地区发展的不平衡。如果政府在政策上不加干预，一切由市场力量决定，那么，发展中国家的工业生产、商业、银行、保险等经济活动将取得高于平均收益的利润，而这个国家的其他地区将会陷入困境。在这种情况下，一个地区的发展以另一个地区的停滞为代价，地区不均衡加剧了。其次，移民、资本流动和贸易也会对落后地区产生回流效应。经济活动扩张的地区将吸引落后地区的青年和科技人才，使他们移居到发达地区。发达地区不断增加的需求刺激了投资活动，而投资又反过来增加收入和需求，导致投资的第二次浪潮。这样，将吸收落后地区的资本。地区间的贸易同样有利于发达地区。

国际贸易对不发达国家经济同样产生了强烈的回流效应。工业国和不发达国家之间在贸易条件、产品结构、需求弹性等方面存在本质的区别。发达国家出口的制造业产品，附加值大，对世界市场的需求和价格反应灵活。不发达国家出口的农副产品等初级产品，缺乏需求弹性，当国际市场对这些产品的需求量扩大、价格上升时，不能及时、合适地扩大生产，而当价格下跌时又难以缩小生产规模。但进口初级产品的国家却能利用这一点，尽可能削减和降低初级产品的价格。另外，不发达国家的出口收入往往不是用于生产性投资，而是用于投机、奢侈生活消费，购买不动产和外汇，对经济发展的扩散效应很弱。

缪尔达尔指出，不发达经济中确实也存在着从中心到边缘推进的扩散效应。对农产品需求的增加，对原材料需求的增加以及先进技术向落后地区的转移都有利于落后地区的发展。但是，回流效应和扩散效应在发展中国家是不均等的。同富国相比，穷国国内的地区不平衡要大得多，富国的地区不平衡在缩小，而穷国的地区不平衡在扩大。这两个相关关系的根本原因在于一个国家经济发展水平越高，扩散效应就越强。

简言之，国际贸易、资本流动、移民等经济运动促进了发达国家和发达地区的经济发展，却对不发达国家和不发达地区产生强烈的回流效应，从而扩大了经济发展的不均衡。缪尔达尔认为，消除这种不均衡，必须在制度方面进行重大的调整和改革；如果让市场力量不受阻碍地发挥作用，政府采取自由放任的政策，那么，国内和国际的不均衡将继续扩大。

中国提出的"一带一路"战略构想，应允了缪尔达尔为了"消除不均衡"必须在制度方面进行重大的调整和改革的想法。"一带一路"消除了完全市场机制而带来的发展不均衡。中国借助"一带一路"战略采用非完全市场机制行为的财政手段设立的"丝路基金"和"亚洲基础设施投资银行"（亚投行），可以起到让沿线国家和地区趋向均衡发展的效果，理由是"丝路基金"、"亚投行"的资金要素主要是配置给相对不发达的国家和地区。

六 增长极理论

区域经济学中的增长极理论是在法国经济学家弗郎索瓦·佩鲁的增长极理论基础上发展起来的。佩鲁增长极理论的基本观点是，经济增长不是同时出现在所有的部门，而是首先集中在那些具有创新能力的行业和主导产业部门。由于供给函数和市场需求的不可分性，这些具有创新能力的行业与主导产业部门常常聚集于经济空间的某些点上，形成增长极。增长极是一种具有推动性的经济单位，或是具有空间聚集特点的推动性单位的集合体。经济的增长将首先发生在增长极上，然后通过各种方式向外扩散，对整个经济发展产生影响。区域经济学者把佩鲁的增长极概念和思想引入到区域经济研究之中，融入地理空间概念，从而产生了区域经济的增长极理论。笔者再将区域增长极概念进一步引入到全球相关性经济体（国家）互联互通的共同发展之中，便形成了国际增长极概念思想。

（一）增长级的特点

区域经济中的增长极是指具有推动性的主导产业和创新行业及其关联产业在地理空间上集聚而形成的经济中心。增长极具有如下几个特点：从产业发展看，增长极是通过与周围地区的经济技术联系而成为区域产业发展的组织核心；从空间角度看，增长极通过与周围地区的空间关系而成为支配经济活动空间分布与组合的重心；从物质形态上看，增长极就是区域中的中心城市。由于区域的大小不一样，相应地，增长极也有规模等级之分；从相邻国际性区域角度看，增长极就是相邻国家中的发达国家，要素聚集国；从全球角度看，增长极就是资金、技术产能等发达国家。

（二）区域经济增长极

增长极对区域经济的影响通过三个方面进行：一是支配效应。增长极由于在技术、经济方面具有先进性，能够通过与周围地区的要素流动关系和商品供求关系，对周围地区的经济活动产生支配作用。二是乘数效应。增长极一经形成就会对周围地区的经济发展产生示范、组织和带动作用，加强与周围地区的经济联系。在这个过程中，受循环累积因素机制的影响，增长极对周围地区经济发展的作用会不断地强化和放大，其影响范围和程度随之增大；三是极化与扩散效应。极化效应是指增长极的推动性产业吸引和拉动周围地区的要素和经济活动不断趋向增长极，从而加快增长极自身的成长。扩散效应是指增长极向周围地区进行要素和经济活动输出，从而刺激和推动周围地区的经济发展。增长极的极化效应和扩散效应的综合影响称为溢出效应。

（三）部门增长极

部门增长极的转化过程表现为相对较强的创新能力与增长能力，使其在产业结构中的比重日益提高而至主导地位；而其相对较高的生产效率和资金收益会使结构内和结构外的投资格局向己方倾斜，形成资金、资源等生产要素的集中，进一步强化这种主导地位。其对于经济发展的作用可以分为两个方面：一是直接贡献，即其自身产出的增长增加了区域所得；二是间接贡献，即由于其产出增长所引发的包括其他产业在内的整个产业体系产出的增长。显然后者是增长极的经济贡献的主要方面，这主要依靠的就是增长极的扩散效应。

部门增长极的扩散效应表现在以下两方面：

1. 一种新产业的建立会刺激其他产业的模仿和相关产业的创新，从而带动产业结构的高级化，这是增长极的示范效应。

2. 推进型产业的扩张必然会通过与相关产业的投入产出矩阵引起相关产业的扩张，进而推进型产业的单位投入会引发系统总产出的成倍增长，这是外部经济的乘数效应。

（四）城市增长极的扩散效应表现

当推进型产业及其相关产业已形成了一定的空间聚集，从而形成城市增长极时，资金与资源等生产要素从周围腹地向城市中心流入和集中，这就是城市增长极化效应的表现形式。如果说部门增长极的极化效应的形成包含一部分追求规模经济效益的因素，那么城市增长极在此之外还包括经济主体对空间聚集经济效益的追求。对这两种效益追求的结果是导致城市的产生与膨胀。同部门增长极一样，城市增长极对区域经济发展的主要作用在于其扩散效应方面。这一扩散效应又表现为以下两点：

1. 城市增长极的建立和发展会形成对农副产品、原材料、零部件及辅助产品等产品的高需求，从而刺激周边地区相关部门的建立及生产规模的扩大。

2. 城市增长极为保持其创新优势和合理的经济规模而需要将部分产业外迁，城市周围的腹地将首先成为这种 "产业外溢" 的受益者。

在增长极产生和发展的过程中，极化效应始终是与扩散效应相伴而行的，只是在不同的发展阶段，不同的效应占据主导地位，才发生扩散与极化的交替。在增长极刚刚形成的最初阶段中，极化作用将占主导地位，扩散效应只具有较小的影响范围，极的生长与系统整体的相关系数较小；而随着增长极规模和实力的扩大，扩散效应逐渐加强，极的增长与系统的整体增长的相关关系也逐渐加强，最后扩散效应会绝对地超过极化效应，此时极的增长系统转向均衡化发展，完成不均衡到均衡的过渡。

（五）增长极圈

增长极（增长点）在发挥对周边地区扩散和带动共同发展后，便形成了具有相互依存性的区域经济，这其实并没有完成增长极的扩散极限目标。这一由增长极扩散（初级扩散）形成的区域经济还只是 "点" 状经济，只不过是把增长极原点扩大而已，可称为圈点。当圈点再发展到一定程度时，便可将其影响和带动扩散至更远，形成全球性增长极。

增长极开发模式的基本内容就是：通过在区域经济系统内引入推动型产业并布局于适当的区位，通过功能极化与地域极化形成部门增长极和城市增长极，同时在经济空间和地域空间中以预想的渠道和强度，通过扩散效应辐射其极化能量，推动其他地区和部门的发展。

这一开发模式在问世之初曾受到经济学界的高度重视，并被广泛应用于各个国家和地区的开发实践。但 20 世纪 60 年代后期以来，仅仅以增长极的引入和建立为主要手段的传统增长极开发模式，在应用于欠发达区域和贫困地区的区域开发时，总体效果不佳。这方面典型的例子很多，如印度对其落后地区的增长中心政策，韩国在其南部沿海设置的针对首尔的"对应极"等。这些增长极都形成了现代化的生产能力和一定的城市规模，但它们并没有像规划者所预期的那样，发挥带动地方经济与均衡全国经济格局、分散大城市人口与产业的作用，而是成为揳入当地传统经济中的一些现代化的"飞地"，形成一种经济的、技术的、城乡结构的"二元结构"。人们对此进行了深刻的反思，重新检讨了区域增长极的开发模式，并得出以下两个结论：

第一，区域增长极的设置要切实考虑区域经济的要求，并制定相应的区域发展政策和区域目标。

在上述例子中，无论是印度还是韩国，都只是从国民经济均衡发展对区域经济的相应要求出发。从国民经济出发，自上而下地发展区域经济，往往会忽视区域自身的要求。简单地引进一个或一级大型推动合作企业，既未考虑其对区域发展的正负面影响，也未考虑与地方经济的衔接与合作问题。严格地说，这种以国家目标为主的增长极不是真正意义上的区域增长极，自然也就起不到区域增长极应有的作用。比如韩国的蔚山工业园区，形成了大规模的石化产品的生产能力，但原料来源及使用其化工产品的最终产品加工工业都不在当地，成为一种"借场地的工业"。这些大型企业与当地经济的联系又因二者间技术、经济的梯度差过大而受到限制。这样，它们不仅对当地直接贡献较少，间接贡献也很有限，抑制了极化和扩散效应。

第二，从区域自身要求出发，不同发展水平的区域的增长极开发有着不同的内容与实施方式。

增长极发挥作用的关键在于其扩散效应。扩散效应大体上又以乘数效应、示范效应为主。由于发达与不发达区域的经济结构和发展条件不同，增长极扩散效应的实际发挥程度也各不相同。从区域角度看，乘数效应可以分为留在区内与流往区外两种流向，前者为区域乘数效应，后者为区际乘数效应。区域增长极扩散效应的大小就以区域乘数效应的最大化为标准。在发达区域，产业结构和城市体系发育成熟，具有完整的产业关系与空间关系矩阵，引进增长极的效果能得到完全的扩散和吸收，从而获得较大的区域乘数效应。而在不发达区域，产业结构与城市体系残缺，很难保证区域乘数效应大于流出的区际乘数效应。根据布塞尔的理论，区域乘数是区域专门化系数的倒数。经济结构越多样化，越完整，区域乘数就越大。区域乘数的最大化有赖于一个多样化的经济结构。

在发达地区与不发达地区实施增长极开发，有着不同的内容和实施方式。在发达地区引进单一增长极便可以有大的区域乘数效应和示范效应。而在不发达地区，仅仅引进单一增长极还不够，还需要引进和完善产业关系与空间关系矩阵。这也就是传统的单一增长极开发在发展中国家或落后地区收效不大，而在有着发达经济基础的经济萧条区应用效果好的缘故。

除此之外，发达区域还要投资于人力资本，并需要结合当前的技术基础，适当选择增长极的技术等级与规模。在不发达区域推选具有适当的生产方式与吸收能力的小型适用技术。在落后地区，区域自身要求的并非一定是大型的先进企业，而是能真正在现有体系中顺利地发挥增长极作用的企业。

笔者在研究了各种区域理论后，认为大部分人对增长极理论的理解，还仅是从狭义的思维来理解增长极的作用，即限于区域性增长。而从人类主义思想着眼，增长极效应和作用应当放在全球视野中来增强增长极的作用和影响范围。

七　点轴开发理论

点轴开发理论（点轴理论）最早是由波兰经济学家萨伦巴和马利士提出的。涉及点轴理论的理论很多，比如克里斯·泰勒（Chris Tallar）的中心地理论、增长极理论和点轴开发理论等。

克里斯·泰勒的理论核心是中心地理论。他的中心地理论重视"点"的作用，秉承了韦伯的工业区位论的研究思路，设想从一片匀质平原上，形成不同规模的城市布局，并据此构筑以城市为中心的多级流通网络。克里斯·泰勒的中心地布局理论，认为各个城市及其市场区均形成多层的六边形；各城市产生等级分工；级别低的中心分布较密集，因为不同等级中心的市场范围有差异。

生长轴理论重视"轴"的作用，其代表人物是规划学家沃纳·松巴特（Wemer Sombart）。这种理论认为，由于交通干线成为连接各中心地的纽带，有效地促进了资源要素的自由流转及合理配置，运输费用及生产成本均可能降低，从而形成具有新的比较优势的区位，区域经济会依托着交通干线这一"生长轴"吸聚人口、资本等要素，从而获得更快发展。

点轴开发理论将中心城市、交通干线、市场作用范围等统一在一个增长模式之中，在三者相互关系中，点居于主导地位，轴是多层次中心点间沟通连接的通道，而通过市场配置资源要素，是点与点之间、点与轴之间发生联系的根本动因。点轴开发理论的实践意义，在于首先提示了区域经济发展的不均衡性，即可能通过点与点之间跳跃式配置资源要素，进而通过轴带的功能，对整个区域经济发挥牵动作用。因此，必须确定中心城市的等级体系，确定中心城市和生长轴的发展时序，逐步使开发重点转移扩散，尽管这一思想在点轴开发理论中未得到充分阐发。

点轴开发理论是在经济发展过程中采取空间线性推进方式，它是增长极理论聚点突破与梯度转移理论线性推进的完美结合。点轴开发强调以某一线性产业带在某个区域起骨干作用并以城市作为该区经济发展的基础，以该产业为依托展开经济发展。点轴开发战略的实质是按多维线性原则在国家范围内选定若干具有较大规模优先发展的区域点，集中财力和物力，加强科技和政策扶持，确定重点开发产业，分期分批重点开发，逐步在国家全境范围内形成适应市场经济要求，且具有高度生产力水平的点线面区域发展网络。点轴发展战略兼顾效率、公平原则，有利于最大限度地实现资源的优化配置，避免资源的不合理流动；有利于集中国家有限的财力实施重点开发，形成若干具有高技术水平，雄厚经济实力和巨大经济辐射力的生产力聚集点，形成一个国家经济增长的动力点；有利于带动开发区周围城镇乡村经济的全面发展，从而实现经济发展的相对平衡，缩小地区经济发展的差距。

（一）经济组织的空间点轴系统的形成过程

在生产力发展水平极低的社会阶段，生产力的地域分布是均衡的；随着工业化阶段的到来，拥有矿产资源或商品经济发展较快的 A、B 两点出现工矿点或城镇，并建立了连接两点的交通线；由于集聚的结果，资源进一步向 A、B 两点集中，在两点建立了若干大企业，交通线变成复合型运输通道，同时，在 C、D、E 等点出现新的集聚，交通线相应延伸；随后，A、B 两点形成更大的集聚，C、D、E、F、G 成为新的集聚中心，大的密集产业带形成，同时经过新的集聚中心的二级发展轴和三级发展轴已经形成。如此，生产力的地域组织进一步完善，形成以点轴为特点的空间结构体系。（见图 7-1）

（二）点轴开发模式的补充——网络开发模式

网络开发一般适用于较发达地区或经济重心地区。它一方面要对已有的传统产业进行改造、更新、扩散、转移；另一方面又要全面开发新区，以达到经济空间的平衡。新区开发一般也是采取点轴开发形式，而不是分散投资，全面铺开。这种新旧点轴的不断渐进扩散和经纬交织，逐渐在空间上形成一个经济网络体系。较发达地区之所以采取网络开发形式，主要有以下两个

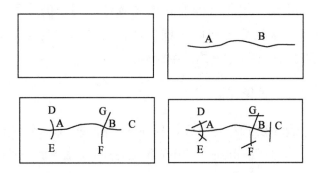

图 7 - 1　空间点轴结构的形成过程

原因：

1. 区域整体经济已达到高度发展阶段，区域经济实力已允许较全面地开发新区，实行大幅度区域空间网络结构，可促使区域经济逐步趋向均衡。

2. 区域内一些增长极的极化效应达到一定限度（即集聚过度导致交通紧张，能源、电力短缺或用地用水困难等，使环境质量下降），公共服务成本及基础建设成本增加，将使集聚产生的规模不经济，超过了集聚所带来的效益，于是一些企业便把产品、工厂向外围分散化发展。因此，网络开发模式是对点轴开发理论的一种补充，点轴开发是以集中为特征，而网络开发则是以均衡分散为特征。

（三）点轴开发理论的应用设想

在经济布局框架已经形成，点轴系统比较完善的地区，进一步开发就可以构造现代区域的空间结构并形成网络开发系统。网络开发系统应具备下列要素：一是"节点"，即增长极的各类中心城镇；二是"域面"，即沿轴线两侧"节点"吸引的范围；三是"网络"，由商品、资金、技术信息、劳动力等生产要素的流动网及交通、通信网组成。网络开发就是已有点轴系统的延伸，提高区域各节点间、各域面之间，特别是节点与域面之间生产要素交流的广度和密度，促进地区经济一体化，特别是城乡一体化。同时，通过网络的外延，加强与区外其他区域经济网络的联系，或者将区域的经济技术优势向四周区域扩散，在更大的空间范围内，将更多的生产要素进行合理的调度组合。

八　核心—边缘理论

核心—边缘模式理论（The Core - Periphery Paradigm）来源于弗里德曼（A. J. Friedman）1966 年发表的论著，后来缪尔达尔（G. Myrdal）和赫希曼（A. O. Hirschman）也对这一理论的发展作出了重要贡献。弗里德曼将一定空间地域分为"核心区"（Core Regions）和"边缘区"（Peripheral Regions）。弗里德曼提出，发展是通过一个不连续的，但又是逐步累积的创新过程而实现的。而发展通常起源于区域内具有较高相互作用潜力的少量的"变革中心"，创新由这些"中心"向周边潜力较小的区域扩张，周边地区依附于"变革中心"获得发展。这类创新变革中心，被弗里德曼称为"核心区"，而一定空间地域内的其他地区，被称为"边缘区"。

（一）核心—边缘理论的形式

在弗里德曼最早的模型中，已明确将区域的增长特征与经济发展的阶段联系起来，他认为，区域经济发展一般要经历四个阶段，即前工业化阶段、核心—边缘区阶段 I（即工业化初期阶段）、核心—边缘区阶段 II（即工业化成熟阶段）、空间经济一体化阶段（即后工业化阶段）。每个阶段呈现出不同的阶段性特征。

表 7 - 1 中列出了核心—边缘模型中区域经济发展的几种主要形式。核心区集聚或扩散资源要素，引导和支配边缘区，谋求区域经济的一体化发展。其实质仍是为了边际收益最大化，对有限资源要素重新进行空间配置。因此，早期的核心—边缘理论带有明显的新古典主义和赫希曼理论的烙印，同时也受到罗斯托（Rostow）思想的影响。

表 7-1　　　　　　　　　　　　　核心—边缘理论

	前工业化阶段	工业化初期阶段	工业化成熟阶段	空间经济一体化阶段
资源要素流动状态	较少流动	边缘区资源要素大量流入核心区	核心区要素高度集中，开始回流到边缘区	在特定区域内全方位流动
区域经济典型特征	已存在若干不同等级的经济中心，但彼此间缺乏联系	核心区进入极化过程，少数主导地带迅速膨胀	核心区开始对外扩散过程，边缘区出现规模较小的新的核心	多核心区形成，少数大城市失去原有主导地位，区域发展为城市体系

（二）核心—边缘理论的分析

弗里德曼认为，核心区之所以能对边缘区施加影响，除了核心区的原有创新活动比较活跃，由此成为区域发展的源头之外，核心区还具有使边缘区服从和依附的权威和权力。这种权威机制由以下方面构成：一是核心区掌握了区域内主要的物质资源、地理资源和强制性资源；二是核心区通过集聚各类资源、传递创新信息，构建创新活动及其样板效应等，其权威地位不断得到自我强化；三是在核心区与边缘区的冲突中，"边缘区的精英们"要么因受到强迫保持中立，要么接受现实退出竞争，迁入核心区，再有就是通过核心区的边缘区扩散资源，在新形成的"边缘核心区"被同化；四是核心区作为合法的决策权力中心，可把边缘区组织成一个行政区来实施管理。

弗里德曼也认为，随着核心区的成长和成熟，核心区和边缘区之间经济差距的扩大，会使得两者之间文化、心理、政治等方面的矛盾尖锐化。因此，区域经济趋于一体化的进程，也就是核心区与边缘区之间的矛盾统一过程。核心区的自我强化会导致两个结果，一是过度强化，不论经济上还是社会发展上，都会使核心区付出更大的代价，因而必须把这种"自我强化"控制在一定范围；二是边缘区不断接受核心区的创新信息、参与创新活动，自身也会生成新的核心区或强化原有的较低能源的小核心区，最终形成与原有高层级核心区联结的"城市群体"。

弗里德曼还较为深刻地刻画了核心—边缘结构模式，从一般意义上把它分解为四个部分；第一，核心增长区。这是创新变革的发源地，在资本、技术和政策方面具有明显的优势，可以发展那些受原料区位变化影响较小的产业，且由于政治机构集中，处于稳定发展和支配的地位。第二，向上转移（或上升）地带。这一地带在核心增长区的繁荣的刺激下发展起来，投资不断增加，资源利用和农业发展的集约化程度不断提高，人口迁移量不断上升，显示出经济上升趋势。第三，向下转移（或下降）地带。这种边缘地带多为边远的农村地区，还包括原料枯竭、老工业衰退的区域，经济下降使区内赖以生存的农业呈停滞甚至下降状态，整个产业结构老化，效率低下，以粗放型经营为主，人口向外迁移。第四，资源边际区。这类地区富有待开发的资源，对区域开发有极大的潜在价值。它可能位于向上带和向下带之间，随着资源开发和人口聚集，使它与外界尤其是核心区的联系要多于毗邻地区的联系，创新、变革可能以较快的速度到达这类地区。

缪尔达尔的扩散—倒流效应理论可以用来补充核心—边缘模式理论。由于市场占先的效应，核心区以廉价的工业制成品充斥边缘区，使边缘区工业的发展受到抑制，从而核心区因累积作用和增值效应达到最强，其经济发展大大快于其他地区，财富的不平衡状况加剧。随着核心区与边缘区的不平衡增长及核心区规模的迅速膨胀，核心区向边缘的"扩散效应"开始加强。核心区经济扩展所产生的剩余资本投向新的发展区，核心区的先进技术也向边缘区扩散，从而出现资金、技术、人力资本等从核心区向边缘区的流动，其结果是促进边缘区的经济发展，核心区的工业比重开始下降，工业活动逐步由城市向外扩散，特大城市内部的边缘区逐渐被城市经济所同化。

从一个独立的系统构成出发，综合地考虑各种变量，从而解释区域经济由不均衡增长到最终均衡增长的完整进程，这就使得核心—边缘理论可以容纳区位论、点轴理论、增长极理论，以至新古典主义模型、缪尔达尔模型、赫希曼理论的合理成分，使其理论原则适合于更多的经济空间，成为从总体角度处理特定区域空间经济问题的一般理论。这体现了核心—边缘理论的价值。

　　当然，也有西方经济学家对核心—边缘模式提出了一些完善主张。他们认为，现行的核心—边缘模式是不完善的，因此主张核心区与边缘区的市场联系，利用政府力量使新的核心区在边缘区活跃起来，通过不断扩张的市场联系、资源开发、空间扩展和收入增长等政策，逐渐使边缘区成为有吸引力的工业区位，甚至依靠行政区划体制将政治权力分散到所属各层级行政机构作为次中心，使核心与边缘的界限变得模糊，以至被空间一体经济模式所代替。

　　（三）核心—边缘理论的应用

　　核心—边缘理论对于经济发展与空间结构的变化都具有较高的解释价值，对区域规划具有较大的吸引力。

　　1. 城乡的关系

　　核心—边缘理论的积极意义是阐明了核心与边缘的联系：发展核心，带动边缘；发展城镇，带动周围乡村。城镇和区域的利益关系是密不可分的。城镇是区域经济活动的中心，区域是城镇赖以存在和发展的基础。城镇通过交通、信息、商品、流通、金融等网络系统，把它与周围的区域紧密联结在一起，形成自己的腹地。因此，任何一个区域都要重视核心的发展。首先，要注意中心城镇的形成。区域必须依靠中心城镇才能把区内各种经济社会活动凝集成一个整体。其次，要重视城镇的发展。这些城镇既可减轻大城市、特大城市规模过大的压力，又可以使城市周围区域和广大乡村形成新的增长中心。再次，要合理确定城镇发展规模。中心城市的工业和一些服务业，要有步骤地主动向外围扩散，促进本身产业结构的调整，带动边缘区域发展。

　　2. 一国之内发达地区与落后地区的关系

　　核心—边缘模式中划分了四种类型区：①核心区域，是创新活动基地；②向上过渡区，是兴盛区域；③向下过渡区，是经济停滞地区；④资源边疆区，对核心区域能起合作，经济出现新的增长势头的地区。

区域规划中，针对不同地区的发展状况、存在的问题和发展的潜力，应制定不同的发展规划方案，提出不同的发展策略。一般说来，核心区域应充分发挥当地优势，适当向外围地区扩散传统工业和人口，控制核心区域城市人口和产业过度臃肿及环境质量退化的现象。要改善核心区域大城市交通系统，完善卫星城镇体系，克服和改变大城市的拥挤状态。对于向上过渡区，要调整陈旧的产业结构，以高技术、高附加值、高需求、收入弹性的产品作为主导部门的发展方向，搞好区内基础设施，密切与核心区域的联系和协作。对于向下过渡区，宜改造和提高传统产业部门，不断调整产业结构，增加新的就业岗位，并通过调整布局，发展与核心区域互补经济等手段，使其重新获得增长动力。资源边疆区宜尽可能变资源优势为深加工产品优势，不断壮大输出性强的基础部门，并通过这些部门发展对当地经济产生的产业关联效应，带动其他部门的发展。

3. 发展中国家与发达国家之间的关系

20 世纪 60 年代起，许多激进学者用核心—边缘理论来讨论国际上发达国家与发展中国家的关系。他们认为，在世界经济体系中发达国家处于核心地位，发展中国家则处于边缘地位。核心与边缘处在不平等的地位上。边缘地位是核心国家通过殖民统治或凭借其政治优势所造成的。边缘对核心存在着依附，其表现为：①国民收入的大部分来自出口；②出口又集中在少数几种商品上；③经济要害部门为外国企业或跨国公司所控制。

发展中国家对发达国家的依附有三种形式：一是市场依附。一些发展中国家存在着购买力不足，但产品成本竞争有优势的状况，这样其经济的出口依赖度便很高，特别是一些发展中国家的民族特色商品对发达国家的市场依赖度很高。二是金融依附。发展中国家资金短缺，工业资金往往依靠核心区域（即发达国家）的融资弥补，金融依附也包括对发达国家的国际性主导货币的依附，比如对美元的依附。三是技术依附。不可否认，全球的大部分工业核心技术掌握在发达国家手中，发展中国家产品的核心技术皆靠从发达国家引进，或引进具有核心技术的部件，当然也包括溢出效应。

激进经济学家萨米尔·阿明（S. Amin）等认为，发展中国家要摆脱对发达国家的依附关系，必须改造世界的社会制度，发展中国家要与现存国际体系脱钩。方法有二：一是发展中国家要加强内部合作，各个国家应选择以本国资源为基础的产业，且优先考虑与发展中国家的合作，实行经济一体化。二是要重塑国际经济新秩序，让资源要素在全球更广泛的范围内流动，而且实现平等的流动，不能一概由发达国家掌握流动控制权，比如石油资源的全球流动等，以实现国家之间的平等竞争。"一带一路"战略构想无疑是建立国际经济流动新秩序的方法。

第八章

流量经济理论与城市聚散
效应及城市圈理论

聚集效应和扩散效应是流量经济最重要的两种效应。但目前关于它们的提法比较模糊。有人认为聚集效应本身就包括聚集和扩散两种形式。也有人把聚集效应称为"集聚效应"。笔者认为,聚集效应从字面上并不包含"扩散"的含义,因此把扩散效应和聚集效应统称为聚集效应是不合适的。因此,笔者重组了一个词汇"聚散效应",以方便来表示聚集效应和扩散效应的统一称呼。

流量经济中,最重要的就是各种流量的集聚以及流量的辐射(或说扩散),因此聚散效应本身就是流量经济理论的一部分。对它的研究有助于丰富和强化流量经济理论的内涵。本章不仅对聚集效应和扩散效应的表现形式等了进行分析,还从数学经济模型上进行了关于聚集和扩散效应的探讨。笔者相信这些内容能给流量经济的新理论添砖加瓦。

城市圈经济理论由来已久,如城市圈经济的概念、城市圈经济空间扩散规律等。但关于城市圈经济的内在实现机制还是未知的,现在就可以用流量经济的思想,比如流量的集聚、放大、扩散、流量经济的平台建设,中心城市的发展级理论等来实现。

第一节　城市发展中聚集效应的经济学分析

一　聚集效应对城市经济增长的影响

经济增长，一般是指在某一经济中所生产的物质产品和劳务的数量在一段较长时期内的持续增加。若用国民收入来衡量，则经济增长就表现为国民收入的持续增加。根据宏观经济理论，一定时期的国民收入是由该时期的生产要素投入量 F 和要素生产率 $PROD$ 所决定的。可以用函数表示为：

$$Y = f(F, PROD)$$

一般情况下，要素生产率是由既定的生产技术和生产方式所决定的。因而，当技术水平一定时，要素生产率相对稳定，国民收入 Y 则主要取决于生产要素的投入。在城市经济中，由于聚集效应的存在，使得要素的投入效率明显受到影响。当城市聚集经济超过聚集不经济时，即使生产技术水平不变，该城市的要素生产率也将高于其他城市，从而导致要素流入的增加，促使经济持续增长，即该城市的经济增长具有倍增或加速效果；反之，城市经济则呈萎缩状态，即累积式衰退。换句话说，当聚集经济超过不经济时，同样的投入可以获得更高的产出，从而会刺激资本、人才、技术等生产要素流入的增加，推动城市经济以更大的规模和较高的速度发展；反之，则可能会出现停滞和衰退。

运用鲍摩尔（Baumol）的累积非均衡增长模型可以很好地说明聚集效应对经济增长的影响。该模型包括两个表示收入变动路径的线性等式：

$$Y_{t+1} = r - sD_t \qquad (8-1)$$

$$D_t = u - vY_t \qquad (8-2)$$

其中，Y——收入；

D——城市损坏导致的损失；

t——时间。

r、s、u 和 v 均为大于零的参数。这两个等式说明该时期若因聚集不经济所导致的损失增大，未来的收入会变小；反之，收入将会增加。

令 $g = r - su$，$h = sv$

并把（8-2）式代入（8-1）可得：

$$Y_{t+1} = g + hY_t$$

设均衡收入为 Y_e，当实现收入均衡增长时，则有：

$$Y_e = \frac{g}{1-h} = \frac{r-su}{1-sv}$$

对上式进行一阶线性微分，可得：

$$Y_t = (Y_0 - Y_e)H_t + Y_e$$

于是收入的变动有两种情况：

当 $h > 1$，$g < 0$ 时，收入呈累积式变动；

当 $h < 1$，$g > 0$ 时，收入呈收敛式变动。

显然，当聚集效应比较明显时，城市的收入变动将表现为第一种情况；当聚集效应较小或为零时，则为第二种情况，城市收入的变动成正常的收敛式变动，此时聚集效应没有影响。显然，当聚集经济效果明显大于聚集不经济时，由于大量要素的流入，城市的收入将大于均衡值，即 $Y_0 > Y_e$，从而城市经济将呈现出累积式加速增长趋势。反之，当聚集不经济比较明显时，居民、厂商及资本等将大量流出，从而城市收入处于较低水平，即 $Y_0 < Y_e$，此时，城市经济则呈累积式加速衰退趋势。

综上所述，聚集效应对城市发展有着重要的影响。当城市增长时，它促使其以累积方式膨胀；当城市萎缩时，它则加速了衰退。在城市的形成和发展时期，市中心区显然具有巨大的聚集经济利益，从而居民、厂商和资本大量进入，导致该区位加速发展。当城市进入成熟期之后，市中心地区由于道路拥挤、住房条件差等原因，聚集不经济日益加强，于是厂商和居民纷纷外迁，从而加速了市中心的衰落。

二　聚集效应对城市规模的影响

聚集经济将导致城市规模的扩大，而城市规模的扩大将产生规模经济收益。城市市场规模的扩大既使新厂商得以出现，又使新服务得以供给。诸如产业规模经济、劳动力市场经济等方面的外部经济利益毫无疑问将随城市规模的扩大而增加。尤其是诸如城市基础设施、通信设施等公共产品的提供，只有当城市规模达到一定规模时，才能实现有效的供给。有很多类似的说法，说明聚集经济可以导致城市规模的不断扩大。

从理论上，可以得出如下结论：聚集经济与城市规模具有强烈的正相关关系；或者说，聚集经济是城市规模的函数，它随城市规模的扩大而增大。

随规模扩大而增大了的聚集经济效果，将不断推动城市规模的进一步扩大。但聚集效应的作用是双重的。城市聚集规模的扩大不仅产生了聚集经济，而且也同时产生着不经济。随着聚集规模的扩大，城市要素投入成本将呈上升趋势，交通成本、污染成本等也将随之逐步增加。但达到一定规模后，聚集不经济的逐步增强将不断削弱聚集经济的作用，直至最后完全抵消或超过。于是，作为聚集效应整体经济后果的聚集利益，在最初阶段呈递增趋势；达到一定规模后，又呈递减趋势；到最后，几乎降为零，从而城市吸引力基本消失，城市规模不再扩大。实际分析表明，城市生产率大体上随着城市规模的扩大而有所增加，但增加的速度越来越慢。

可见，由于聚集效应的双重作用，城市的增长（规模扩大）并不是无限的，客观上它存在了一个最佳的合理规模。以阿朗索（Alonso）为代表，西方学者建立了所谓最优城市规模理论。假定成本和效益的变化只同城市规模有关，而且这些成本和收益，不论内部的还是外部的，都是可能衡量的。则如图 8 - 1 所示，城市的增长存在一个最优规模。图中 MC 为边际成本，AC 为平均成本，

MB 为边际收益，AB 为平均收益。理论上 P_0 为最优规模，而在现实中由于私人成本与社会成本的差异，边际成本与收益难以衡量，则往往认为 P_n 为最优规模。事实上，这种分析仅具有理论意义，在现实中是不可能存在的。城市规模虽然与聚集经济高度相关，但城市聚集的均衡规模则是各种要素空间竞争的结果。受城市分工、区域经济约束等方面的影响，不同的城市在市场经济中均衡规模不同，因而其最佳规模也不相同。也就是说，由于城市聚集经济受外部因素的制约，外部条件不同，其所引致的城市最优均衡规模也不相同。

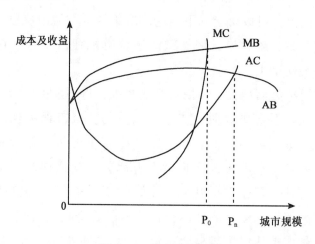

图 8－1　城市最优规模

第二节　扩散理论的空间动力学分析

空间动力学是一门很复杂的系统科学，但用它来建立空间聚集和扩散的模型，可以很清楚地反映出聚集和扩散效应的性质。

但因为空间动力学较复杂，因此，本书只是做一个较浅的探讨，起一个抛砖引玉的作用，也许读者会发现空间动力学是建立流量经济内在机制模型的一个很好的工具。

空间聚集是一种特殊的空间动态现象。在空间系统的动态过程中，某些中心地方（区域）吸收了来自其他地方（区域）的人口、资金而增长起来，相应的某些中心地方（区域）发生衰退，这就是空间聚集。与空间聚集相反的是反聚集，它的直观表现是逆城市化过程和次级城市的发展。城市生长是另一种重要的空间动态现象，与聚集不同，它同时描述增长与城市空间范围的扩张。聚集与生长是对区域（或城市）发展现象的两种分析，在实际研究中常常同时注意两种现象。聚集与生长的共同基础是口粒子等的空间扩散，空间扩散是微观现象。聚集与生长是宏观现象，空间动力学将它们追溯到了微观层次——扩散。

空间动力学分析发现，空间聚集与城市生长需要"种子"，如果没有原始的点存在，中心地方（或区域）永远不会发展，这就形成了区域科学的增长极学说的基础。

空间动力过程还会出现"排挤"现象。在一个空间系统内，如果新设置一个"种子"，比如新建一个城市，那么这个城市往往会衰亡下去，所以建立城市群、卫星城需要慎重。但目前关于城市群、卫星城建立的排挤现象研究还不多，也未引发人们的实践和理论注意。

一　空间聚集的动力学模型

空间聚集的动力学模型基本上是以城市竞争口粒子为形象的，是口粒子的运动才产生了空间聚集。常见的空间聚集与反聚集的动力过程被描述为满足下列描述扩散过程的柯尔莫哥洛夫方程的离散形式。

$$\frac{dN_j}{di} = \sum_n N_i f_{ij}(N;\alpha) - \sum_n N_j f_{ij}(N;\alpha) \ (j = 1, 2, \cdots, n)$$

$$(8-3)$$

式中 N_j 是生活在地方或局域 j 的函数，显然它是一个数学期望，是个宏观特征，矢量 $N = (N_1, N_2, \cdots, N_n)$，$n$ 是空间系统内的局域数，矢量 α 是参数，f_{ij} 是局域 j 对 i 的吸引作用，也就是从 i 流向 j 的口粒子的概率的强度，它定义作 Δt 时间内从 i 流向 j 的口粒子的概率与 Δt 比的极限。

$$f_{ij}(N;t) = \lim_{\Delta t \to 0} - \frac{P_{ij}(t,\Delta t)}{\Delta t} \qquad (8-4)$$

在（8-3）式中，成立的地理基础是这样的：由于人口、资金等口粒子的迁移产生了空间人口再分布，空间人口的分布是离散的，集中于 n 个城市或局域中，这 n 个城市的空间位置是确定的，因而空间距离被取为常参数，仅与城市有关而与时间无关。由空间相互作用理论知城市间有相互作用，人口迁移的驱动因子是这种空间相互作用，城市 j 以 f_{ij} 作用于城市 i，i 的人口为 N_i，于是 i 的人口以 $N_i f_{ij}$ 的强度流向 j，同时由于 i 对 j 有作用 f_{ji}，j 的人口也以 $N_j f_{ji}$ 的强度流向 i。求 N_j 的动态，就是所有这些流动的和，所以有（8-3）式成立。

一般情况下，迁移模型考虑空间的总人口数 N 是常数，即有约束（8-5）成立。

$$\sum_{i=1}^{n} N_i = N \qquad (8-5)$$

在数学上这个假定的引入是方便的，有时显得不尽合理，故以 N 除（8-3）式各项，得到相对人口比重 P_i，以 P_i 代 N_i，在空间出生率相同时，以 P_i 代 N_i 后的（8-3）式有更广泛基础。

Sheppard 考虑空间迁移同时伴有区域的自增长作用，他建议了下列基本方程代替（8-3）式。

$$\frac{\dot{N_j}}{N_j} = \sum_i r_i N f_{ij} A_j^{-1} - r_j + \beta_j \qquad (8-6)$$

式中 $\dot{N_j}$ 为 N_j 关于时间的导数，r_i 是 i 的口粒子自发迁移率，β_j 是口粒子自发增长率，A_j 被定义作

$$A_j = \sum_k N_k j_{ik} \qquad (8-7)$$

这里 j_{ik} 是空间相互作用。

二　包含 n 个城市的城市系统演化的动力学模型

Weidlich 和 Haag（1987）考虑空间有几个城市构成了一个迁移封闭系统，同时不考虑城市的自增长项。

$$\dot{N}_{j(t)} = \sum_{i=1}^{n} w_{ij} N_i(t) e^{kN_j(t) - kN_i(t)} - \sum_{i=1}^{n} w_{ij} N_j(t) e^{kN_j(t) - kN_i(t)}$$

$$(j = 1, 2, \cdots, n)$$

$$(8 - 8)$$

式中 w、k 是参数，参数 k 反映了空间吸引作用的强度，它与政策有关。当我们采取促使口粒子流动的政策时，空间相互作用加强，k 变大；当限制口粒子流动时，k 变小。w 反映了空间距离的作用，因为空间距离给定。关于空间距离的相互作用部分比作常数 w_{ij}，在 Weidlich 和 Haag 的工作中，设 $w_{ij} = w$（常数），即不管迁移距离远近，迁移费用相等。以资金流动而言，这种情况是存在的，对于人口迁移来说，这种情况有时也近似成立。这里相互作用的形式，还考虑 n_i、n_j 相差越大，相互作用越强，这种情形类似于城市间的人口和资金吸引。人们有一种迁向大城市的倾向，资金也趋向集中。总之这个模型有一事实上的合理性。

Weidlich 和 Haag 对式（8 - 8）作了动力学分析，其要点是把城市的发展前途定为两种类型，即取状态分量只可能有两个值，针对这种情况，先求出可能的平衡点；再在平衡点附近，作小扰动分析，分析各平衡点的稳定性。结果发现对这样一个动力系统来说，聚集参数 k 的选择是重要的，取 $k_c = n/2N$，则有：

（1）当 $k < k_c$，那么均匀状态（$N_1 = N_2 = \cdots = N_n$），是唯一稳定平衡状态，即区域内各局域是趋向于均匀状态的，不会出现空间聚集；当 $k > k_c$，均匀状态虽然是平衡点，但它是不稳定的，即将会出现空间聚集。

（2）当 $k_c < k$ 存在一个新的平衡点，其中 $n/2$ 局域有稠密的口粒子，$n/2$ 的局域有稀疏的口粒子，粒子密度差决定于聚集参数 k。

（3）当 $k_d < k < \infty$ 时，存在一个稳定平衡点，一个局域增长，$n-1$ 个局域衰退，人口向中心城市不断集中，中心城市的出现依赖于"偶然"的空间涨落。这里 $k_{c1} < k_c$，即 $k_d < k < k_c$ 时，均匀状态和向唯一中心城市聚集都是稳定的。向哪种情况发展与初态有关。

Weidlich 和 Haag 的分析模型取相互作用与 $(N_j - N_i)$ 有指数关系，强调了口粒子向密集区集中的自然倾向，从地理意义上看适合于描述聚集产生经济文化优势的情况，聚集的不良意义被忽视了。而且 Weidlich 和 Haag 的模型并没考虑城市的自我增长，实际上城市是有增长的。

第三节　中国的城市圈有条件成为 "一带一路"的增长极

一　城市圈经济的基本条件

城市圈经济，一般应符合以下基本条件：

1. 城市圈经济内至少应有一个或多个经济发达并具有较强城市功能的中心城市，中心城市不仅人口应达到一定数量规模，而且对周边城镇和地区应具有较强的经济吸引力和辐射力，能够成为城市圈经济发展的"增长极"。

2. 城市圈经济所覆盖的周边城镇和地区也应具有一定的人口规模和人口密度，并与中心城市形成经济和文化上的密切关系，能够依托中心城市形成经济和社会文化活动上的融合和互补，从而构成经济上的一体化。

3. 城市圈经济内，尤其是中心城市的城市化水平应达到一定程度，即绝大多数的就业劳动力主要分布于非农产业，并形成以中心城市为首位城市的大中小城市等级体系和合理的圈层空间扩散的地域结构。

4. 城市圈经济内具有一体化的基础设施和发达的基础设施网络，不仅可以形成圈内产业结构互补和多元化发展，具有不断创新和向高级化演进的能力，而且还具有能从空间上不断地向外扩散和延伸参与国际分工和国际经济循环的能力。

5. 城市圈经济是一个经济圈和社会圈，而不是一个行政区，因而圈内各行政区和各级政府之间仍具有行政上的独立性。但由于经济和社会的内在关系，各行政区和各级政府对城市圈经济的发展必须具有共同的目标和可调性，从而融合为一体化的经济区域，形成统一的外延扩散力量。

二　城市圈经济空间扩散规律

城市圈经济发展的空间形态，是指城市圈经济在其运行中，通过中心城市的吸引和辐射，以及城市经济圈内外流量要素（包括人流、物流、信息流、资金流等）交互作用而形成的地域结构，即由不同等级城市构成的城市体系及其相应的区域组合。根据中心地理论，一般的城市经济圈最理想的空间形态是六边形的"蜂巢结构"。但是，由于自然地理因素、区位条件、基础设施结构、创新因素及经济发展等多方面的影响，以及城市圈空间扩散规律的内在作用，城市圈经济发展形成了各种不同的空间形态。根据对有关城市圈经济空间扩散的分析和研究，城市圈经济的扩散过程通常遵循以下规律进行：

（一）蔓延扩散理论

蔓延扩散是指城市圈经济以中心城市为核心，逐渐向周围地区延伸推进，从而不断扩大城市圈半径。蔓延扩散是城市圈经济空间扩散的基本规律，纵观全球大城市圈经济的发展，大多数都是按照蔓延扩散规律进行的。随着中心城市与大城市圈半径的扩大，其城市经济圈势能越来越强，又使其辐射的区域更远，直至全球。

（二）点状融合规律

点状融合是指各中心城市相邻非城市化地区加速城市化发展，而逐渐从非城市而发展成为城市，由卫星城而发展为次级中心，再从次级中心发展为中心城市，并通过蔓延扩散或点状扩散后与原中心城市融合，形成更大一级的城市经济圈。点状融合规律是大城市带和世界经济圈形成的必然过程。出于大城市发展的地域极限，使得某些大城市经济圈发展到一定程度后，不得不大量发展次级中心，或者由于其他多种原因使次级中心迅速发展，而形成较大区域的城市圈，最终再由城市圈区域经济扩散出去，并且促进城市经济圈之间、城市经济带之间的相互融合。

（三）轴向扩散规律

轴向扩散是指城市圈经济沿着一定方向（通常是以交通主干带为主）向外扩散的过程。轴向扩散可能是由于交通主干线的因素，也可能是受地理条件的制约。但无论是什么因素影响，它都体现出城市圈经济以中心城市为核心向外放射状扩散的规律。轴向扩散也是现代城市圈经济发展的基本规律之一，世界上有许多大城市圈，就是沿着交通要道而构成，例如，日本大阪—京都城市圈，就是沿着交通要道而构成的大城市圈。

根据城市圈经济空间扩散规律，考察目前世界大城市圈经济发展的空间形态。可以看出城市圈经济空间扩散形态主要有以下几类：①蛛网状空间形态。是以一个中心城市为核心，通过蔓延扩散和轴向扩散而形成的城市圈经济。②圈层次形态。主要是以一个中心城市为核心，通过蔓延扩散而形成的城市圈。③海星状空间形态。主要是以一个中心城市为核心，通过轴向扩散而形成的城市圈。④带状形态。主要是以蔓延扩散和点状融合而形成的。⑤卫星状。是点状融合与蔓延扩散而形成的城市圈。⑥星系状。主要是通过点状融合而形成的多核心的城市圈经济。⑦多中心网状。是以点状融合和蔓延扩散相结合而形成的城市圈状态。

三　中国城市圈经济的特点

中国城市圈经济发展，不仅与经济发展的社会历史基础相联系，而且也同国家政治、经济体制发展与变革相适应，具有比较突出的特点，这些特点符合成为"一带一路"增长极地区的基础性条件，主要表现在以下几方面：

（一）以行政中心城市为中心

新中国成立以来，为了加快经济建设而沿用了历史上以行政中心代替经济中心的国家经济管理体制，使中国各省会城市不仅成为各地区政治、经济、文化的中心，而且也成为城市圈经济发展的中心城市和各区域经济的"增长极"。尽量促进省会城市发展的各种政策未必完全符合经济发展的内在规律，但长期建设的结果，使相当多的省会城市同其周边城市和地区形成了一个又一个的城市经济圈，并成为中国城市圈经济发展的基本力量。目前正形成的 18 个大城市经济圈，基本上都是以省会城市为中心而形成的。除此之外，各种次级的城市经济圈，也基本上以地州行署驻地和县政府驻地为中心而形成，这是中国城市圈经济发展的典型特征之一。

（二）城市圈经济发展快速

1978 年以后，随着中国改革开放的深入和城市化的快速推进，以中心城市为依托的城市圈经济迅速发展。特别是长江三角洲、珠江三角洲、环渤海湾地区的中国三大城市经济圈，依靠原有的工业基础和较好的城市化条件，顺应世界城市圈经济发展的潮流，按照经济发展的内在规律，不断推进以城市为中心的区域经济发展，培育跨地区、跨行政区域的经济网络，加强各城市间的经济技术联系，从而迅速形成了以中心城市为核心的城市圈经济发展形式。特别是在这三大城市圈建立了跨界协调机制后，整体力量基本具备了扩散全球的实力和条件。随着中国三大城市圈的规模不断扩大，无可置疑必将成为"一带一路"，甚至更广泛的全球性增长极地区，既可以成为中国全国的各种经济要素流入流出集中地区，也可以成为全球各种经济要素流入流出的平台和集中地区。

（三）城市圈经济生产力水平各具特色

中国城市圈经济不但生产力水平高，而且还呈现出鲜明的产业特征。如中国东北的沈阳城市经济圈是以重工业为主的城市经济网，其重工业比重高达 70% 以上，是中国冶金工业、重型机械工业的基地，此外，在其周围还有"钢都"鞍山、"煤都"抚顺、"煤铁之城"本溪等工业城市。又如中国南部的广州城市经济圈，是典型的以轻工业为主的城市经济圈，其轻工业产值比重达 65% 以上，不但食品工业、纺织工业、服装工业、造纸工业等在中国国内有较大的优势，随着近年来的对外开放，在电子、电器等出口加工业方面也有了快速的发展，成为中国重要的出口加工区。而居于中国中部的上海城市经济圈，则成为中国一个综合性的城市经济圈，不仅在钢铁工业、轻纺工业、重化工业等方面有悠久的历史和较快的发展，而且是中国最大的国际贸易和金融中心，随着对上海浦东的重点开发和开放，上海城市经济圈正成为中国 21 世纪开始的经济发展最大的"增长极"，这不仅对中国经济发展具有重要的影响和作用，也将成为世界经济新增长的能量地之一。

（四）大、中、小城市圈的层次性

改革开放以来的中国区域经济的发展自觉不自觉地存在着以大城市为中心的经济集中化倾向，并且形成了不同层次的城市圈经济结构。有的大城市经济圈已经成熟和发达，并逐渐蔓延和扩散，向大城市经济带发展，如沪宁杭、穗港和京津唐等大城市经济圈；而有的则处于初级阶段，正在逐步加强并显示出城市圈经济的发展形势，如重庆、西安、昆明、太原等大城市经济圈；还有的仅处于萌芽状态，随着发展将可能演进为大城市经济圈，如兰州、贵阳、南宁等。特别是一些经济发达地区和交通枢纽地区，近几年来不断涌现出一些"明星城市"和以这些城市为中心而形成的城市圈经济。如青岛城市经济圈，就是在青岛市城市功能不断强化的同时，通过加快城乡一体化和以城带乡的步伐，使青岛市原来所辖的几个郊区县在几年中陆续撤县建市，形成了以青岛市为中心，周围有胶州、即墨、莱西、胶南、平度五市"众星拱月"的城市圈经济格局。又如苏州市，在经济迅速发展的基础上，推进了三个郊县常熟、张家港和昆山的城市化进程，从而初步形成以苏州为中心城市、周围中小城市一体化发展的城市圈经济发展形式。

四 中国发展城市圈经济对"一带一路"战略的意义重大

中国地大物博，城市众多，发展城市圈经济可以为"一带一路"增加更综合、更强大、更多的增长极点。中国促进推动城市圈经济的发展，可以充分利用其已有的城市化基础，特别是大中城市在经济发展中所具有的创新能力强、经济效益好、经济势能高、带动效应大等优势，尽快形成"一带一路"强大的"增长极"，有效发挥它们在"一带一路"、互联互通经济发展中的作用，同时通过城市圈经济之间合理的能量分工、要素资源配置，协调发展，构成有机的产业发展链、技术扩散链、市场分工链，促进圈内经济结构不断调整和升级，推进整个经济高速度、高效率、高水平发展。自然形成各个城市经济圈，组成城市经济圈联盟，以此才能形成中国更综合、更强大的"一带一路"增长极。未来的中国，可以通过城市经济圈联盟，发挥各具特色的流量经济要素聚集功能，通过"一带一路"输出增长极的流量经济全要素，使中国的城市圈联盟成为国际性的资金、商品、物资、人员、技术等流量经济要素自由流动的区域，以成为全球最大的国际性金融、贸易、航运、就业、生产等核心流动区之一。

参 考 文 献

1. Todaro, M. P.. A Model of Labor Migration and Urban Unemployment in Less Developed Countries. American Economic Review, 1969, 59: 138 – 148.

2. Todaro, M. P. (1976). Internal Migration in Developing Countries, A Review of Theory, Evidence, Methodology and Research Priorities. Geneva, International Labor Office. 1976.

3. Shen, J.. Modelling Regional Migration in China: Estimation and Decomposition. Environment and Planning A, 1999, 31: 1223 – 1238.

4. Wolpert, J.. Behavioral Aspects of the Decision to Migrate. Papers of the Regional Science Association, 1965, 54: 537 – 558.

5. Wolpert, J.. Migration As An Adjustment to Environmental Stress. Journal of Social Issues, 1966, 22: 92 – 102.

6. Roseman, C.. Migration As A Spatial and Temporal Process. Annals of the Association of A merican Geographers, 1971, 61: 589 – 598.

7. Molho, I.. Theories of Migration: A Review. Scottish Journal of Political Economy . 1986, 33: 396 – 419.

8. Lee, S. W. and Roseman, C. C.. Independent and Linked Migrants: Determinants of African American Interstate Migration. Growth and Change, 1997, 28: 309 – 334.

9. Daves, P. S., Greenwood, M. J. and Li, H.. A Conditional Logit Approach to U. S. State toState Migration. Journal of Regional Science,

2001, 41: 337 – 360.

10. McFadden, D.. Conditional Logit Analysis of Qualitative Choice Behavior. In P. Zarembka (ed), Frontiers in Econometrics. New York, Academic Press. 1973.

11. Hausman, J. and McFadden, D.. A Specification Test For the Multinomial Logit Model. Econometrica, 1984, 5: 1219 – 1240.

12. Sjaastad, L.. The Costs and Returns of Human Migration. Journal of Political Economy . 1962, 70: 80 – 93.

13. Cebula, R. J.. The Determinants of Human Migration. Lexington, MA, Lexington Books. 1979.

14. Da vanzo, J.. Microeconomic Approaches to Studying Migration Decisions. Santa Monica, Rand Corporation. 1980.

15. Cad Wallader, M.. Migration and Residential Mobility in the United States: Macro and Micro Approaches. Madison, Wisc, The University of Wisconsin Press. 1992.

16. Li, W. and Li, Y.. Special Characteristics of China's Inter – Provincial Migration. Geographical Analysis , 1995, 27: 137 – 151.

17. Fan, C.. Economic Opportunities and Internal Migration: A Case Study of Guangdong Province, China. Professional Geographer, 1996, 48: 28 – 45.

18. Wei , Y.. Interregional Migration in Socialist Countries: the Case of China. Geojournal , 1997, 41: 205 – 214.

19. Shen, J.. Modelling Regional Migration in China: Estimation and Decomposition. Environment and Planning A, 1999, 31: 1223 – 1238.

20. Yang X. and Guo, F.. Gender Differences in Determinants of Temporary Labor Migration in China: A Multilevel Analysis. International Migration Review , 1999, 33: 929 – 953.

21. Yang, X.. Household Registration, Economic Reforms and Migration. International Migration Review , 1993, 27: 796 – 818.

22. Yang, X.. Determinants of Migration Intentions in Hubei Province, China: Individual Versus Family Migration. Environment and Planning A , 2000, 32: 769 – 787.

23. Fan, C. , and Huang, Y. (1998). Waves of Rural Brides: Femal Marriage and Migation in China. Annals of the Association of American Geographers, 1998, 88: 227 – 251.

24. Fan, C.. The Elite, the Natives and the Outsiders: Migration and Labor Market Segmentation in Urban China. Annals of the Association of American Geographers, 2002, 92: 103 – 124.

25. Rozelle, S. , Guo, L. , Shen, M. , Hughart, A. and Giles, J.. Leaving China's Farms: Survey Results of New Paths and Remaining Hurdles to Rural Migration. The China Quarterly, 1999, 147: 367 – 393.

26. Qian, W.. Rural – Urban Migration and Its Impact on Economic Development in China. Brookfield, Avebury. 1996.

27. Krugman, P.. Geography and Trade. Cambridge, Mass, MIT Press. 1993.

28. Graves, P. E. and Mueser, P. . The Role of Equilibrium and Disequilibrium in Modeling Regional Growth and Decline: A Critical Reassessment. Journal of Regional Science, 1993, 33: 69 – 84.

29. Hunt, G.. Equilibrium and Disequilibrium in Migration Modeling. Regional Studies, 1993, 27: 341 – 349.

30. Estall, R. C.. Some Observations on the Internal Mobility of Investment Capital. Area , 1972, 4: 193 – 197.

31. Florida, R. L. and Kenney, M.. Venture Capital, High Technoligy and Regional Development. Regional Studies, 1988, 22: 33 – 48.

32. Dicken, P. and Lloyd, P.. Location in Space: Theoretical Perspective in Economic Geography (3rd edition). New York, Harper Collins Publishers, Inc. 1990.

33. Mac Dougall，The Benefits and Costs of Private Investment from A-broad：A theoretical approach. Economic Record, vol. 36：13 – 35.

34. Vebber, M.. Rates of Profit and Interregional Flows of Capital. Annals of the Association of American Geographers, 1987, 77：63 – 75.

35. Hansen W. G. How Accessibility Shapes Land – use. Journal of the American Institute of Planners, 1959, 25：73 – 76.

36. Bruinsma F. The Accessibility of European Cities. Environment and Planning A, 1998, 30（3）：499 – 521.

37. Brown A. J. and Burrows E. M.. Regional Economic Problems：Comparative Experiences of Some Market Economies. George Allen & Unwin LTD（London），1977.

38. Feiedmann, J.. Poor Regions and Poor Nations：Perspectives on the Problems of Appalachia. Southern Economic Journal 1966, 32（April）：465 – 473.

39. 孙希有：《流量经济》，中国经济出版社 2003 年版。

40. 饶会林、郭鸿：《城市经济理论前沿课题研究》，东北财经大学出版社 2001 年版。

41. 陆大道：《区域发展及其空间结构》，科学出版社 1995 年版，第 118 页。

42. 魏后凯：《现代区域经济学》，经济管理出版社 2006 年版，第 523 页。

43. 陆玉麒：《区域发展中的空间结构研究》，南京师范大学出版社 1998 年版。

44. 覃成林等：《区域经济空间组织原理》，湖北教育出版社 1996 年版。

45. 傅强、杨秀苔：《产业结构与技术转移及其影响的动力学模型》，《重庆大学学报》（自然科学版）2000 年第 3 期。

46. 辞海编辑委员会：《辞海》，上海辞书出版社 1999 年版，第

1510 页。

47. 韩伯棠、艾凤义、张平淡:《流量经济的若干问题研究》,《经济纵横》2003 年第 7 期。

后　记

　　人生是由一连串的事件和思想组成的。事件是人生的经历，正因为事件才使得自己能认识人、认识事，在认识人、认识事中认识了社会、认识了世界、认识了人生。正因为有了思想，才使得自己能选择合适的人交往，选择合适的事去做。在选择人、选择事中去选择自己担当的社会角色，选择自己生活的范围，选择自己的人生方向。人生是一连串的持续和变化。面对喜喜忧忧、起起落落、明明暗暗的人生之旅，最重要的是要使自己能在人与事、思与想中准确地体察时势，选准正确的人生目标。准确地体察时势就是自己要懂得做事的时机和节点，正确的人生目标就是自己要懂得该怎样把选择的事做好做对。一件事的做好，是自己生命意义的升华；一个思想的诞生，是自己生命意义的超越。父母给了我们生命，人人无不渴望让自己生命存在得更有意义，人人无不寻求自己行为存在的意义，行为的意义决定生命的意义，思想的形态决定行为的内容和方式。人如果没有事情可做，生命就如同一段河水，流过了就结束了；人如果没有思想的诞生，生命就如同一阵微风，吹过了就再也没有了。当人向外在世界寻求自己存在的意义和价值却受到不道德的外在因素干扰和破坏，而使自己陷入烦恼时，只要自己在道德伦理的框架内做了展示自己人生价值意义的事情，你就是有意义的生命，不需要为此而烦恼，因此，人对自己的生命要有所追索，生命的追索就如同在茫茫大海中寻找可以搭乘远航的轮船。我找到了，我找到了属于自己的人生之船，我将让船上装满自己的勤奋之货，让罗盘针指引着自己通向作为之彼岸，这绝不是人生的游戏，这绝不是人生随波逐流的航行！

一本书，就是自己认识事物的思想记录；一本书，就是自己生命追索的精神存在。当人生的所有经历事件成为历史，当人生所有的风风雨雨飘然而去，思想却可以成为生命的永恒。当思想转化为精神，精神转化为文本之时，文本将成为生命的永续。一个人，形式上可为自己，但在效应上应为他人、为社会、为人类。当你的作为将成为人类的需要，当你的思想可幻化为人类的发展元素，那么，你的生命中不管遇到多少坎坷，你的生命追索中不管遇到多少不公，你都可以把这些看成是生命结构的内容，拆解后，你将渐渐了然，心渐渐平静。文化苦、人生累，但我有毕生的愿景和追求。研究历史、研究现实、研究人类，这从不是我生命结构中该剔除的部分，无论心有多么苦，情有多么累，我都将永远保留，保留毕生的理想和追求，我亦以此为生活的状态，我亦以此为生命的表达。想想自己，曾经在贫穷落后的山村里奏响生命之曲；想想自己，曾经在象牙塔学府里涌动出人生的梦想；想想自己，曾经在无垠瀚海中承受过风雨生命；想想自己，曾经在寂寞的岁月里吟唱出男儿悲泣的歌声，但也曾经在凄风苦雨中勇敢地站立行走、昂首前进，因为，生命的美丽依然催发着我不停地在人生旅途中求索、奋斗。

书写完了，这是我完成的多部书中的一部，这是我近两年思想的文本表现。自国家"一带一路"战略构想提出后，我就立即把自己已经创造和研究多年的流量经济思想成果加入了其中。虽然书写得很辛苦，我几乎放弃了所有休息的时间，放弃了所有非工作上的事情，但我内心快乐。虽然思考、研究的辛苦过程极少有人知晓，有时辛苦的做法甚至还遭人不解，但我内心依旧坦然、充实，由此给自己生命带来的灿烂仍依然不停地诱发着我，成为我生命中的梦。在繁忙而辛劳的生命追索中，我摆脱了"忧"与

"愁"、"烦"与"恼"，以此树立了自己思想与文化存在的勇气。我愿意不断地披露自己的思想，也在不断地否定自己的思想。这样说并不是想显示我有什么，因为这些文本充其量只是我思想的存盘和心路历程，我知道这不可能是一本万古流芳的著述，但它作为自己生命的追求和延伸，能体现出自己生命中的一点精神，我想这就足够了！

乡村生活是我的生命之本、文化之根，我将永远不会忘却；城市生活是我的人生、事业舞台，我将永远珍惜；文化生活是我的生命享受，我将永远留存。

人生要追求，人生需淡定；

生命有尽头，精神无止境。

我将把我的生命，我的生活，我的思想，我的事业……写给未来！

我愿把我有限的生命无私奉献给社会，我愿把我的精神留给未来……

在此书付梓之际，我要再次感谢我的亲人、朋友、老师和同事。没有他们，我将难成此书。我首先要感谢我故去多年的母亲，是她老人家朴素的语言教诲激励我有了文化；我要感谢我刚刚故去的父亲，严父望子成龙的家教使我从小就有了规范的行为方式。父母不仅给了我生命，更给了我做人做事的哲学。我要感谢我所有的亲人，是他们无私的奉献让我放弃了很多与他们享受天伦之乐的时间。我要感谢我的启蒙老师，是他们教会了我认识第一个字；我要感谢我初中的老师，是他们让我的文化上了新的阶梯；我要感谢我高中的各位老师，没有他们知识的给予，我就不会迈入大学校门；我要感谢我尊敬的导师郉正教授，是郉老师把我带入哲学这门深奥之学；我要感谢我尊敬的博士后导师景天魁教授，是景老师让我的文化之足走上了更高的路。我还要感谢那些未曾谋面，胜似谋面的国内外专家学者们，是你们的学术成就给了我思想的启迪，我要感谢中国社会科学出版社的领导和朋友们，感谢本书的责任编辑宫京蕾女士，感谢……他们在我完成此书过程中为我提供了无法言语的帮助与支持。感谢所有过去、现在和将来帮助我追索人生意义的人，谢谢你们！

　　即使我一时影响不了什么，也一时改变不了什么，但我一定要把我的思想表达出来！

2014 年 12 月 27 日于 G55 火车上